普通高等学校知识产权专业应用型系列教材

总主编 曹阳

P ATENT

L AW

本书为上海政法学院知识产权国家级一流本科
专业建设成果

专利法：
典型案例详解

姚颉靖 等 ◎ 编著

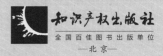

知识产权出版社
全国百佳图书出版单位
—北京—

图书在版编目（CIP）数据

专利法：典型案例详解/姚颉靖等编著. —北京：知识产权出版社，2024.8
ISBN 978-7-5130-9080-3

Ⅰ.①专… Ⅱ.①姚… Ⅲ.①专利法—案例—研究—中国 Ⅳ.①D923.425

中国国家版本馆 CIP 数据核字（2023）第 244892 号

责任编辑：刘　睿　邓　莹　　　　　责任校对：谷　洋
文字编辑：潘凤越　　　　　　　　　责任印制：刘译文

专利法：典型案例详解
姚颉靖　等◎编著

出版发行：**知识产权出版社** 有限责任公司	网　　址：http：//www.ipph.cn
社　　址：北京市海淀区气象路 50 号院	邮　　编：100081
责编电话：010-82000860 转 8346	责编邮箱：dengying@cnipr.com
发行电话：010-82000860 转 8101/8102	发行传真：010-82000893/82005070/82000270
印　　刷：三河市国英印务有限公司	经　　销：新华书店、各大网上书店及相关专业书店
开　　本：720mm×1000mm　1/16	印　　张：17.75
版　　次：2024 年 8 月第 1 版	印　　次：2024 年 8 月第 1 次印刷
字　　数：300 千字	定　　价：88.00 元

ISBN 978-7-5130-9080-3

统　稿：姚颉靖

主要编写人员：

第一章：王朝阳

第二章：程淑娜（第一节），董豪爽（第二、第三节），杨开元（第四节）

第三章：郭蕾（第一节），刘能斌（第二节）

第四章：王朝阳（第一、第二节），董豪爽（第三节），郭蕾（第四节）

第五章：姚杰（第一节），刘能斌（第二节）

第六章：郭蕾（第一节），姚杰（第二节）

第七章：董豪爽

第八章：董豪爽（第一节），刘能斌（第二、第三节）

第九章：程淑娜（第一节），董豪爽（第二节），郭蕾（第三节），姚杰（第四节）

第十章：董豪爽

第十一章：姚杰（第一节），郭蕾（第三节），王朝阳（第二节）

第十二章：程淑娜（第一节），杨开元（第二、第三节）

总　序

　　自 2008 年开设法学（知识产权方向）以来，上海政法学院知识产权专业的各位教师胼手胝足，在知识产权专业教材建设方面作了诸多探索与创新，出版了《知识产权法学》（"十二五"国家重点图书出版规划项目）、《著作权法学》、《专利实务指南与司法审查》、《商标实务指南与司法审查》等理论与实践兼具的教材，初步建成了知识产权人才培养所需的教材体系。

　　在多年的教材编著过程中，我们一直在尝试撰写一本好教材。然而，何为一本好教材？经过多年的实践探索，我们认为一本好的教材至少需要满足以下要求：

　　一是理论体系塑造。知识产权的实践应用性十分重要，但我们无法回避的问题是有的教材无法为学生塑造理论化的知识体系，而仅仅为学生提供适应性的碎片化知识，这既不能为学生解决纷繁复杂的现实问题提供指引与指针，也无法为学生构建系统化的知识体系，进而损害了学生后续的深化学习能力。理论体系塑造应是任何教材的根，通过理论体系这个根，学生能完成知识营养的吸收，为后续的知识实践与扩张提供可能。二是基础知识提供。基础知识是教材体系的树干与枝叶，是在理论这个教材之根上生成的毛细血管，为教材提供了鲜活的生命之源。教材的基础知识须以理论为纲，以理论体系的实践表达为主要内容，以案例化方法逻辑呈现基础知识应用为主要路径，构建一个理论融入场景、场景融入案例、案例体现真实实践的基础知识逻辑框架。三是启迪性。一本好的教材除具象知识传达功能外，更为核心的价值是激发学生的思考与探索。随着人工智能等技术的飞速发展，知识传播、获取的方式发生了革命性变化，单维度知识传输将会逐渐失去其教育价值与意义。一本好的教材必须具有互动性与问题意识，需要提出具有启迪性的可以引发学生思考与探索的问题，启迪学生提出有价值的问题，激发学生的学习与探索兴趣。

教材建设是专业建设之本。经过多年的教材建设，我们也积累了一些经验，在教材建设方面也作了一些探索。2022 年，上海政法学院知识产权专业获得国家一流本科专业建设点立项，该立项为我们后续更高水平教材建设提供了契机。

上海政法学院知识产权一流教材建设以编著一批好教材为目标。我们将先期出版专利法、商标法、著作权法教材，后续陆续推出知识产权专业主干与核心课程教材。我们将秉承我们过去教材建设中的一些优秀做法，体现人工智能时代教材建设的新要求，突出教材的系统性、理论性、前沿性、实践性与启迪性。

编著一本好的教材需要付出极大的心血与努力，方能有所成。编著这一批教材的老师都是上海政法学院具有丰富实践经验的教师，他们为编著这些教材字斟句酌，一丝不苟。

诚然，理想并不总能完全照进现实，但希望我们的努力能获得认可，我们的不足能在各位读者的不吝赐教下获得改善。

是为序。

曹阳

上海政法学院经济法学院副院长

知识产权专业负责人

2023 年 12 月 4 日于上海

目　录

第一章　专利制度概述

第一节　专利权及其特征

一、专利与专利权

现代意义上的"专利"（patent）一般意指享有某种国家授予的排他性权利的发明创造。而"专利权"作为知识产权的重要组成部分，是指法律赋予专利权人对其获得专利的发明创造在一定范围内依法享有的排他性权利。

二、专利权的特征

（一）鲜明的排他性

专利权为一种具有排他性质的权利，即发明创造被授予专利，除法律另有规定外，其他任何单位和个人不得以营利为目的实施该专利。值得注意的是，专利权赋予的排他性权利是严格限定在技术领域内的。

（二）客体的公开性

专利制度要求发明人以公开其最新的发明创造为代价来换取社会对其专

利权的承认。申请人要想取得专利，就必须在专利申请文件中完整、清楚地公开其发明创造。通过向社会公开发明创造，相关的技术信息得以在社会传播，促进技术的流转与创新并最终促进人类的科技进步和经济发展。

（三）效力的限制性

专利权作为国家专利主管机构依照法定程序审查，批准授予的专有权利，其效力具有一定的限制性。第一，专利权具有地域性。即专利只有在授权国家或地区有效，并不存在所谓的欧洲专利、世界专利。第二，专利权还具有时间性。一般而言，发明专利权的期限为 20 年，实用新型专利权的期限为10 年，外观设计专利权的期限为 15 年，均自申请日起开始计算。

三、专利的类型

专利发明创造有三个类型。《中华人民共和国专利法》（以下简称《专利法》）第 2 条规定：本法所称的发明创造是指发明、实用新型和外观设计。

发明，是指对产品、方法或者其改进所提出的新的技术方案。

实用新型，是指对产品的形状、构造或者其结合所提出的适于实用的新的技术方案。

外观设计，是指对产品的整体或者局部的形状、图案或者其结合以及色彩与形状、图案的结合所作出的富有美感并适于工业应用的新设计。

第二节　专利制度的功能及我国专利法的发展

一、专利制度的功能

（一）激励技术创新

基于专利权客体的公开性可知，权利人公开发明信息会换取一定期限的对该发明的独占性权利，权利人享有这种独占性权利可以获取某种意义上的超额利润，这种超额利润将激励发明人创造出更多的技术成果，从而促进社会整体福利的提升。

（二）促进信息公开与传播

专利制度的一项重要功能是促进信息的公开与传播。一般认为，如果没有专利制度，发明人可能倾向于采取商业秘密的方式来保护其技术发明。专利制度通过赋予发明人独占权来换取其对技术的早日公开，这不但有利于避免重复研发，也有利于人们在他人发明基础上进行进一步创新研发。各国专利法都要求申请人在专利申请文件中"充分公开"其发明专利的内容，不但有利于信息的传播，也有利于公众充分了解发明创造的内容，以使公众知悉专利保护的范围，避免侵犯专利权人的权利。

（三）促进专利技术的实施

专利法的目的并不仅仅在于促进发明人发明更多的技术，其更重要的目标是促进发明技术的商业化，将技术转换成社会所需要的最终产品，从而满足社会发展的需要。

二、我国专利法的发展

1984年3月12日，第六届全国人民代表大会常务委员会第四次会议通过了《中华人民共和国专利法》，自1985年4月1日起施行。1992年12月21日，我国发布了《专利法实施细则》。《专利法实施细则》的施行标志着我国专利制度已进入一个新的时期。

之后，我国分别于1992年、2000年、2008年以及2020年对《专利法》进行了四次修正，对鼓励和保护发明创造、促进创新发挥了重要作用。2020年对《专利法》进行的修改是该法历经的第四次修正，是我国专利制度发展史上一个新的里程碑。该法共分八章八十二条，主要修改的内容包括：一是加强对专利权人合法权益的保护，包括加大对侵犯专利权的赔偿力度，对故意侵权行为规定1～5倍的惩罚性赔偿，将法定赔偿额上限提高到五百万元，完善举证责任，完善专利行政保护，新增诚实信用原则，新增专利权期限补偿制度和药品专利纠纷早期解决程序有关条款等。二是促进专利实施和运用，如完善职务发明制度，新增专利开放许可制度，加强专利转化服务等。三是完善专利授权制度，如进一步完善外观设计保护相关制度，增加新颖性宽限期的适用情形，完善专利权评价报告制度等。

第二章　可专利主题

第一节　发　　明

背景资料

　　发明是指对产品、方法或者其改进所提出的新的技术方案，是我国《专利法》所保护的一种专利类型。根据定义又可将发明分为产品发明和方法发明两类，其中产品发明是指通过人们的智力活动创造出前所未有的新产品，这里需要强调的是，并非所有的新产品都受到《专利法》的保护，我国《专利法》对于违反法律、社会公德或者妨害公共利益的发明以及用原子核变换方法获得的物质等均不予保护。方法发明是指将一种物品或者物质改变成另一种状态，另一种物品或者物质所采取的步骤或者技术手段的发明。目前各国对方法发明的保护不尽相同，例如美国只保护方法发明本身，不保护由该方法产生的产品，而我国《专利法》则既保护方法本身，也保护因该方法而获得的产品。

　　发明虽与实用新型、外观设计同为《专利法》所保护的专利权的客体，但是发明具备与其他两类客体不同的一些特点，例如发明专利的申请难度高、技术价值高、权利相对稳定等。根据我国《专利法》的规定，授予发明专利的条件为新颖性、创造性以及实用性。新颖性是指该发明不属于现有技术，也没有任何单位或者个人就同样的发明在申请日以前向国务院专利行政部门提出过申请，并记载在申请日以后公布的专利申请文件或者公告的专利文件中。现有技术，是指申请日以前在国内外为公众所知的技术。现有技术为公众所知的形式主要有：（1）在申请日以前已在国内外出版物上公开发表；（2）在申请日以前已经在国内外公开使用；（3）其他为公众所知的方式。创造性是指与现有技术相比，该发明具有突出的实质性特点和显著的进步。发明具有突出的实质性特点是指对于本领域技术人员来说，发明与现有技术相比是非显而易见的；发明具有显著的进步是指发明与现有技术相比能够产生有益的技术效果。实用性是指该发明能够制造或者使用，并且能够产生积极效果。

案情介绍

此案❶涉及发明专利。1985 年 4 月 1 日，香港美艺（珠记）金属制品厂（以下简称"香港美艺厂"）向中国专利局（现国家知识产权局）申请了一项名称为"惰钳式门"的发明专利，中国专利局经过实质审查，认为符合中国《专利法》规定的新颖性、创造性和实用性条件，于 1988 年 6 月 23 日授予其专利权，专利号为 ZL85101517。1989 年 5 月至 1990 年 3 月间，广东省广州市番禺县拉闸厂、宏兴卷闸厂和南方拉闸厂以"惰钳式门"发明专利缺乏新颖性和创造性为由，分别向中国专利局专利复审委员会（现国家知识产权局专利局复审和无效审查部，以下简称"原专利复审委员会"）提出无效宣告请求。原专利复审委员会经过审查，以该发明不具备创造性为由，于 1990 年 12 月 31 日作出第 112 号无效宣告请求审查决定，宣告第 85101517 号发明专利权无效。原专利复审委员进行审查所依据的对比文献的已有技术是：GB1361763 英国专利（以下简称"对比文献 1"）和昭 59 - 14156 号日本特许出愿公告（以下简称"对比文献 2"）。香港美艺厂对原专利复审委员会的无效宣告请求审查决定不服，在法定期限内向北京市中级人民法院起诉。

---

❶ 《最高人民法院公报》1992 年第 2 期。

争议焦点

如何进行发明专利的创造性的判断？

裁判结果与理由

一审法院认为：尽管对比文献 1 和对比文献 2 与该发明属相同的技术领域，但是该领域的普通技术人员并不能从对比文献 1 出发，结合对比文献 2，直接获得关于该发明的有用的技术教导。该发明与对比文献在发明的目的、为实现其目的所提出的技术解决方案以及最终的技术效果上存在明显的实质性差别，该发明对于将两份对比文献结合起来的该领域的普通技术人员来说，并非显而易见。因此，一审法院判决撤销了原专利复审委员会第 112 号无效宣告请求审查决定。

一审被告原专利复审委员会不服判决，提起上诉。二审法院认为：原专利复审委员会根据对比文献 1 和对比文献 2 认定"惰钳式门"发明专利已不具备创造性，作出宣告第 85101517 号"惰钳式门"发明专利权无效的决定，缺乏充分的证据。一审法院判决撤销原专利复审委员会第 112 号无效宣告请求审查决定是正确的。二审法院于 1992 年 3 月 4 日判决：驳回上诉，维持原判。

第一，该发明专利中 H 型衬套以及 H 型衬套与各立柱直杆之间的组合关系使得该发明具有了突出的实质性特点，尽管对比文献 2 中也有 H 型截面的滑动套的技术，但是二者的技术作用不同，本领域内的普通技术人员也不可能根据对比文献 1，结合对比文献 2，获得对该发明有用的技术指导，所以该发明是具备突出的实质性特点的。第二，该发明的发明目的和技术效果也是与现有技术截然不同的，该发明的主要目的是减少噪声和易于组装，与对比文献的目的是不同的，所以进行综合对比后发现，该发明的突出的实质性特点是显而易见的。第三，该发明与现有技术相比，克服了现有技术的不足和缺陷，是具有显著的进步的，对此，原专利复审委员会以及香港美艺厂均表示认可。

案件评析

发明专利需要符合"三性"的要求，其中最为重要的就是创造性，创造性规定在《专利法》第 22 条中，是指与现有技术相比，该发明具有突出的实质性特点和显著的进步。"突出的实质性特点"是指对该技术实质内容的突破；"显著的进步"是指长足性的进步。在判断一个发明的创造性时，需要结合该发明本身的创新程度、发明目的以及实际的技术效果等进行综合的判断，必要时还需要将相关的文献进行综合对比。

该案中的发明为一种"惰钳式门"，原专利复审委员会根据两份对比文献判定其不具备创造性，但是一审法院和二审法院均认为原专利复审委员会的认定是错误的，主要的理由如下。首先，尽管对比文献 2 中同样存在 H 型截面的滑动套，但是该发明的发明目的和技术效果与对比文献 2 中的发明是完全不同的，这也就意味着对本领域的普通技术人员而言，这并非显而易见的，所以该发明是具备"突出的实质性特点"的；其次，该发明解决了本领域产品存在的噪声较大和不易安装的缺陷，这就符合"显著的进步"的要求。综上，一审、二审法院的判决认定该发明是符合发明专利要求的创造性的。

通过该案，我们主要可以借鉴和学习的就是在判断发明专利的创造性时，不仅需要对对比文献进行分析和比对，而且需要结合发明目的、技术效果等多重因素进行判断，从本领域内普通技术人员的角度出发，审慎地判断发明专利的创造性。

第二节　实用新型

背景资料

实用新型是指对产品的形状、构造或者其结合所提出的适于实用的新的技术方案。由此可知，实用新型专利只保护产品，所述产品应当是经过产业方法制造的，有确定形状、构造且占据一定空间的实体。实用新型保护的是有形物，该有形物应当是经过工业方法制造的占据一定空间的实体，没有一定形状的液体、粉末材料等方面的发明不在实用新型专利的保护范围。没有确定空间形状的气体、液体、粒散体，由于堆放方法而构成某种形状的临时性物体，只具有二维的平面图形（如表格、图形、文字、刻度）等都不是实用新型专利的保护对象。一切方法以及未经人工制造的自然存在的物品不属于实用新型专利保护的客体，上述方法包括产品的制造方法、使用方法、通信方法、处理方法、计算机程序以及将产品用于特定用途等。对于现有技术的改进和提高，对物品的形状、构造改进后产生积极效果的，可以申请实用新型。

依据《专利法》的规定，实用新型的创造性和技术水平较发明专利低，但实用价值大，在这个意义上，实用新型有时会被人们称为小发明或小专利。针对实用新型，在专利权审批上采取简化审批程序、缩短保护期限、降低收费标准等办法加以保护。关于实用新型，《保护工业产权巴黎公约》（以下简称《巴黎公约》）没有规定实用新型的概念，但规定实用新型享有发明专利的利益。《与贸易有关的知识产权协议》（以下简称"TRIPS 协议"）也没有单独规定实用新型这一专利类型。有些国家并没有将其列为专利保护的独立类型，而是将其包含在发明专利中予以保护。也有些国家将实用新型列为专利保护的独立类型。发明与实用新型专利主要有以下区别。第一，保护客体不同：发明保护产品和方法，实用新型只保护产品的形状、构造。第二，审查制度不同：发明专利申请有初步审查程序和实质审查程序，而实用新型专利申请没有实质审查程序，对实用新型的创造性标准的要求相对发明略低，仅仅有初步审查程序。第三，保护期限不同：发明专利保护期限为 20 年，实用新型专利保护期限为 10 年。第四，申请和维持费用不同：实用新型专利的费用较发明专利低。

案情介绍

此案[1]涉及实用新型专利刘某某、周某某、刘某于 2013 年提出名称为

---

[1] 北京知识产权法院（2014）京知行初字第 19 号，北京市高级人民法院（2015）高行（知）终字第 1453 号，最高人民法院（2017）最高法行申 5980 号。

"一种全畅通附带街口空地附带寄车区的路口及快道"的第201320112345.7号实用新型专利申请（以下简称"涉案专利申请"）（见图2-1）。国家知识产权局以不符合《专利法》（2008）第2条第3款的规定为由驳回了申请。刘某某等对上述驳回决定不服，向原专利复审委员会提出复审请求。原专利复审委员会认定：涉案专利申请权利要求1—7的内容为交通区域的布局划分以及各个交通区域之间的位置关系，如"基本形状为路口共分四层，将各个隔离的机动车两层，自行车一层，市民一层紧扣结合；或减层变通"，这种布局划分和位置关系是一种人为的规划布置，没有利用自然规律解决技术问题，不是一种技术方案，不属于实用新型保护的客体，不符合《专利法》（2008）第2条第3款的规定。虽然本申请涉及道路，但其具体内容均是依托于人为限定的行车方式实现的，而其中仅仅是规则，并未利用符合自然规律的技术手段，所获得的也仅是车辆以及行人按照该规则行进，这一点也并不是技术效果，因而复审请求人的理由无法成立。实用新型专利是对产品结构、形状或其结合的保护，如前所述，本申请所涉及的方案并不属于专利法中对于实用新型专利保护客体的范畴，即便方案具有一定的优势，但由于其并不符合实用新型专利保护客体规定的要求，无法以专利形式得到相应的权利。

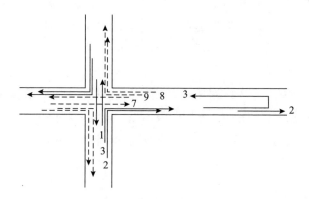

图2-1 一种全畅通附带街口空地附带寄车区的路口及快道

此后，刘某某等向北京知识产权法院针对原专利复审委员会的决定提起行政诉讼。

争议焦点

涉案专利申请是否属于实用新型专利保护的客体?

裁判结果与理由

一审法院认定:涉案专利申请涉及的内容是交通区域的布局划分以及各个交通区域之间的位置关系,虽然这项构思对改善人类社会交通状况有着积极意义,但是当把这一构思作为一项专利申请提出时,应当遵守我国《专利法》对发明创造作出的规定,符合对发明创造授予专利权的条件。《专利法》(2008)第 2 条第 3 款规定:实用新型,是指对产品的形状、构造或者其结合所提出的适于实用的新的技术方案。即专利法保护的客体——发明创造本身必须是一种技术方案,使用它解决某一项技术问题时必须体现出利用了自然规律,而不能是人为规则。从涉案专利申请的内容上看,它呈现给人们的是一种人为规划的交通布局设计,属于规则范畴,而不是技术方案,实现该设想的手段更没有体现出利用了自然规律。该构思追求达到的也仅仅是车辆以及行人遵从该规则以缓解交通拥堵,这一点不属于专利法意义上的技术效果,尤其不符合专利法对实用新型专利必须是产品结构、形状或其结合的要求。由此来看,刘某某等的研究贡献不属于专利法保护的客体,应当寻求申请专利方式以外的其他形式得到社会公认。

刘某某等不服一审判决,向北京市高级人民法院提出二审。二审法院认定一审判决认定事实清楚,适用法律正确,程序合法,应予维持。刘某某等不服二审判决,向最高人民法院提起再审。再审法院裁定,涉案专利申请不属于实用新型专利保护的客体,再审申请理由不成立,驳回再审申请。

我国《专利法》保护的客体,即发明创造本身必须是一种技术方案,使用它解决某一技术问题时必须体现出利用了自然规律,而不能是人为设定的规则。从主题来看,涉案专利申请涉及一种"路口及快道",由于路口、快道均不属于产品的范畴,故涉案专利申请的主题不符合《专利法》第 2 条第 3 款关于实用新型适用于"产品"的规定。从权利要求的内容来看,涉案专利申请主要体现了一种人为规划的交通布局设计,尽管该设计结合了交通设施、设备，具有一定的构造，但是，涉案专利申请所称的技术效果，并非基于对交通设施、设备及其构造的改进，而是基于对交通规则与交通布局设计的改变，本质上与"为了交通安全、畅通，车辆均靠右行驶"这样的人为交通规则设计并无实质性差别。因此，涉案专利申请不符合《专利法》第2条第3款关于实用新型是"对产品的形状、构造或者其结合所提出的适于实用的新的技术方案"的规定。综上，涉案专利申请不属于实用新型专利保护的客体。

案件评析

一项专利申请希望获得实用新型专利授权，不仅需要符合授予专利权的一般条件，即符合《专利法》第5条、第22条和第25条的条件，还需要符合《专利法》第2条第3款的特定条件。

首先，涉案专利申请是一种"路口及快道"，依据《专利审查指南》第二部分第五章第3.2.1节的规定，具有实用性的发明或者实用新型专利申请主题，应当具有再现性。反之，无再现性的发明或者实用新型专利申请主题不具备实用性。再现性，是指所属技术领域的技术人员，根据公开的技术内容，能够重复实施专利申请中为解决技术问题所采用的技术方案。这种重复实施不得依赖任何随机的因素，并且实施结果应该是相同的。涉案专利申请的是道路，这种特定建筑物的设计取决于特定地理环境，不是一种产品，因而不具有再现性。

其次，涉案专利申请请求的权利要求内容为交通区域的布局划分以及各个交通区域之间的位置关系，如"基本形状为路口共分四层，将车车隔离的机动车两层，自行车一层，市民一层紧扣结合；或减层变通"，这种布局划分和位置关系是一种人为的规划布置，仅仅是一种人为的规则，并未利用自然规律解决技术问题，也未实现一定的技术效果，不是一种技术方案，所以不属于实用新型保护的客体。

第三节　外观设计

外观设计是对产品的整体或者局部的形状、图案或者其结合以及色彩与形状、图案的结合所作出的富有美感并适于工业应用的新设计。由此可知，与发明和实用新型所保护的是技术方案不同，外观设计保护的是一种应用于产品的富有美感的设计。授予专利权的外观设计，应当同申请日以前在国内外出版物上公开发表过或者国内公开使用过的外观设计不相同和不相近似，并不得与他人在先取得的合法权利相冲突。从以上叙述可以看出，外观设计专利应当具备下列条件：

（1）与现有的外观设计不相同。这是对外观设计新颖性的要求，而判断新颖性的时间标准就是申请日。需要注意的是，外观设计与产品是相依附的，只有相同的设计用在同类产品上才是外观设计意义上的相同，如果相同的设计用于不同类产品上，不属于这里所说的相同。

（2）与现有的外观设计不相近似。这一条件要求外观设计具有创造性，即申请专利权的外观设计与现有设计及现有设计的组合特征相比具有明显的区别。这里的不相近似要求的是整体视觉效果上有所区别，而不是对整体视觉效果没有显著影响的微小部分上有所区别。与上述条件（1）一样，与现有外观设计的不相近似仍限于同类产品，在不同类产品上近似的设计不属于近似的外观设计。

（3）不得与他人在先取得的合法权利相冲突。如果他人在先取得合法权利的时间点在外观设计专利申请日以前，那么该外观设计就与他人的在先权利相冲突，故而不能被授予专利权。

外观设计保护制度的产生与工业革命的发展是相互联系的，工业革命使得大量的工业品流入市场，由于市场中产品过多，很多生产商会尽量让自己的产品外观在同类产品中显著夺目。一般认为对外观设计的保护始于法国里昂市对该市丝绸织品图案的保护，1711 年 10 月 25 日，法国里昂市颁布了保护本市丝绸织品图案的规定，之后这种做法逐渐普及整个法国。到 1806 年，法国建立了比较完整的外观设计保护制度，并且颁布了相应的法律。目前，外观设计在全世界很多地方都受到了保护，从比较研究的视角来看，各国对外观设计保护的法律形式各有不同。一些国家采取的是单独立法的保护模式，例如日本。自 1888 年颁布《日本意匠条例》到 1959 年出台新的《日本意匠法》，日本一直采取外观设计单独立法模式。《日本意匠法》采取审查注册制，将获得注册的外观设计称为"注册意匠"，申请人由此获得"意匠权"。1921 年，日本将外观设计保护客体进一步明确为与产品不可分离的形状等。❶一些国家采取的是专利和版权的双重保护模式，例如英国和法国。英国工业品外观设计既受到外观设计法保护，也受到版权法保护，凡是享有版权的外观设计，在付诸工业应用之后版权保护自动丧失。英国的外观设计保护制度是由其版权法和外观设计法的发展演变而成。❷ 英国 1787 年颁布《英国亚麻、棉布、印花布和帆布印刷和设计法》，之后英国关于外观设计保护的法律几经变动，终于在 1988 年，《英国版权、外观设计和专利法》出台，自此建立起专利和版权双重保护的模式。其实在 1787 年到 1988 年的法律变动过程中，英国也曾区分过装饰性外观设计和功能性外观设计，甚至为了避免版权法和外观设计法的双重保护，区分过艺术作品和实用艺术作品，但其最终还是选择了双重保护模式。法国工业品外观设计既受到外观设计法保护，也受到版权法保护，在外观设计保护期满后仍然可以继续受到版权法保护。法国是世界上最早建立现代外观设计制度的国家，于 1806 年颁布《法国工业品外观设计法》。1902 年《法国著作权法》规定，工业品外观设计受到外观设计权利保护的同时也享有著作权（版权）。1992 年，法国将 23 个知识产权领域的单行立法汇编整理形成统一的《法国知识产权法典》，外观设计的相关法律制度被规定在该法典第二部分"工业产权"中的第五卷，共分为两编 5章 21 条，对外观设计的客体、申请手续、权利内容、保护期限和纠纷解决作出了明确的规定。还有一些国家选择了将外观设计纳入专利制度的保护模式，例如我国和美国。这种模式下，美国的做法更具有代表性。现行《美国法

---

❶ 张鹏. 外观设计单独立法论 [J]. 知识产权，2018（6）：45 – 54.
❷ 胡充寒. 外观设计专利侵权判定理论与实务 [M]. 北京：法律出版社，2010：7.

典》第 35 编是专利法的内容，其中第 16 章"外观设计"是该编第二部分
"发明的可享专利性和专利的授予"的一个章节，与发明专利、植物专利等
并列。"外观设计"一章共有 3 个条文：外观设计专利、优先权和外观设计
专利的期限。

1984 年我国《专利法》将外观设计纳入保护范围，1992 年修正的《专利
法》规定外观设计的保护期为 10 年，2020 年修正的《专利法》规定外观设计
的保护期限是 15 年。1883 年的《巴黎公约》文本将外观设计列为工业产品保
护对象，TRIPS 协议将工业品外观设计的保护列为成员的最低义务。❶

从外观设计的定义及其历史发展，可以看出外观设计具有以下特点：

（1）与产品相结合。外观设计必须以产品为依托，离开了具体的工业产
品也就无所谓外观设计了。❷ 产品是指任何用工业方法生产出来的物品，可
以进行工业上的重复生产，不能重复生产的手工艺品、农产品、畜产品、自
然物不能作为外观设计的载体。外观设计应是对产品外表所作的设计，它不
是单纯的美术作品。❸ 设计如果不与具体的产品相结合，那么无论设计本身
多么富有美感，也不能成为外观设计，但是可以受到著作权法的保护。

（2）外观设计是关于产品形状、图案或其结合以及色彩与形状、图案的
结合的设计。形状是指立体或者平面产品外部的点、线、面的转移、变化、
组合而呈现的外表轮廓。图案是指将设计构思所产生的线条、变形文字加以
排列或者组合并通过绘图或其他手段绘制的图形。色彩是指用于产品上的颜
色或者颜色的组合。产品的颜色不能独立构成外观设计，必须与产品形状和
图案组合。外观设计可以是立体的，也可以是平面的，但不能是明显属于平
面印刷品的标识性设计。

（3）富有视觉美感。何为丑，何为美，这是一种主观的价值判断。人们
因为文化背景、爱好、习惯等的不同，可能对同一事物的美丑有不同的评价，
很难统一。外观设计对"美感"的要求很低，一般情况下只要不违反社会公
德与法律，能够被大众接受的即可认为其符合外观设计专利对美感的要求。

（4）适用于工业应用的新设计。外观设计不是一件单纯的艺术品，它与
产品相结合，所以在工业上必须也能够进行量化生产。所谓新设计，是指在

❶ 曹阳. 专利实务指南与司法审查 [M]. 北京：法律出版社，2019：48.
❷ 刘春田. 知识产权法 [M]. 5 版. 北京：高等教育出版社，2015：166.
❸ 吴汉东. 知识产权法学 [M]. 6 版. 北京：北京大学出版社，2014：135.

现有技术中找不到与之相同或相近似的外观设计，换句话说，就是授予专利权的外观设计与现有设计或者现有设计特征的组合相比，应当具有明显区别。

案情介绍

涉案❶专利是名称为"恒温阀芯外壳体"的外观设计专利，专利号为ZL201430379919.7，申请日为2014年9月23日，授权公告日为2015年5月27日，专利权人为吴某某。涉案专利涉及的产品是恒温阀芯外壳体，由主视图、俯视图、仰视图、立体图和使用状态参考图表示，其近似中空的圆管状结构，由上至下分为直径递增的三层，上层为细圆管，内径较细，表面为直纹滚花结构，中层为正六边形结构，下层为粗圆管，中空，内有螺纹。针对涉案专利，黄某某于2016年12月6日向原专利复审委员会提出无效宣告请求，并提交了如下证据：

证据1（对比设计1）：专利号为JPD2003-35820的日本外观设计专利授权公告文本打印件及相关译文。对比设计1公开了一种"滤过器"的外观设计，由六面正投影视图、2幅立体图和剖视图表示，其为近似中空的圆管状结构，由上至下分为直径递增的三层，上层为细圆管，内径较粗，表面为横条形螺纹结构，中层为正六边形结构，下层为粗圆管，内填充有滤材，无螺纹结构。证据2（对比设计2）：专利号为ZL201030501150.3的中国外观设计专利授权公告文本打印件。该证据是中国专利文献，其授权公告日是2011年3月16日，公开了一种"阀芯（2）"的外观设计。对比设计2由六面正投影视图表示，其近似中空的圆管状结构，由上至下分为直径递增的三层，其中中层为圆管状，上部表面为直纹滚花结构，下部光滑。证据3：专利号为ZL201130266080.2的中国外观设计专利授权公告文本打印件。证据4：专利号为ZL200730070145.X的中国外观设计专利授权公告文本打印件。证据5：专利号为ZL201430004434.X的中国外观设计专利授权公告文本打印件。

经形式审查合格，原专利复审委员会于2016年12月6日受理了上述无效宣告请求，依法成立合议组对该案进行审理。原专利复审委员会于2017年3月17日举行口头审理，黄某某出席，吴某某未出席。在上述程序的基础

---

❶ 最高人民法院（2020）最高法知行终167号。

上，原专利复审委员会于 2017 年 4 月 14 日作出被诉决定，决定维持涉案专利权有效。后黄某某不服原专利复审委员会维持涉案专利有效的决定，遂向一审法院提起诉讼。

一审法院认为，结合各方当事人的诉辩主张，该案主要的争议焦点如下：

（一）涉案专利是否符合《专利法》（2008）第 2 条第 4 款的规定

黄某某主张，涉案专利产品在使用过程中无法被消费者所感知，缺乏外观设计专利要求的产品设计需"富有美感"的感知前提，不属于授予外观设计专利的对象，不符合《专利法》（2008）第 2 条第 4 款的规定。对此一审法院认为，涉案专利所述产品本身可以作为一个单独产品进行销售，其虽然安装于水龙头中，但在销售或安装过程中，其产品的形状可以被一般消费者所获知，其属于外观设计专利的授权客体，符合《专利法》（2008）第 2 条第 4 款的规定。被诉决定相关认定正确，一审法院依法予以确认。

（二）涉案专利是否符合《专利法》（2008）第 27 条第 2 款的规定

黄某某主张，涉案专利附图对螺纹设计的深度（高度）未有体现，同时密封圈凹槽设计未有体现，其要求保护的设计要点不清晰。对此一审法院认为，判断外观设计专利视图是否会导致不能清楚地显示要求保护的产品的外观设计，应当考虑未清楚显示的部分对产品的整体影响程度，判断是否存在影响清楚表达的实质性缺陷。就该案而言，依据涉案专利的主视图、仰视图、俯视图、立体图已经可以清楚确定涉案专利所保护产品的外观，其中的螺纹设计也是一般消费者结合其所具有的知识能够明确的保护范围，而产品的设计要点需结合产品所提交视图来综合确定，其中个别部分的瑕疵并不足以导致产品外观设计整体的清楚表达，因此涉案专利符合《专利法》（2008）第 27 条第 2 款的规定。被诉决定相关认定正确，一审法院依法予以确认。

（三）涉案专利是否符合《专利法》（2008）第 23 条第 2 款的规定

涉案专利涉及的产品是恒温阀芯外壳体，对比设计 1 公开了一种"滤过器"的外观设计，二者均为液体分配设备，其用途相近，属于相近种类的产品。涉案专利与对比设计 1 相比，两者的主要相同点在于：均为近似中空的三层圆管状结构，各层形状相同。两者的主要区别在于：（1）上层条纹结构不同，涉案专利为直纹滚花，而对比设计为横条形螺纹。（2）各层外径宽度与高度比例不同，涉案专利各层整体均较宽较矮，而对比设计 1 各层较细较高。（3）上层内径大小不同，涉案专利上层内径较小，而对比设计 1 较宽。（4）涉案专利下层内部中空，有螺纹结构，而对比设计内有填充物，无螺纹结构。对于上述区别点（2）、（3），各层外径宽度与高度比例和上层内径大小不同均属于细微的差异，对产品的整体视觉效果不会产生显著的影响；对于上述区别点（4），其位于一般消费者不容易关注的产品底部，故该差异也不会对产品的整体视觉效果产生显著的影响。对于上述区别点（1），对比设计 2 公开了一种"阀芯（2）"的外观设计，所示产品与涉案专利涉及的产品用途相同，二者属于相同种类的产品，根据一审法院对对比设计 2 具体公开内容的查明可知，其上层螺纹的设计为直纹滚花。因此，涉案专利与对比设计 1 和 2 的组合相比不具有明显区别，不符合《专利法》（2008）第 23 条第 2 款的规定。被诉决定相关认定有误，一审法院依法予以纠正。

综上，一审法院判决：（1）撤销原专利复审委员会作出的被诉决定；（2）国家知识产权局就黄某某针对涉案专利所提出的无效宣告请求重新作出审查决定。案件受理费 100 元，由国家知识产权局负担。

国家知识产权局不服一审法院作出的判决，故向二审法院提起上诉。国家知识产权局上诉请求：（1）撤销一审判决，维持国家知识产权局作出的第 32031 号无效宣告请求审查决定（以下简称"被诉决定"）；（2）驳回黄某某的诉讼请求。国家知识产权局提供的事实与理由如下：本案涉及专利号为 ZL201430379919.7，名称为"恒温阀芯外壳体"的外观设计专利是否符合《专利法》（2008）第 23 条第 2 款规定的判断。

一是涉案专利与对比设计 1 存在明显差异。涉案专利与对比设计 1 相比，两者的主要设计相同点在于：均为近似中空的三层圆管状结构，各层形状相同。两者的主要设计区别点在于：（1）上层条纹结构不同，涉案专利为直纹滚花，而对比设计 1 为横条形螺纹；（2）各层外径宽度与高度比例不同，涉案专利各层整体均较宽较矮，而对比设计 1 各层较细较高；（3）上层内径大小不同，涉案专利上层内径较小，而对比设计 1 较宽；（4）涉案专利下层内部中空，有螺纹结构，而对比设计 1 内有填充物，无螺纹结构。对于阀芯壳体类产品而言，其通常安装于水龙头、阀门内部，涉案专利与对比设计 1 的相同点即多层圆管状结构，呈阶梯状在该类产品中较为多见，相对而言，此类产品的整体形状变化以及局部结构设计会对产品整体视觉效果的影响更为显著。区别点（4）位于产品下层，内部的螺纹结构用于与其他部件相连接，属于与其他配件连接的部位，并非一审判决所认定的产品底部，且由于其用于连接，故是否存在螺纹结构是消费者在使用过程中容易重点关注的部位。区别点（2）和区别点（3）使涉案专利整体呈现出较宽较矮、上端孔洞较小的视觉效果，而对比设计 1 整体呈现为较高较细、上端孔洞较大的视觉效果，特别是区别点（3）体现在产品端面，涉案专利因在上层条纹结构顶部设有盖板，从而形成孔洞较小的视觉效果，而对比设计 1 上层结构无盖板，故其孔洞直径与上层结构的直径相近，从而形成孔洞较大的视觉效果。因此，上述设计区别点使涉案专利与对比设计 1 在产品整体形状和局部结构上均产生了明显差异，对产品整体视觉效果具有显著影响。

　　二是涉案专利与对比设计 1 和 2 的组合存在明显区别。一审法院认为对比设计 2 公开了上层螺纹的设计为直纹滚花，从而得出涉案专利与对比设计 1 和 2 的组合相比不具有明显区别的结论，该认定结论错误。首先，在将现有设计特征进行组合时，用于组合的现有设计特征应当是具有相对独立的视觉效果，以一般消费者眼光可直接将之从现有设计中自然区分出来。如果用于组合的部分为特意划分且依据一般消费者的眼光不能直接将之从现有设计中自然区分出来，则不属于可用于组合的设计特征。也就是说，不能将其他现有设计组合与涉案专利进行对比。本案的对比设计 2 上层螺纹设计位于产品第二层的上部，与第二层下部的平滑表面自然连接为一体，故无法脱离第二层下部结构而独立存在，属于人为特意划分和截取的结构，不能将其与对比设计 1 进行组合。其次，即使坚持将对比设计 1 带有横条形螺纹结构的局部替换为对比设计 2 相应区域的带有直纹滚花结构，其组合部分的相对位置比例也应当受对比设计 2 的启示。如此替换、组合后的产品与涉案专利相比，显然后者的直纹滚花结构的部分较高，且与下部结构呈阶梯状连接，而前者组合后产品相应的直纹滚花区域非常低矮，且与下部结构阶梯状连接被弱化，该区别点对产品整体形状具有显著影响，使得涉案专利与对比设计 1 和 2 组合后的产品在整体视觉效果上更加不同。

综上，国家知识产权局请求依法支持其上诉请求。

二审过程中，当事人没有提交新证据。

二审法院认为，一审查明的事实基本属实，二审法院予以确认。但是与一审法院认定的争议焦点不同，二审法院认为，该案的争议焦点是涉案专利是否符合《专利法》（2008）第23条第2款关于外观设计专利实质授权条件的规定。

争议焦点

涉案专利是否符合《专利法》（2008）第23条第2款关于外观设计专利实质授权条件的规定？

裁判结果与理由

二审法院认为涉案专利符合《专利法》（2008）第23条第2款关于外观设计专利实质授权的条件，故支持了国家知识产权局的上诉请求。

《专利法》（2008）第23条第2款规定："授予专利权的外观设计与现有设计或者现有设计特征的组合相比，应当具有明显区别。"该条系2008年《专利法》第三次修正后的新增条款，一般被认为是外观设计专利应当具备创造性的授权条款。涉案专利与现有设计或者现有设计特征的组合相比不具有明显区别，包括以下三种情形：（1）涉案专利与相同或者相近种类产品现有设计相比不具有明显区别；（2）涉案专利是由现有设计转用得到的，二者的设计特征相同或者仅有细微差别，且具体的转用手法在相同或者相近种类产品的现有设计中存在启示；（3）涉案专利是由现有设计或者现有设计特征组合得到的，所述现有设计与涉案专利的相应设计部分相同或者仅有细微差别，且该具体的组合手法在相同或者相近种类产品的现有设计中存在启示。

根据无效宣告请求人黄某某提交的无效证据及无效理由，以及国家知识产权局的上诉理由，围绕涉案专利是否具备《专利法》（2008）第23条第2款规定的实质授权条件这一焦点问题，可以进一步划分为以下两个方面的问题：涉案专利相较于对比设计1是否具有明显区别；涉案专利相较于对比设计 1 与对比设计 2 的组合是否具有明显区别。对此，法院分别评述如下：

（一）关于涉案专利相较于对比设计 1 是否具有明显区别的问题

"不具有明显区别"，是指一般消费者经过将涉案专利与现有设计进行整体观察、综合判断，认为二者的差别对于产品整体视觉效果不具有显著影响。判断涉案专利与对比设计是否具有明显区别，首先，应确定涉案专利产品与现有设计对应的产品是否属于相同或相近种类的产品，这是进行对比的前提。其次，应从整体上客观比较涉案专利与对比设计的相同点和不同点。再次，应当分析两者的相同点和不同点对产品整体视觉效果影响的权重。最后，综合各种权衡因素作出判断。如果一般消费者经过对涉案专利与现有设计的整体观察可以看出，二者的差别对于产品外观设计的整体视觉效果不具有显著影响，则涉案专利与现有设计相比不具有明显区别。显著影响的判断，仅限于相同或者相近种类的产品外观设计。在确定涉案专利与相同或者相近种类产品现有设计相比是否具有明显区别时，一般应当综合考虑如下因素：（1）对涉案专利与现有设计进行整体观察时，更关注使用时容易看到的部位，使用时容易看到部位的设计变化相对于不容易看到或者看不到部位的设计变化，通常对整体视觉效果更具有显著影响，但有证据表明在不容易看到部位的特定设计对于一般消费者能够产生引人瞩目的视觉效果的除外；（2）当产品上某些设计被证明是该类产品的惯常设计时，其余设计的变化通常对整体视觉效果更具有显著的影响；（3）由产品的功能唯一限定的特定形状对整体视觉效果通常不具有显著的影响；（4）若区别点仅在于局部细微变化，则对整体视觉效果不足以产生显著影响。

具体到该案，法院认为，涉案专利相较于对比设计 1 在整体视觉效果上具有明显区别，理由如下：

涉案专利涉及的产品名称为"恒温阀芯外壳体"，对比设计 1 公开的产品名称为"滤过器"，二者的用途均为液体分离过滤，属于相近种类产品。涉案专利由主视图、俯视图、仰视图、立体图和使用状态参考图表示，其外观设计的内容可以描述如下：整体近似中空的圆管状结构，由上至下分为直径递增的三层，其中，上层为内径较细的细圆管，其外表面为竖条平行排列的滚花结构；中层为正六边形结构；下层为中空的粗圆管，其内表面分布有环状并行的螺纹结构。对比设计 1 由六面正投影视图、2 幅立体图和剖视图表示，其外观设计的内容可以描述如下：整体近似中空的圆管状结构，由上至下分为直径递增的三层，其中，上层为内径较粗的细圆管，其外表面为横条平行排列的滚花结构；中层为正六边形结构；下层为填充了滤材的粗圆管，未见螺纹排列结构。将涉案专利与对比设计1进行对比，两者的设计相同点在于：（1）均为近似中空的三层圆管状结构；（2）各层形状相同。两者的设计区别点在于：（1）上层滚花条纹结构不同。涉案专利为竖条排列，而对比设计1为横条排列。（2）上层和中层的外径宽度与高度比例不同。涉案专利上层和中层整体均较宽较矮，而对比设计1的上层和中层较细较高。（3）上层内孔的形状和直径不同。涉案专利内孔直径较小，而对比设计1内孔直径较大，且在内孔外缘还环绕两圈同心圆。（4）下层结构不同。涉案专利下层内部中空，且内表面分布有环状并行的螺纹结构，而对比设计1填充了滤材且未见螺纹。根据本领域一般消费者的认知能力，对于用于液体分离过滤的阀芯壳体类产品而言，整体近似圆管状、由上至下依次内径递增的分层设计属于此类产品较为常见的设计构造，故一般消费者在购买、安装和使用过程中会更为关注产品局部结构的设计区别对产品整体视觉效果的影响。同时，涉案专利产品属于需要与其他产品配合组装使用的五金零配件，故一般消费者不仅会在正常使用环节关注其整体呈现的视觉效果，也会在购买和安装环节关注其在细节处呈现的视觉效果。关于设计区别点（1）、（4），该两项区别点在购买和安装环节无疑是容易使一般消费者仅需施加普通注意力即可注意到的区别设计特征。特别是产品下层有无被滤材填充、是否呈现中空状态、下层内表面是否布设平行排列的环状螺纹，在购买和安装环节显然会被一般消费者所关注。至于滚花结构的设计，虽然布设在壳体表面的滚花具有增大接触面摩擦力从而有助于加固连接的功能考虑，但滚花结构的具体设计手法可以作多种选择，换言之，涉案专利竖条平行排列的滚花结构并不属于因功能唯一限定而呈现的结构，进而在外观设计对比时可以忽略。关于设计区别点（2）、（3），在涉案专利与对比设计1的下层设计均为圆柱体状且高度和内径大小基本相同的情况下，区别点（2）即涉案专利与对比设计1在层高、层宽以及上、中两层体积比例的差异无疑会被一般消费者所关注。特别是设置于上层顶端作为液体流通排放必经通道的通孔内径设计，系一般消费者在购买、安装和使用涉案专利所涉产品时重点关注的部位。区别点（3）的存在，则进一步凸显了涉案专利与对比设计1的设计差异。

综上，按照整体观察、综合判断的对比规则，涉案专利与对比设计 1 在整体视觉效果上存在明显区别。一审法院关于涉案专利与对比设计 1 之间存在的设计差异不对产品整体视觉效果产生显著影响的认定有所不当，法院依法纠正。

（二）关于涉案专利相较于对比设计 1 与对比设计 2 的组合是否具有明显区别的问题

判断涉案专利相较于对比设计 1 与对比设计 2 的组合是否具有明显区别，应当满足的前提条件是对比设计 1 与对比设计 2 具有组合的可能性并给出组合的启示。如果对比设计 1 与对比设计 2 不具有组合的可能性，进而无法给出组合的启示，则判断涉案专利相较于对比设计 1 与对比设计 2 的组合是否具有明显区别便无从谈起。"现有设计的组合"，是指将两项或者两项以上设计或者设计特征拼合成一项外观设计，或者将一项外观设计中的设计特征用其他设计特征替换。现有设计特征是否具有组合的可能性并给出组合的启示，应当注意结合以下三个方面予以把握。

第一，作为创造性判断客体的外观设计应当是可以直接观察到的具体设计。抽象的设计理念、设计思路属于设计思想范畴，无法为外界所观察和辨识，故不属于设计特征，进而不存在将抽象的设计理念、设计思路与其他可以直接观察的具体设计加以组合进行判断的余地。第二，现有设计特征，是指现有设计的部分设计要素或者其结合，如现有设计的形状、图案、色彩要素或者其结合，或者现有设计的某组成部分的设计，如整体外观设计产品中零部件的设计。故现有设计特征应当是基于一般消费者的知识水平和认知能力能够从现有设计中识别出来、具有相对独立的视觉效果的设计特征。这类设计特征既可以是某一产品的整体或整体产品中在物理意义上可分离的某一部件，也可以是视觉上可以直接从整体产品设计中抽取出来的部分设计，至于人为划分的点、线、面则不在其列。判断一般消费者是否能够想到将这些设计特征加以组合从而在外观上形成一个有机、完整的整体，并将之用于与涉案专利进行对比，核心在于判断是否存在现有设计组合的启示。"现有设计组合的启示"包含两层含义：第一，一般消费者能否想到将这些设计特征进行组合；第二，设计特征组合后在外观上能否组合成较为协调、统一的有机整体，而无须对各个设计特征的组合做过多的修饰、过渡或大幅改变。

"是否存在组合启示"，应当基于一般消费者的知识水平和认知能力。如果各设计特征在组合的过程中存在多种设计变化上的可能性，或需要进行较大的变化才可能在外观上形成协调、统一的有机整体，则应认为这种组合超过一般消费者的知识水平和认知能力，不存在组合的启示。

具体到该案，法院认为，对比设计1与对比设计2不能给出获得涉案专利设计的组合启示，理由如下：

首先，前已述及，外观设计特征的组合内容不应当是抽象设计理念或设计思路的组合。虽然，对比设计2存在竖条平行排列的滚花结构，但如果无视该滚花结构所处的具体部位和所占面积大小，简单认为将对比设计2与对比设计1相结合，对比设计1的横条平行排列的滚花结构即可被对比设计2的滚花结构所进行"替换"，这种"组合"的实质是抽象设计理念、设计思路的组合，并非具体外观设计的组合。而抽象的设计理念、设计思路不属于设计特征，自然不存在组合的余地。

其次，前已述及，现有设计特征应当是基于一般消费者的知识水平和认知能力能够从现有设计中识别出来、具有相对独立的视觉效果的设计特征。该案中，对比设计2的竖条平行排列的滚花设计位于第二层的上部，约占第二层的一半面积，并与第二层下部的表面自然衔接形成一个光滑的平面。以一般消费者的认知水平，很难将对比设计2的滚花设计作为一个单独的设计特征而自然地抽取出来与对比设计1进行组合。亦即，无视对比设计2的竖条平行排列滚花结构在对比设计2中所处的位置和占据的面积，径行将该滚花设计从对比设计2的中层抽取出来与对比设计1进行组合，并不是正确、适当的组合方式。因为这种"组合"的实质，是先将对比设计2的中层外表面人为划分成两个"面"，再截取其中一个"面"（竖条滚花面）来替换对比设计1上层的横条滚花设计。但是，这种被人为划分再截取的"面"，并不是基于一般消费者的知识水平和认知能力能够从现有设计中识别出来、具有相对独立的视觉效果的设计特征，自然不能作为可用于与对比设计1相组合的设计特征。

再次，前已述及，设计特征组合的关键在于判断这种组合对于一般消费者而言是否存在"组合的启示"。如果将来自不同现有设计的设计特征组合后在外观上不能组合成较为协调、统一的有机整体，或在组合过程中需要进行过多的修饰、过渡或大幅改变，则这种组合方式对于一般消费者而言难谓存在"组合的启示"。该案中，因为对比设计 2 的竖条滚花设计不能作为一个单独的设计特征被自然抽取出来与对比设计 1 加以组合，故只能将对比设计 2 的带有竖条滚花设计的中层来替换对比设计 1 的上层，如此组合后对比设计 1 的上层将明显变得低矮和宽大，而且将呈现上半部分为竖条滚花、下半部分为平滑面、平滑面与中层相连接的视觉效果。显然这样的组合与涉案专利进行对比，相较于组合之前仅以涉案专利与对比设计 1 进行对比，在整体视觉效果上将产生更为显著的差异。而如果要弱化这种视觉效果差异，就意味着要对组合后的上层设计进行较大幅度的调整而非微调即可。这表明将对比设计 1 与对比设计 2 结合的组合方式，对于一般消费者而言难以认为存在"组合的启示"。

最后，即便认为对比设计 1 与对比设计 2 存在组合的启示，即将对比设计 1 上层的横条平行分布的滚花结构整体替换为竖条平行分布的滚花结构，但由于组合后的设计与涉案专利仍然存在前述对比设计 1 与涉案专利之间的设计区别点（2）、（3）、（4），故对比设计 1 与对比设计 2 组合后的外观设计与涉案专利在整体视觉效果上仍然具有明显区别。

综上，对比设计 1 与对比设计 2 并没有给出获得涉案专利设计的组合启示。一审法院未审查对比设计 1 与对比设计 2 是否具有组合的可能、是否给出组合的启示，即认为涉案专利与对比设计 1 和对比设计 2 的组合不具有明显区别，该认定显属不当，法院依法纠正。

案件评析

本案涉及的主要问题是涉案专利是否符合《专利法》（2008）第 23 条第 2 款的授权要求，即涉案专利与对比设计及其组合特征是否具有明显区别。一审法院在归纳主要争议问题时没有抓住要点，其归纳的要点之一是涉案专利是否符合《专利法》（2008）第 27 条第 2 款的规定，该款规定：申请人提交的有关图片或者照片应当清楚地显示要求专利保护的产品的外观设计。该款要求的是申请外观专利应当提供的文件，并不是能否授予外观设计专利所要求的实质性条件。一个外观设计能否被授予专利权，要看它是否具有外观设计专利所要求的以下条件：（1）与现有的外观设计不相同（新颖性要求）；（2）与现有的外观设计不相近似（创造性要求）；（3）不得与他人在先取得的合法权利相冲突。只有符合以上条件的外观设计才能够被授予专利权，所以不应当仅仅从程序的角度判断其是否符合外观设计专利的授权条件，例如所提供的照片是否清楚。一审法院归纳的第三个争议焦点即涉案专利是否符合《专利法》（2008）第23条第2款的规定是非常恰当的，但是其在涉案专利与对比设计以及组合的特征是否具有明显区别的判定上出现了错误，没有将对比设计1与对比设计2的组合特征与涉案专利相比较。

相比一审法院，二审在归纳该案的争议焦点时抓住了重点，即外观设计专利是否应当被宣告无效需要审查该专利是否符合外观设计专利授权的实质条件。二审法院不仅将涉案专利与对比设计的组合特征进行对比，还给出了判断涉案专利与对比设计及其组合特征相比是否具有明显区别的步骤。二审法院表明：涉案专利与现有设计或者现有设计特征的组合相比不具有明显区别，一般包括如下三种情形：（1）涉案专利与相同或者相近种类产品现有设计相比不具有明显区别；（2）涉案专利是由现有设计转用得到的，二者的设计特征相同或者仅有细微差别，且具体的转用手法在相同或者相近种类产品的现有设计中存在启示；（3）涉案专利是由现有设计或者现有设计特征组合得到的，所述现有设计与涉案专利的相应设计部分相同或者仅有细微差别，且该具体的组合手法在相同或者相近种类产品的现有设计中存在启示。二审法院论及"不具有明显区别"，是指一般消费者经过将涉案专利与现有设计进行整体观察、综合判断，认为二者的差别对于产品整体视觉效果不具有显著影响。判断涉案专利与对比设计是否具有明显区别，首先，应确定涉案专利产品与现有设计对应的产品是否属于相同或相近种类的产品，这是进行对比的前提。其次，应从整体上客观比较涉案专利与对比设计的相同点和不同点。再次，应当分析两者的相同点和不同点对产品整体视觉效果影响的权重。最后，综合各种权衡因素作出判断。并且，二审法院明确给出了一般应当综合考虑的具体因素。除此之外，二审法院也明确提出了判断现有设计特征是否具有组合的可能性并给出组合的启示时应当从哪些具体的方面出发，予以把握。

二审法院相比于一审法院，不仅抓住了涉案专利是否符合实质授权的重点，并且清楚地给出了判断涉案专利与对比设计及其组合的特征是否具有明显区别的具体步骤和需要综合考虑的问题。

第四节 不授予专利权的发明创造

我国《专利法》第 2 条在正向对发明创造的具体含义进行界定的同时，还通过第 5 条和第 25 条排除了不能授予专利权的发明创造，即采取了"正向定义 + 反向排除"的路径进行可专利性审查。关于不授予专利权的发明创造的情形，我国《专利法》通过"提取公因式"和"合并同类项"的方式，对"发明例外"、"实用新型例外"和"外观设计例外"三种情形进行集中规定。其中"违反法律、社会公德或者妨害公共利益"所产生的例外情形无论是发明、实用新型或者外观设计都应当予以排除，所以《专利法》"提取公因式"将之规定在第 5 条；而除此之外的条款则涉及三种发明创造各自的特征，因此《专利法》"合并同类项"将这些规定集中在第 25 条。不过，这种合并方式也遭到一些学者的诟病，认为这种规范模式在一定程度上分解了权利保护客体与权利例外客体之间的逻辑联系，使得两者不能有效地发挥互为印证之作用，即模糊了不视为"发明创造"的客体和虽视为发明创造但不授予专利权的客体之间的关系。这些学者进一步认为需要更细化地分类不授予专利权的发明创造的情形。现今专利权例外类型及其规定如表 2 - 1 所示。

表 2 - 1 专利权例外类型及其规定

类型	《专利法》条款	法律内容	性质
发明例外	第 25 条第 1 款第 1 ~ 2 项	科学发现、智力活动的规则和方法	不视为"发明"
	第 25 条第 1 款第 3 ~ 5 项	疾病的诊断和治疗方法、动物和植物品种、原子核变换方法以及用原子核变换方法获得的物质	不授予专利权
	第 5 条	违反法律、社会公德或者妨害公共利益的发明创造；违反法律、行政法规的规定获取或者利用遗传资源，并依赖该遗传资源完成的发明创造	

续表

类型	《专利法》条款	法律内容	性质
实用新型例外	第25条第1款第1~2项	科学发现、智力活动的规则和方法	不视为"实用新型"
	第25条第1款第3~5项	疾病的诊断和治疗方法、动物和植物品种、原子核变换方法以及用原子核变换方法获得的物质	不授予专利权
	第5条	违反法律、社会公德或者妨害公共利益的发明创造；违反法律、行政法规的规定获取或者利用遗传资源，并依赖该遗传资源完成的发明创造	
外观设计例外	第25条第1款第6项	对平面印刷品的图案、色彩或者二者的结合作出的主要起标识作用的设计	不授予专利权
	第5条	违反法律、社会公德或者妨害公共利益的发明创造；违反法律、行政法规的规定获取或者利用遗传资源，并依赖该遗传资源完成的发明创造	

一、《专利法》第5条中的专利权例外客体

背景资料

（1）违反法律的发明创造中的法律，是指由全国人民代表大会或者全国人民代表大会常务委员会制定和颁布的法律，不包括行政法规、规章或其他规范性文件。因此，仅违反行政法规、规章或其他规范性文件的发明创造不

具有被排除的事由，仍然可能被授予专利权。例如，某建筑机械厂申请的专利中公开了以下技术特征：绕过两个吊笼定滑轮的曳引绳的一端连接有吊笼，绕过两个对重定滑轮的曳引绳的另一端连接有配重，曳引轮置于两个吊笼定滑轮和两个配重定滑轮之间，通过动力源驱动。提起无效宣告人以该技术特征违反国家标准《施工升降机安全规程》（GB 10055—2007）中的"吊笼不能用作平衡另一个吊笼使用"为由提起无效宣告。当时原专利复审委员会认为："由于国家有关技术标准并不包括在国家法律之内，而本专利设备又不存在违反社会公德和妨害公共利益的问题，故本专利没有违反专利法第五条的规定。"❶

不能授予专利权的发明创造是与法律相违背的，如用于赌博、吸毒的设备、机器或工具。但《专利法实施细则》第 10 条规定："专利法第五条所称违反法律的发明创造，不包括仅其实施为法律所禁止的发明创造。"因为专利权的本质是阻止他人未经许可实施专利，而这并不等于专利权人就一定可以自行实施该专利。所以，即使专利权人实施自己的专利受到了法律的限制或约束，也不意味着其不能够被授予专利权，从而阻止他人未经许可实施专利。例如，用于国防的各种武器的生产、销售及使用虽然受到法律的限制，但这些武器本身及其制造方法仍然属于可授予专利权的客体。

（2）违反社会公德的发明创造中的社会公德，是指公众普遍认为是正当的并被广泛接受的伦理道德观念和行为准则。违反社会公德的发明创造不能被授予专利权，如带有暴力凶杀或者淫秽的图片或者照片的外观设计、非医疗目的的人造性器官或者其替代物、人与动物交配的方法、改变人生殖系遗传同一性的方法或改变了生殖系遗传同一性的人、克隆的人或克隆人的方法、人胚胎的工业或商业目的的应用等。再如，某专利私人有限公司与国家知识产权局一审行政诉讼中，该公司申请的名称为"体内按摩器"的发明专利就被法院判定为违反社会公德，法院认为："社会公德是基于一个国家或地区的传统文化背景而形成的、为该国或该地之社会公众普遍接受且认可的社会规范。对于涉性事项而言，法院不否认，自改革开放以来，我国民众对此的接受度或容忍度相较以往已经有了较大改变，然而，法院亦相信，至少就现阶段国内民众的普遍心理而言，以非医疗为目的的人造性器官或其替代

---

❶　北京市高级人民法院行政判决书，（2000）高知终字第 90 号。

物尚难登大雅之堂。"❶ 可见，法院在考虑发明创造是否违反社会公德时，会综合考虑当前时间和地域内民众的普遍心理，以一定的文化背景作为考量基础。

（3）妨害公共利益的发明创造中的妨害公共利益，是指发明创造的实施或使用会给公众或社会造成危害，或者会使国家和社会的正常秩序受到影响。如那些实施或使用后将导致严重污染环境、破坏生态平衡的发明创造，以及其中文字或者图案涉及国家重大政治事件或宗教信仰、伤害人民感情或民族感情或者宣传封建迷信的外观设计等。

（4）《专利法》第 5 条第 2 款规定："对违反法律、行政法规的规定获取或者利用遗传资源，并依赖该遗传资源完成的发明创造，不授予专利权。"该款规定的出现是因为仅有第 1 款并不能阻止遗传资源获取或利用过程中的违法行为，例如发明人违法获取生物资源后利用该资源分离出特定基因序列。随着现代生物技术的发展，遗传资源的经济价值日益凸显，但是各国的生物技术发展水平仍然不平衡，那么发展水平较为弱势的国家自然需要保护好本国的遗传资源。因此《生物多样性公约》明确规定：是否允许（外国人）取得遗传资源的决定权属于各国政府。我国的遗传资源利用效率相对于发达国家仍然有一定的差距，因此需要随时了解生物资源的利用情况，并分享发明商业化所得利润。那么仅有《专利法》第 5 条第 1 款的规定不足以阻止遗传资源获取或利用过程中的违法行为，于是立法者专门制定了第 2 款以更好地保护我国的遗传资源。

案情介绍

涉案❷专利是名称为"防暴注射器"、专利号为 ZL201210279595. X 的发明专利，国务院专利行政部门于 2014 年 10 月 31 日作出驳回涉案专利申请的行政决定，其理由是涉案专利申请以注射器向人体刺入针头并注射腐蚀性药剂，不仅会对实施对象造成严重身体损伤，其实施还会给公众或社会带来危害，属于"妨害公共利益"的发明创造，不符合我国《专利法》（2008）第

---

❶ 北京知识产权法院行政判决决书，（2019）京 73 行初 11371 号。
❷ 北京市高级人民法院（2017）京行终 4293 号。

5 条第 1 款的规定。周某某对驳回行政决定不服，于 2014 年 12 月 11 日向原专利复审委员会请求复审。原专利复审委员会经审查认为，涉案专利申请所记载的"剧痛药水"配方中，氢氧化钠是一种具有高腐蚀性的强碱，所属领域普通技术人员有理由怀疑其损害人的身体健康，而周某某没有提供任何证据证明其对人体无害。因此，仍以涉案专利申请妨害公共利益为由维持驳回行政决定。周某某对驳回复审行政决定不服，向北京知识产权法院提起行政诉讼。北京知识产权法院一审认为，涉案专利申请所记载的技术方案，是以弹射方式将"剧痛药水"注射入犯罪行为人的身体，产生的剧痛效果迫使其停止犯罪；"剧痛药水"配方中氢氧化钠对人体皮肤具有高腐蚀性，不仅会灼伤表皮，还会使黏膜产生软痂，甚至会渗入和灼伤深层组织并留下疤痕。由此，涉案专利申请以损害人体的方式寻求达成终止犯罪的目的，其中损害发生确定而停止犯罪目的实现不确定，不属于"产生积极效果的同时存在某种缺点"的可以授予专利权的发明创造，因此驳回诉讼请求。周某某对一审判决不服，提起上诉，理由为：（1）北京知识产权法院一审判决关于涉案专利申请严重损害人体的认定没有事实和法律依据，剧痛药水配方中氢氧化钠已经被稀释成弱腐蚀性溶液，不会对被击中者人体造成严重损害；（2）根据《专利审查指南》的有关规定，涉案专利申请可能存在对人体造成一定损害的缺点，但其具有自我保护、正当防卫、终止犯罪的积极效果，属于"妨害公共利益"的例外情形而依然应当被授予专利权。

争议焦点

涉案专利申请是否属于妨害公共利益？

裁判结果与理由

法院认为，涉案专利申请的防暴注射器是以弹射方式将"剧痛药水"注射入犯罪行为人的身体，产生的剧痛效果迫使其停止犯罪；"剧痛药水"中含有的氢氧化钠是一种高腐蚀性的强碱，溶于水后释放出大量的热而形成腐蚀性溶液，碰到人体皮肤不仅会灼伤表皮，还会使黏膜产生软痂，甚至会渗入和灼伤深层组织并留下疤痕，碰到眼睛、脸部等会造成更加严重的伤害。

防暴注射器虽然包含有红光瞄准具，但一般由非专业人士用于较为危急的时刻，仍然难以有效控制注射的具体位置，甚至存在误伤周围群众的可能性；即便能有效控制注射位置而避开犯罪行为人的眼睛、脸部等要害部位以及周围群众，亦会因剧痛药水本身的高腐蚀性而对犯罪行为人的身体造成伤害。由此，涉案专利申请的技术方案本身具有妨害公共利益的后果，属于不能授予专利权的发明创造；涉案专利申请妨害公共利益的后果是发明人无法控制的，远远超过其可能实现的积极效果，不是相对于积极效果而言的次要缺陷，不属于可以授予专利权的发明创造。

案件评析

我国《专利法》第 5 条第 1 款明确规定，对违反法律、社会公德或者妨碍公共利益的发明创造，不授予专利权。其中，"妨害公共利益"是指发明创造的实施或使用会给公众或社会造成危害，或者会使国家和社会的正常秩序受到影响。但是，发明创造的技术方案本身并不妨害公共利益，只是其滥用或者相对于积极效果而言的次要缺陷可能造成妨害公共利益，则该发明创造可以被授予专利权。由此，判断一项可能妨害公共利益的发明创造能否授予专利权，其标准在于该妨害是发明创造的技术方案本身带来的，还是发明创造的滥用或者相对于积极效果而言的次要缺陷造成的，属于前一种情形不能授予专利权，属于后一种情形则可以授予专利权。例如，一种使盗窃者双目失明的防盗装置及方法，因其技术方案本身会给公众或社会造成危害，属于不能授予专利权的情形；一种对人体有某种副作用的药品，因其副作用只是相对于积极疗效而言的次要缺陷，属于可以授予专利权的情形。

该专利申请所带来的后果究竟是"妨害公共利益"还是"产生积极效果的同时存在次要缺陷"是需要辨别的。二审法院通过对该专利申请的基本结构和应用场景进行分析，认为该专利申请仍存在误伤周围群众和造成严重伤害的可能性。

二、《专利法》第 25 条中的专利权例外客体

（一）科学发现、智力活动的规则和方法

科学发现是对自然界存在的作用机理、事物特点或现象的揭示；智力活动的规则和方法是指导人们对信息进行思维、识别、判断和记忆的规则和方法。发明则是应用这些发现和方法以满足社会需要的技术方案。由此可以看出，科学发现、智力活动的规则和方法都是与发明并列存在的概念，因此它们"不视为发明创造"，也就与《专利法》第 25 条其余"不授予专利权的发明创造"的内容有逻辑层次上的区别。在认定时，先从整体上评估客体是否具有技术特征以确定专利适格性，再进一步排除不符合专利权授予条件的发明创造。故有学者认为，《专利法》第 25 条第 1 款的第 1 ~ 2 项在逻辑上应该置于第二条关于发明创造的基本概念中，使其与发明创造的"技术方案"定义相呼应，以更加准确地判定客体的专利适格性。科学发现、智力活动的规则和方法被"不视为发明创造"的共同原因在于，它们是他人后续创新的基石，作为自然规律、自然现象、抽象思想应被保留在公共领域而不应被不当垄断。任何人都有自由从中汲取自己所需要的知识营养，以更好地发挥自己的能力改造现实，从而实现社会的全面进步，提升社会的整体福祉。

（二）疾病的诊断和治疗方法

疾病的诊断和治疗方法是指以有生命的人或者动物为直接实施对象，进行识别、确定或者消除病因或病灶的过程。《专利审查指南》认为："出于人道主义的考虑和社会伦理的原因，医生在诊断和治疗过程中应当有选择各种方法和条件的自由。"但该理由难以解释药品或医疗器械产品为什么能受到《专利法》的保护。因此可以看出，《专利法》将疾病的诊断与治疗方法排除保护更多的是政策上的选择：究竟是以相对低廉的成本救治眼前受到病痛折磨的病人，还是通过专利保护促进医疗技术的进一步创新，维护全人类的健

康。在疾病的诊断与治疗方法上，专利法选择了前者，但也赋予了药品与医疗器械以专利保护，这就是专利法制定时在情感与理智、短期利益与长远利益之间艰难平衡的结果。但随着医药和生物技术与经济的结合愈加紧密，以及医药和生物技术领域"投入大、风险大、收益大"的特征，《专利法》不授予疾病的诊断和治疗方法专利权的现状不断受到质疑。在比较法上，欧洲扩大上诉委员会通过判例的方式限缩解释了"疾病的诊断和治疗方法"的范围，认为对不包含所有诊断步骤的诊断方法和不限制医学或兽医学从业者行为自由的外科手术方法可以授予专利权。这种做法促进了欧洲医药和生物技术创新能力的发展，也更加贴合立法本意。

（三）动物和植物品种

在早期，生命被视为自然现象，是按照自然规律出生和生长的，因而一种新的生命形式的发现很难被认为是专利法意义上的发明，而多被认为是一种发现。但是，生物技术特别是转基因技术的发展改变了这一观念。通过基因重组，科学家可以改变生命体的特征，甚至人为创造出前所未有的生命形式。那么，能否对作为发明创造成果的生命体授予专利权就成为极具争议的问题，它涉及人们对待生命的伦理观念和一国的公共政策。

根据《专利法》第 25 条第 1 款第 4 项的规定，动物和植物品种不能被授予专利权，植物新品种可以通过另外的《植物新品种保护条例》获得保护，而微生物和微生物方法在中国是可以授予专利权的。但是，我国实践中并没有把根据微生物学方法生产的动物视为微生物学方法获得的产品，因而也没有将它们视为不可专利客体的例外规定。换言之，即使是根据微生物学方法生产的植物或动物，在我国也属于不可授予专利权的客体。而对于植物细胞和动物细胞而言，如果具有再生出个体的性质，则属于上述"植物品种"或"动物品种"的范畴，不能被授予专利权。《专利审查指南》第二部分第十章第 9.1.2.3 节规定，动物的胚胎干细胞、动物个体及其各个形成和发育阶段例如生殖细胞、受精卵、胚胎等，属于"动物品种"的范畴；可以借助光合作用，以水、二氧化碳和无机盐等无机物合成碳水化合物、蛋白质来维系生存的植物的单个植株及其繁殖材料，属于"植物品种"的范畴，不能被授予专利权。

（四）原子核变换方法以及用原子核变换方法获得的物质

基于国家安全、国防科研、公共利益等因素考量，我国《专利法》规定对原子核变换方法以及用原子核变换方法获得的物质不能授予专利权。原子核变换方法是指使一个或几个原子核经分裂或者聚合，形成一个或几个新原子核的过程，其可能产生技术效果并具有技术特征。用原子核变换方法获得的物质主要是指用加速器、反应堆等核反应装置生产、制造的各种放射性同位素。其可能是"科学发现"的结果，也可能是技术分离的形态。因此，二者并非绝对不构成"技术方案"，但为了防止个人特别是外国人对此项技术的垄断，有必要排除对其的专利保护。

（五）对平面印刷品的图案、色彩或者二者的结合作出的主要起标识作用的设计

"平面印刷品"主要是指平面包装袋、瓶贴、标贴等用于装入商品或附着在产品上的印刷品。这些印刷品的图案、色彩或者二者的结合由于主要起标识作用，可以作为商标注册，受到《商标法》的保护；或者即使未注册为商标，只要通过使用能够起到识别商品来源的作用，在他人未经许可使用，导致消费者混淆可能的前提下，还能受到《反不正当竞争法》的保护。因此，这种设计的主要作用不在于增强商品自身设计对消费者的吸引力，而在于识别来源，故不应受到《专利法》的保护。

| 案情介绍 |

涉案申请为申请号为201210134834.2，名称为"具有人类主要组织相容性复合物（MHC）表型的转基因小鼠、其实验性使用及用途"的发明专利申请，原申请人为巴斯德研究院，申请日为2004年7月5日，优先权日为2003年7月30日，公开日为2012年10月17日。该案为分案申请，其母案申请号为200480028550.9。

经实质审查，国家知识产权局原审查部门于2014年9月2日以涉案申请权利要求1—11属于《专利法》（2008）第25条规定的不授予专利权的范围为由发出驳回决定，驳回了涉案申请，其理由是：（1）权利要求1和2请求

保护一种同时确定候选抗原或抗原组中是否存在一种或多种抗原表位的方法，权利要求 3 请求保护一种确定候选抗原或抗原组中是否存在 HLADR1 - 限制性 T 辅助细胞抗原表位的方法，权利要求 4 请求保护一种确定候选抗原或候选抗原组中是否存在 HLA 限制性 T 细胞毒性抗原表位的方法。由说明书实施例的记载可知，其是通过测试免疫应答能否给接种动物带来保护即免疫效果从而筛选疫苗，而且以有生命的人体或动物体为直接实施对象，权利要求 1—4 的方法既包括疾病的诊断方法，又包括疾病的治疗方法，属于《专利法》第 25 条第 1 款第 3 项所述的疾病的诊断和治疗方法的范围，因此不能被授予专利权。（2）权利要求 5—11 请求保护分离的转基因小鼠非胚胎细胞。根据说明书第 27 ~ 30 页以及实施例中的记载可知，分离的小鼠细胞是包括从小鼠胚胎中获得的细胞以及多能细胞如 ES 细胞（可形成转基因动物并优选使用这样的细胞），即仍然包括具有分化全能性而生长为小鼠的细胞，因此包括动物品种的范畴，属于《专利法》第 25 条第 1 款第 4 项规定的范围，因此不能被授予专利权。

驳回决定所依据的文本为：2012 年 4 月 28 日分案申请递交日提交的说明书摘要、摘要附图、说明书第 1—50 页（对应于说明书第 1—169 段）、说明书附图第 1—7 页、说明书核苷酸和氨基酸序列表第 1—22 页；2013 年 11 月 25 日提交的权利要求第 1—11 项。

驳回决定所针对的权利要求书内容如下：

1. 一种同时确定候选抗原或抗原组中是否存在一种或多种抗原表位的方法，其中所述抗原表位可引起特异性体液应答、THHLA - DR1 限制性应答和/或 CTRLHLA - A2 限制性应答，该方法包括：

a）给包含断裂的 H2I 类基因、断裂的 H2II 类基因、功能性 HLA - A2 转基因和功能性 HLA - DR1 转基因的转基因小鼠或缺乏 H2I 类和 II 类分子、但包含功能性 HLAI 类转基因和功能性 HLAII 类转基因、并具有 HLA - A2 + HLA - DR1 + $\beta2m°IA\beta°$ 基因型的转基因小鼠施用候选抗原或抗原组；

b）测定小鼠体内对该抗原的特异性体液应答；

c）测定小鼠体内对该抗原的 THHLA - DR1 限制性应答；并

d）测定小鼠体内对该抗原的 CTRLHLA - A2 限制性应答；

其中，如在小鼠体内观察到对抗原的特异性体液应答，可确定抗原中存在引起体液应答的抗原表位；

如在小鼠体内观察到对抗原的 THHLA – DR1 限制性应答，可确定抗原中存在引起 THHLA – DR1 限制性应答的抗原表位；而

如在小鼠体内观察到对抗原的 CTRLHLA – A2 限制性应答，可确定抗原中存在引起 CTRLHLA – A2 限制性应答的抗原表位。

2. 权利要求 1 的方法，进一步包括测定小鼠体内对抗原的 Th1 – 特异性应答和测定小鼠体内对抗原的 Th2 – 特异性应答；

其中，如在小鼠体内观察到对抗原的 Th1 – 特异性应答，可确定抗原中存在引起小鼠体内 Th1 – 特异性应答的抗原表位；

如在小鼠体内观察到对抗原的 Th2 – 特异性应答，可确定抗原中存在引起小鼠体内 Th2 – 特异性应答的抗原表位。

3. 一种确定候选抗原或抗原组中是否存在 HLADR1 – 限制性 T 辅助细胞抗原表位的方法，该方法包括：

a）给包含断裂的 H2I 类基因、断裂的 H2II 类基因、功能性 HLA – A2 转基因和功能性 HLA – DR1 转基因的转基因小鼠或缺乏 H2I 类和 II 类分子、但包含功能性 HLAI 类转基因和功能性 HLAII 类转基因、并具有 HLA – A2 + HLA – DR1 + $\beta2m°IA\beta°$ 基因型的转基因小鼠施用候选抗原或抗原组；并

b）测定小鼠体内对抗原的 THHLA – DR1 限制性 T 辅助细胞抗原表位应答；

其中，如在小鼠体内观察到对抗原的 THHLA – DR1 限制性 T 辅助细胞抗原表位应答，可确定抗原中存在引起 THHLA – DR1 限制性 T 辅助细胞抗原表位应答的抗原表位。

4. 一种确定候选抗原或候选抗原组中是否存在 HLA – A2 – 限制性 T 细胞毒性（CTL）抗原表位的方法，该方法包括：

a）给包含断裂的 H2I 类基因、断裂的 H2II 类基因、功能性 HLA – A2 转基因和功能性 HLA – DR1 转基因的转基因小鼠或缺乏 H2I 类和 II 类分子、但包含功能性 HLAI 类转基因和功能性 HLAII 类转基因、并具有 HLA – A2 + HLA – DR1 + $\beta2m°IA\beta°$ 基因型的转基因小鼠中施用候选抗原或候选抗原组；并

b）测定小鼠体内对抗原或抗原组的 HLA – A2 – 限制性 T 细胞毒性（CTL）应答；

其中，如在小鼠体内观察到对抗原或抗原组的 HLA – A2 – 限制性 T 细胞

毒性（CTL）应答，可确定在抗原或抗原组中存在引起 HLA－A2 限制性 T 细胞毒性（CTL）应答的抗原表位。

5. 一种分离的转基因小鼠非胚胎细胞，其包含：

a）断裂的 H2I 类基因；

b）断裂的 H2II 类基因；和

c）功能性 HLAI 类或 II 类转基因。

6. 一种分离的转基因小鼠非胚胎细胞，其包含：

a）断裂的 H2I 类基因；

b）断裂的 H2II 类基因；

c）功能性 HLAI 类转基因；和

d）功能性 HLAII 类转基因。

7. 权利要求 6 的转基因小鼠非胚胎细胞，其中 HLAI 类转基因为 HLA－A2 转基因，而 HLAII 类转基因为 HLA－DR1 转基因。

8. 权利要求 7 的转基因小鼠非胚胎细胞，其中 HLA－A2 转基因包含序列表中提供的 HLA－A2 序列，而 HLA－DR1 转基因包含序列表中提供的 HLA－DR1 序列。

9. 一种分离的缺乏 H2I 类和 II 类分子的转基因小鼠非胚胎细胞，其中所述转基因小鼠非胚胎细胞包含功能性 HLAI 类转基因和功能性 HLAII 类转基因。

10. 权利要求 9 的转基因小鼠非胚胎细胞，其具有 HLA－A2＋HLA－DR1＋β2m°IAβ°基因型。

11. 权利要求 10 的转基因小鼠非胚胎细胞，其中 HLA－A2 转基因包含序列表中提供的 HLA－A2 序列，而 HLA－DR1 转基因包含序列表中提供的 HLA－DR1 序列。

涉案申请说明书中包含以下内容：

本发明已通过提高缺乏 H－2I 类和 II 类分子，而具有 HLA－A2.1 和 HLA－DR1 分子的转基因小鼠，满足并超过了这种需要。具体地说，本发明提高了小鼠，其包含（1）突变的 H－2I 类和 II 类分子；和（2）表达 HLAI 类转基因分子，或表达 HLAII 类转基因分子，或同时表达 HLAI 类转基因分子和 HLAII 类转基因分子。这些小鼠为构建对于人类具有最大体内免疫原性的疫苗的研制和优化提供了一种有用的模型。具体地说，这种小鼠使得在一种动物身上对免疫适应性应答的三大因素（抗体、辅助细胞和细胞毒淋巴细胞）的整体分析成为可能，也使得对疫苗针对抗原攻击的保护作用的评估成为可能。

本发明的另一实施方式提供了一种可同时确定候选抗原或抗原组中存在一种或多种抗原表位的方法，其中所述一种或多种抗原表位可引起特异性体液应答、THHLA－DR1 限制性应答和/或 CTRLHLA－A2 限制性应答。该方法包括：将候选抗原或抗原组施用于包含断裂的 H2I 类基因、断裂的 H2II 类基因、功能性 HLA－A2 转基因和功能性 HLA－DR1 转基因的转基因小鼠，或缺乏 H2I 类和Ⅱ类分子，但包含功能性 HLAI 类转基因和功能性 HLAII 类转基因，并具有 HLA－A2＋HLA－DR1＋β2m°IAβ°基因型的转基因小鼠中；测定小鼠体内对抗原的特异性体液应答；测定小鼠体内对抗原的 THHLA－DR1 限制性应答；并测定小鼠体内对抗原的 CTRLHLA－A2 限制性应答。如在小鼠体内观察到对抗原的特异性体液反应，说明抗原内存在引起体液应答的抗原表位。如在小鼠体内观察到对抗原的 THHLA－DR1 限制性应答，说明抗原中存在引起 THHLA－DR1 限制性应答的抗原表位。如小鼠体内观察到对抗原的 CTRLHLA－A2 限制性应答，说明抗原中存在引起 CTRLHLA－A2 限制性应答的抗原表位。

在一些实施方式中，试验方法包括对小鼠体内的对抗原的 Th1－特异性应答和 Th2－特异性应答进行测定。在这种情况下，如在小鼠体内观察到对抗原的 Th1－特异性应答，说明存在引起小鼠体内对抗原的 Th1－特异性应答的抗原表位，而在小鼠体内观察到对抗原的 Th2－特异性应答，说明存在引起小鼠体内对抗原的 Th2－特异性反应的抗原表位。

本发明还提供一种确定在候选抗原或抗原组中存在 HLADR1－限制性 T 辅助细胞抗原表位的方法，该方法包括：将候选抗原或抗原组施用于包含断裂的 H2I 类基因、断裂的 H2II 类基因、功能性 HLA－A2 转基因和功能性 HLA－DR1 转基因的转基因小鼠，或缺乏 H2I 类和Ⅱ类分子，但包含功能性 HLAI 类转基因和功能性 HLAII 类转基因，并具有 HLA－A2＋HLA－DR1＋β2m°IAβ°基因型的转基因小鼠；并测定小鼠体内对抗原的 THHLA－DR1 限制性 T 辅助细胞抗原表位应答。如在小鼠体内观察到针对抗原 THHLA－DR1 限制性 T 辅助细胞抗原表位应答，说明抗原中存在引起 THHLA－DR1 限制性 T 辅助细胞抗原表位应答的抗原表位。

另外，本发明提供了一种确定候选抗原或抗原组中是否存在 HLA－A2－限制性细胞毒性 T 淋巴细胞（CTL）抗原表位的方法，该方法包括：将候选抗原或抗原组施用于包含断裂的 H2I 类基因、断裂的 H2II 基因、功能性 HLA－A2 转基因的转基因小鼠，或缺乏 H2I 类和 II 类分子，但包含功能性 HLAI 类转基因和功能性 HLAII 类转基因，并具有 HLA－A2＋HLA－DR1＋β2m°IAβ° 基因型的小鼠中；并测定小鼠体内对该抗原或抗原组的 HLA－A2－限制性细胞毒性 T 淋巴细胞（CTL）应答。如在小鼠体内观察到针对该抗原或抗原组的 HLA－A2－限制性细胞毒性 T 淋巴细胞（CTL）应答，说明抗原或抗原组中存在引起 HLA－A2－限制性细胞毒性 T 淋巴细胞（CTL）应答的抗原表位。

本发明中的嵌合体或转基因动物细胞通过向细胞（可能是前体多能细胞，如 ES 细胞，或者同等细胞）中引入一种或多种 DNA 分子制备的"前体"。"前体"只是表明多能细胞是所需要的（转染的）多能细胞的前体，是按照本发明的指导来培育的。多能（前体或转换后的）细胞可以按照已知的方法在体内进行培育以形成嵌合体或转基因动物。

本发明包括通过施用本发明中的一种或多种抗原，对需要免疫刺激的病人进行治疗的方法。本处的治疗包括与任何疾病、状况、异常或症状相关的矫正、滋补、改善和预防方法。治疗还进一步包括在试验动物或体外引起或抑制免疫应答。

因此，治疗包括通过任何普通专业人员所熟知的方法（通常包括口服或鼻内途径，以及静脉、肌肉和皮下注射，但也包括腹膜内、体内、关节间、心室内、鞘内、表面、扁桃体、黏膜、经皮、阴道内及管饲法途径）给予免疫刺激量的本发明中的任何免疫刺激复合物。

免疫刺激（有效）量指的是能在病人体内引起免疫应答，足以阻止、改善或治疗致病攻击、过敏症或免疫异常的疫苗的量。免疫刺激量指的是，与将抗原施用于未预先使用疫苗治疗病人所获得的应答相比，能提供可测定的对抗原的至少一种抗原表位的体液或分子免疫应答提高的量。因此，举例来说，免疫刺激量指的是能促进针对感兴趣的抗原表位的抗体的生成，或能激发可测定的对致病或致敏刺激的保护作用，或能促进针对感兴趣的抗原表位的 CTL 应答的含抗原药物的量。

可见的或可测的应答包括：B 或 T 细胞增殖或激活；抗体分泌增加；同

型体转换；细胞因子释放增多，尤其是一种或多种 IL－1，IL－2 等释放增多；对特异性抗原的抗体滴度或亲和力增加；与致病感染相关的发病或死亡率降低；促进、引起、维持或延长病毒潜伏期；抑制或改善恶性和良性肿瘤的生长、转移或作用；以及提供对疾病或疾病效应的预防性保护。

当需要抑制免疫应答时，如，在自身免疫性疾病或过敏症的治疗中，有效剂量还包括足以引起可测量或可观察的与待治疗的病况或病理有关的应答降低。

巴斯德研究院对上述驳回决定不服，于 2014 年 12 月 12 日向原专利复审委员会提出了复审请求，未对申请文件进行修改。巴斯德研究院认为：（1）用涉案申请的方法评估的免疫应答是完全简化以及非天然的，由于使用了人工表达两种特定人等位基因 HLA－A2 和 HLA－DR1 的小鼠，模型小鼠的免疫应答由于两种人 HLA 分子的存在是有偏差的，因此涉案申请的方法不能鉴别任何天然发生的小鼠疾病。更重要的是，涉案申请的方法不能鉴别任何人类疾病，因为与人类免疫系统相比，所使用的小鼠模型的免疫系统是极度简化的。因此，涉案申请的方法不应该被认为是应用于小鼠或人类的"诊断方法"。同样，在涉案申请的小鼠模型中评估的免疫应答是人工的免疫应答，涉案申请的方法并不是用来治疗小鼠疾病或人类疾病，所以不应被认为是疾病的治疗方法。权利要求1—4方法的直接目的是选择或确定合适的表位，这些方法仅用于早期研究，而非筛选疫苗并随后用于诊断和治疗，其方法本身也未包含任何诊断和治疗步骤，也根本无法用于诊断和治疗。（2）对于多能细胞而言，其是指具有包括分化功能在内的一些不同功能的细胞，具有所谓分化功能的多能细胞并不仅限于诸如 ES 细胞等，还包括具有分化出多种细胞组织的潜能，但失去了发育成完整个体的能力的细胞。对于这些失去了发育成完整个体的能力的多能细胞来说，其显然不属于《专利审查指南》列举的"动物的胚胎干细胞"、"动物个体"、"其各个形成和发育阶段"、"生殖细胞"、"受精卵"和"胚胎"的范畴。虽然广义的多能细胞中包含胚胎干细胞，但权利要求5—11的限定"分离的转基因小鼠非胚胎细胞"已经明确将涉及"胚胎"的细胞或干细胞排除在其要求保护的技术方案之外，上述权利要求不应被认为涉及动物品种的范畴。本领域技术人员都很清楚，只有胚胎细胞才具有发育成动物的内在能力，因此认定权利要求5—11中还包括具有分化全能性而生长为小鼠的细胞的观点是错误的。因此，涉案申请的分离的非胚胎转基因小鼠细胞不能被认为是"动物品种"。

经形式审查合格，原专利复审委员会于 2015 年 1 月 7 日依法受理了该复审请求，并将其转送至原审查部门进行前置审查。原审查部门在前置审查意见书中坚持原驳回决定。

随后，原专利复审委员会成立合议组对该案进行审理。

原专利复审委员会于 2016 年 7 月 7 日向巴斯德研究院发出复审通知书，指出：（1）权利要求 1—4 所述方法均包含对转基因小鼠施用候选抗原或抗原组以及通过测定小鼠体内产生免疫应答的类型来确定所述抗原是否存在引起某种类型应答的抗原表位的步骤。根据涉案申请说明书记载的内容可知，权利要求 1—4 请求保护的方法中实际上包含通过给所述转基因动物施加抗原，在试验动物体内引起针对抗原的免疫应答，从而对所述抗原可能引起的疾病会产生免疫预防作用，改善健康状况。同时，权利要求 1—4 中测定小鼠体内免疫应答的类型实质上就是判断针对抗原所涉及的疾病，机体产生何种类型的免疫保护作用，评估机体的健康状况得到何种改善。因此，权利要求 1—4 实质上属于疾病的诊断和治疗方法，属于《专利法》第 25 条第 1 款第 3 项规定的不授予专利权的情形。（2）权利要求 5—11 请求保护的分离的转基因小鼠非胚胎细胞包含了属于动物个体的形成和发育阶段的初始细胞，属于"动物品种"的范畴，不能被授予专利权。

巴斯德研究院于 2016 年 10 月 24 提交了意见陈述书，未对申请文件进行修改。巴斯德研究院认为：（1）人类白细胞抗原（HLA）系统与小鼠的 HLA 系统并不相同。涉案申请的转基因小鼠人工地表达人类 HLA - A2 和 HLA - DR1 特定等位基因，其进行评估的免疫应答完全是人工的，并没有对应于任何真实的人生理状况。涉案申请的转基因小鼠仅可用于选择与两种特定表达的 HLA 等位基因反应的特定抗原，然后再将这些抗原施用于人类来进一步研究人类的免疫应答。用涉案申请的方法评估的免疫应答是完全简化以及非天然的，因此不可能用于建立任何与人类有关的医学相关诊断。此外，涉案申请的方法也不可能鉴别任何天然发生的小鼠疾病，因为模型小鼠的免疫应答是由两种人 HLA 分子引起的。权利要求 1—4 方法的直接目的是在免疫学的早期生物学研究时选择合适的表位。因此，权利要求 1—4 并不属于《专利法》第 25 条第 1 款第 3 项规定的疾病的诊断和治疗方法。（2）对于多能细胞而言，其是指具有包括分化功能在内的一些不同功能的细胞，然而，具有所谓"分化功能"的多能细胞并不仅限于诸如 ES 细胞等，其还包括具有分化出多种细胞组织的潜能，但失去了发育成完整个体的能力的细胞。对于这些失去了发育成完整个体的能力的多能细胞来说，其不属于《专利审查指南》上列举的"动物的胚胎干细胞"、"动物个体"、"其各个形成和发育阶段"、"生殖细胞"、"受精卵"和"胚胎"的范畴。目前为止，也尚未有从胚胎干细胞之外的多能细胞分化发育为成功个体的报道。因此，权利要求5—11 并不属于《专利法》第 25 条第 1 款第 4 项规定的动植物品种。

在上述程序的基础上，原专利复审委员会认为该案事实已经清楚，可以作出审查决定。

2016 年 11 月 23 日，原专利复审委员会作出被诉决定。

2017 年 3 月，国家知识产权局作出手续合格通知书，涉案申请的申请人由巴斯德研究院变更为董某某。

在该案审理过程中，董某某向原审法院提交了以下 7 份未在复审程序中提交的证据：

（1）《实验动物福利与动物科学实验》，贺争鸣等主编，2011 年 6 月第 1版，科学出版社，版权页、目录及第 219 – 221 页。

（2）《实验动物的疾病模型》，朱愉等主编，1997 年 3 月第 1 版，天津科技翻译出版公司，版权页、目录及第 668 – 672 页、第 700 – 702 页。

（3）《实验动物医学基础》，邵义祥主编，2018 年 11 月第 1 版，东南大学出版社，版权页、第 21 – 23 页、第 77 – 78 页、第 187 – 189 页。

（4）《Establishment in – culture of plenipotentiary cells from mouse embryos》和其译文，Nature，1981 年，第 292 期。

（5）《细胞生物学和医学遗传学》，关晶主编，2019 年 2 月第 6 版，人民卫生出版社，版权页、第 101 – 102 页。

（6）《发育生物学》，张红卫主编，2018 年 8 月第 4 版，高等教育出版社，版权页、第 250 – 251 页。

（7）百度百科中关于"体细胞核移植"的内容。

在该案一审审理过程中，国家知识产权局向一审法院提交了以下 2 份证据：

（1）《改变世界的物理学》，倪光炯等编著，1999 年 12 月，2 版，复旦大学出版社，第 370 页；

（2）被诉决定所依据的文本。

该案原审庭审过程中，董某某陈述，权利要求1—4中的方法包括给转基因小鼠施用候选抗原，在这一步骤中小鼠是活体；在测定抗原打到小鼠体内后小鼠会引起怎样的免疫反应时，是通过测小鼠的脾、淋巴细胞，还有小鼠血液中的抗体来实现的，这需要把小鼠杀死，取脾、淋巴细胞等。也就是说用于后续试验的小鼠是死体，对于死亡的动物谈不上诊断和治疗。

争议焦点

（1）权利要求1—4是否属于《专利法》第25条第1款第3项规定的疾病的诊断和治疗方法？

（2）权利要求5—11是否属于《专利法》第25条第1款第4项规定的动物品种？

裁判结果与理由

（一）权利要求1—4是否属于《专利法》第25条第1款第3项规定的疾病的方法和治疗方法

根据《专利法》第25条第1款第3项的规定，疾病的诊断和治疗方法不授予专利权。诊断方法，是指为识别、研究和确定有生命的人体或动物体病因或病灶状态的过程。一项与疾病诊断有关的方法如果同时满足以下两个条件，则属于疾病的诊断方法，不能被授予专利权：（1）以有生命的人体或动物体为对象；（2）以获得疾病诊断结果或健康状况为直接目的。患病风险度评估方法属于疾病诊断方法。治疗方法，是指为使有生命的人体或者动物体恢复或获得健康或减少痛苦，进行阻断、缓解或消除病因病灶的过程。治疗方法包括以治疗为目的的或具有治疗性质的各种方法。预防疾病或者免疫的方法视为治疗方法。如果请求专利保护的方法中包括了诊断步骤或者虽未包括诊断步骤但包括检测步骤，而根据现有技术中的医学知识和该专利申请公开的内容，只要知晓所说的诊断或检测信息，就能够直接获得疾病的诊断结果或健康状况，则该方法属于以获得疾病诊断结果或健康状况为直接目的的情形。治疗方法包括以治疗为目的或者具有治疗性质的各种方法。预防疾病或者免疫的方法视为治疗方法。该案中，权利要求 1 和 2 请求保护一种同时确定候选抗原或抗原组中是否存在一种或多种抗原表位的方法；权利要求 3 请求保护一种确定候选抗原或抗原组中是否存在 HLADR1 – 限制性 T 辅助细胞抗原表位的方法；权利要求 4 请求保护一种确定候选抗原或候选抗原组中是否存在 HLA – A2 – 限制性 T 细胞毒性（CTL）抗原表位的方法。权利要求 1—4 所述方法均包含对转基因小鼠施用候选抗原或抗原组以及通过测定小鼠体内产生免疫应答的类型来确定所述抗原和抗原组中是否存在引起某种类型应答的抗原表位的步骤。故该案的关键在于对转基因小鼠施用候选抗原或抗原组以及通过测定小鼠体内产生免疫应答的类型来确定所述抗原和抗原组中是否存在引起某种类型应答的抗原表位的步骤是否属于判断针对抗原所涉及的疾病，机体产生何种类型的免疫保护作用，评估机体的健康状况是否得到何种改善的疾病的诊断和治疗方法。

法院认为，涉案申请权利要求 1—4 所述方法中对于抗原表位的判定以及应答类型的判定，是需要通过测定小鼠体内是否观测到特异性体液应答、THHLA – DR1 限制性应答、CTRLHLA – A2 限制性应答、THHLA – DR1 限制性 T 辅助细胞抗原表位应答、CTL 应答等体内免疫应答是否存在来判断的。根据涉案申请说明书记载的内容可知，涉案申请权利要求 1—4 的技术方案均包含以有生命的转基因小鼠动物为对象，测定施用抗原后的免疫应答状况。而本领域公知，免疫应答多指抗原诱导的特异性免疫应答，其突出特点包括识别自身与异己，有特异性，有记忆性（再次遇到相同抗原刺激时，可产生快速应答），免疫应答包括 B 细胞介导的体液免疫和 T 细胞介导的细胞免疫应答，两者都是抗原特异性淋巴细胞受抗原刺激后产生效应分子（抗体、淋巴因子等），最终消除抗原性异物。应答结果有正常的生理性免疫应答（免疫保护），也有不正常的病理性免疫应答（免疫损伤），然而免疫损伤（如超敏反应、免疫缺陷病或自身免疫病）与机体遗传素质或机能状态有关；免疫缺陷病或自身免疫病是机体自身的免疫系统产生问题。通常采用正常健康小鼠进行针对抗原的免疫应答检测，其能够产生正常的生理性免疫，即免疫保护。因此，对于权利要求 1—4 的方法，本领域技术人员会认为其中的免疫应答为正常的生理性免疫应答，如果存在免疫应答，说明小鼠在施用上述候选抗原或抗原组后其机体能够产生免疫应答从而消除抗原性异物，能够对抗原攻击产生保护作用。由于抗原可源自引起疾病的病原体或影响健康状况的物质，评估免疫应答的状况实质上就是评估机体对抗原所涉及的疾病或健康状况产生了何种类型的免疫保护性，即评估对于抗原可能引起的疾病，机体处于何种预防状态，会产生何种健康状况，具有何种患病风险。权利要求1—4所述方法均包含对转基因小鼠施用候选抗原或抗原组以及通过测定小鼠体内产生免疫应答的类型来确定所述抗原是否存在引起某种类型应答的抗原表位的步骤，需要以有生命的转基因小鼠为对象，测定施用抗原后的免疫应答状况。因此，权利要求1—4实质上属于疾病的诊断方法。而且，本领域对小鼠采血时，并不需要将小鼠处死，通常还需将采血量控制在动物最大安全采血量范围。眼球后穿刺取血也并不会处死小鼠，通常可以左右眼交替采血，间隔3d—7d采血部位大致可以修复。对于脏器组织，如肝脏，可以活体切取部分肝脏组织。而本领域通常是因为中断实验而淘汰动物、实验结束需进一步检查、保护健康动物而处理患病动物等特殊情况才处死实验动物。综上，对于本领域技术人员而言，实施权利要求1—4的方法并不意味着必须处死小鼠，而且，权利要求1—4的方法并没有限定是针对死亡小鼠进行测定，因此权利要求1—4的方法是以有生命的动物体为对象。此外，如上所述，权利要求1—4的方法需要测定小鼠施用抗原后的免疫应答状况，评估机体对抗原的免疫保护性。因此，权利要求1—4所述方法符合《专利审查指南》所规定的疾病诊断方法的两个构成要件：（1）以有生命的人体或动物体为对象，（2）以获得疾病诊断结果或健康状况为直接目的。

同时，虽然权利要求1—4的方法通过测定小鼠体内的免疫应答来判定抗原表位的存在，然而，免疫应答有记忆性，即再次遇到相同抗原刺激时，可产生快速应答。对小鼠施用候选抗原或抗原组，在使得小鼠产生初次免疫应答后，实质上提高了小鼠机体对该抗原的识别度，产生了免疫预防作用，使小鼠在再次遇到该抗原后能够快速进行免疫保护。因此，该过程属于对小鼠的免疫治疗。此外，如前所述，实验小鼠并不必须处死，其属于有生命的动物体。

由上分析可见，根据涉案申请说明书记载的内容可知，权利要求1—4的技术方案均包含以有生命的转基因小鼠动物为对象，测定施用抗原后的免疫应答状况。一方面，动物对抗原产生免疫应答，其实质上是动物对抗原攻击的保护作用。由于抗原可源自引起疾病的病原体或影响健康状况的物质，评估免疫应答的状况实质上就是评估机体对抗原所涉及的疾病或健康状况产生了何种类型的免疫保护性，其效力如何，即评估对于抗原可能引起的疾病，机体处于何种预防状态，具有何种患病风险。另一方面，施用抗原引起动物产生针对所述抗原的免疫应答，可以产生针对所述抗原的免疫保护性，进而对于抗原（如致病性抗原）所可能引起的疾病具有了一定的抵抗力，即机体的健康状况得到改善。涉案申请权利要求1—4请求保护的方法中实际上包含了通过给所述转基因动物施加抗原，在试验动物体内引起针对抗原的免疫应答，从而对所述抗原可能引起的疾病会产生免疫预防作用，改善健康状况。同时，权利要求1—4中测定小鼠体内免疫应答的类型实质上就是判断针对抗原所涉及的疾病，机体产生了何种类型的免疫保护作用，评估机体的健康状况得到了何种改善。因此，被诉决定关于权利要求1—4属于《专利法》第25条第1款第3项规定的不授予专利权情形的认定结论正确，法院予以确认。董某某就此的相关主张，缺乏事实基础及法律依据，法院不予支持。

（二）权利要求5—11是否属于《专利法》第25条第1款第4项规定的动物品种

根据《专利法》第25条第1款第4项的规定，动物和植物品种不授予专利权。根据《专利审查指南》第二部分第十章第9.1.2.3的规定，动物的胚胎干细胞、动物个体及其各个形成和发育阶段例如生殖细胞、受精卵、胚胎等，属于"动物品种"的范畴，根据《专利法》第25条第1款第4项规定，不能被授予专利权。该案中，权利要求5—11均请求保护分离的转基因小鼠非胚胎细胞。涉案申请说明书中记载分离的小鼠细胞可以从小鼠或小鼠胚胎中获得。据此，分离的小鼠细胞可以是小鼠非胚胎细胞。虽然动物的体细胞以及动物组织和器官（除胚胎以外）不符合"动物"的定义，但动物的胚胎干细胞、动物个体及其各个形成和发育阶段例如生殖细胞、受精卵、胚胎等，属于"动物品种"的范畴。权利要求5—11所述转基因小鼠非胚胎细胞仅排除了动物个体及其各个形成和发育阶段中的"胚胎"的细胞，其没有排除属于动物品种的其他情形的动物个体及其各个形成和发育阶段，例如仍属于动物个体形成和发育阶段的初始细胞。故该案的关键在于体细胞核移植技术形成的细胞是否属于动物品种的范畴。

法院认为，虽然董某某原审当庭提交的证据5—6公开多能干细胞失去了发育完整个体的能力，但实际上本领域已经可以利用体细胞核移植技术的克隆技术，可以将非胚胎细胞在一定条件下，恢复其发育的全能性，进而得到克隆动物。涉案申请说明书已经指出多能细胞可以按照已知的方法在体内培育形成嵌合体或转基因动物，虽然说明书中提供的相关文献中采用的是来自胚胎的细胞，然而，这仅能说明涉案申请说明书所提供的文献与其说明书记载的内容不一致，但是，基于本领域已经可以利用体细胞核移植技术的克隆技术恢复非胚胎细胞的发育全能性，本领域技术人员并不会因说明书提供的相关文献中使用的是胚胎的细胞、不是多能细胞而否认说明书记载了多能细胞可以在体内培育形成动物这一事实。体细胞核移植技术的克隆技术虽然需要一系列复杂技术，然而涉案申请转基因小鼠的制备本身也是需要一系列复杂技术，如需要向小鼠细胞（前体多能细胞，如 ES 细胞或者同等细胞）中引入一种或多种 DNA 分子，然后在体内培育形成转基因小鼠，相对而言，体细胞核移植技术只是多了细胞核取出与另一个去核的卵细胞融合的步骤。而且，权利要求 5—11 的主题包括了动物品种这一事实并不会因技术是否复杂而得以客观排除。被诉决定明确指出"权利要求 5—11 请求保护分离的转基因小鼠非胚胎细胞包含了属于动物个体的形成和发育阶段的初始细胞，属于"动物品种"的范畴，而本领域技术人员完全能够理解，体细胞核移植技术形成的细胞仅是被诉决定对于动物个体形成和发育阶段的初始细胞的一种列举。而且，体细胞核移植技术形成的细胞来自两个细胞并非排除其属于动物品种范畴的充分理由，例如前文列举的属于动物品种范畴的"受精卵"，其实际上也是来源于两个细胞。因此，被诉决定关于权利要求 5—11 属于《专利法》第 25 条第 1 款第 4 项规定的不授予专利权情形的认定结论正确，法院予以确认。董某某就此的相关主张，缺乏事实基础及法律依据，法院不予支持。

案件评析

该案中涉及的两个核心问题在于：对转基因小鼠施用候选抗原或抗原组以及通过测定小鼠体内产生免疫应答的类型来确定所述抗原和抗原组中是否存在引起某种类型应答的抗原表位的步骤，是否属于判断针对抗原所涉及的疾病，机体产生何种类型的免疫保护作用，评估机体的健康状况是否得到何种改善的疾病的诊断和治疗方法，以及体细胞核移植技术形成的细胞是否属于动物品种的范畴。

关于是否属于疾病的诊断和治疗方法这一问题，一方面动物对抗原产生免疫应答，其实质上是动物对抗原攻击的保护作用；另一方面施用抗原引起动物产生针对所述抗原的免疫应答，可以产生针对所述抗原的免疫保护性，进而对抗原（如致病性抗原）所可能引起的疾病具有一定的抵抗力，即机体的健康状况得到改善。这两方面分别构成针对转基因小鼠疾病的诊断和治疗方法，尽管当事人表示其实质只是一种免疫学研究方法，所呈现的信息也仅是作为中间结果的检测信息，而非诊断信息，但法院根据证据以及该方法所实现的效果进行判断，认定该权利要求1—4属于疾病的诊断和治疗方法。

关于是否属于动物品种的范畴这一问题，虽然当事人表示公开的多能干细胞失去了发育完整个体的能力，但实际上本领域已经可以利用体细胞核移植技术的克隆技术，可以将非胚胎细胞在一定条件下，恢复其发育的全能性，进而得到克隆动物。因此由这种体细胞核移植技术通过多能细胞培育出的转基因小鼠，事实上已经等于权利要求中包含动物品种这一事实，且这一事实不会因技术是否复杂而得以客观排除。因此，权利要求5—11请求保护分离的转基因小鼠非胚胎细胞包含了属于动物个体的形成和发育阶段的初始细胞，属于"动物品种"的范畴，本领域技术人员完全能够理解，体细胞核移植技术形成的细胞仅是被诉决定对于动物个体形成和发育阶段的初始细胞的一种列举。

第三章 实 用 性

第一节 发明和实用新型实用性的审查原则及基准

背景资料

我国《专利法》第 22 条第 4 款规定，实用性，是指该发明或者实用新型能够制造或者使用，并且能够产生积极效果。

一项发明或者实用新型被授予专利权，其必须是能够解决技术问题并且得以应用。如果申请的是一种产品（包括发明和实用新型），那么该产品必须在产业中能够被制造，并且能够解决技术问题；如果申请的是一种方法（仅指发明），那么这种方法必须在产业中能够被使用，并且能够解决技术问题。只有满足上述条件的产品或者方法的专利才有可能被授予专利权。

产业一般来说包括工业、农业、林业、水产业、畜牧业、交通运输业及文化体育、生活用品和医疗器械等行业。在产业上能够制造或者使用的技术方案，是指符合自然规律、具有技术特征的任何可实施的技术方案。这些技术方案并不一定意味着使用机器设备或制造一种物品，还可以包括一些使用或制造方法，或将能量由一种形式转换成另一种形式的方法。

能够产生积极效果，主要是指发明或者实用新型专利在提出申请之日，其产生的经济、技术和社会的效果是所属技术领域的技术人员可以预料的，这些效果应当是积极的、有益的。

一、审查原则

对于发明和实用新型实用性的审查，应当先于新颖性和创造性的审查。同时还应当遵循以下原则。

（1）以申请日提交的说明书（包括附图）和权利要求书所公开的整体技术内容为依据，而不仅仅局限于权利要求所记载的内容。

（2）实用性与所申请的发明或者实用新型是怎样创造出来的或者是否已经实施无关。

二、审查基准

《专利法》中所提及的"能够制造或者使用"是指发明或者实用新型的技术方案具有在产业中被制造或者使用的可能性。满足实用性要求的技术方案不能违背自然规律并且应当具有再现性。因不能制造或者使用而不具备实用性是由技术方案本身固有的缺陷引起的，与说明书公开的程度无关。

一般来说，如果出现以下几种情形，可以认为该发明或者实用新型不具备实用性。

（一）无再现性

再现性，是指所属技术领域的技术人员根据公开的技术内容，能够重复实施专利申请中为解决技术问题所采用的技术方案。这种重复实施是不能依赖任何随机因素的，并且结果应当相同。

同时，在审查时还应当注意，申请发明或者实用新型专利的产品的成品率低与无再现性是存在根本区别的。前者本质上是能够重复实施的，只是在实施的过程中因未能保证一些技术条件而导致成品率低；而后者是在确保所有的技术条件下，所属技术领域的技术人员仍然不能重复实现该技术方案所要求达到的结果。

（二）违背自然规律

如果一项发明或者实用新型专利具有实用性，那么其必须符合自然规律，如果违背，是不能实施的，因而也就不具有实用性。同时，违背能量守恒定律的发明或者实用新型专利申请的主题，如永动机也不具有实用性。

（三）利用独一无二的自然条件的产品

由自然条件限定的独一无二的产品是不具备实用性的，因为利用特定的自然条件建造的自始至终都是不可移动的唯一产品。应当注意，不能因为上述利用独一无二的自然条件的产品不具备实用性，就认为其构件也不具备实用性。

（四）没有积极效果

具备实用性的发明或者实用新型专利的技术方案应当能够产生预期的积极效果。明显无益、脱离社会需要的发明或者实用新型专利申请的技术方案不具备实用性。

此外，人体或者动物体的非治疗目的的外科手术方法以及测量人体或者动物体在极限情况下的生理参数的方法也不具备实用性。

案情介绍

此案❶涉及罗某某所持有的名为"三种发电机暨飞行器、高空站、风电船、高空取水机"的发明专利申请（见图3-1），该申请于2011年9月21日公开。

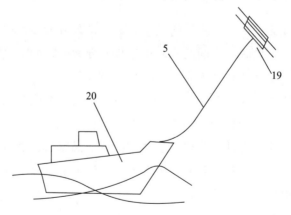

图3-1 三种发电机暨飞行器、高空站、风电船、高空取水机

❶ 最高人民法院（2020）最高法知行终64号。

2015 年 7 月 23 日，原审查部门就该申请提出了驳回决定，其认为本申请权利 1—10 不具备实用性，不符合《专利法》（2008）第 22 条第 4 款的规定。罗某某提出复审申请，原专利复审委员会于 2016 年 10 月 11 日作出决定，依旧维持驳回决定。原专利复审委员会在该决定中认为：关于权利要求 1 的实用性。……申请权利要求 1 要求保护的高空发电环无法在产业上制造或者使用，不具备《专利法》（2008）第 22 条第 4 款规定的实用性。关于其他权利要求的实用性。权利要求 3、4、5、7、8 请求保护的内容，都包括权利要求 1 中的高空发电环，权利要求 9 请求保护的内容，其中也包括高空发电机，根据说明书记载可知，该高空发电机也是利用高空发电环发电，由于高空发电环的技术方案不具备实用性，因此上述独立权利要求也不具备《专利法》（2008）第 22 条第 4 款规定的实用性。相应地，上述权利要求的从属权利要求 2、6、10 也不具备《专利法》（2008）第 22 条第 4 款规定的实用性。

罗某某不服该决定，向北京知识产权法院提起诉讼。北京知识产权法院认为该案的争议焦点在于本申请是否满足《专利法》（2008）第 22 条第 4 款所规定的实用性的要求：（1）关于权利要求 1 的实用性，法院认为权利要求 1 所述的高空发电环仅是设想，无法在产业上制造或者使用，不具备实用性。《专利法》（2008）第 22 条第 4 款所说的"能够制造或者使用"是指发明或者实用新型的技术方案具有在产业中被制造或使用的可能性。满足实用性要求的技术方案不能违背自然规律并且应当具有再现性。也就是说，所属技术领域的技术人员根据公开的技术内容，能够重复实施专利申请中为解决技术问题所采用的技术方案。这种重复实施不得依赖任何随机的因素，并且实施结果应该是相同的。该案中，审查员基于其对现有技术以及相关知识的理解，对权利要求 1 的相关特征不具备制造或使用可能性提出质疑，这意味着在权利要求 1 描述的情况下，存在该技术方案不依赖随机因素，以及未进行进一步限定下无法重复实施的可能性。罗某某虽对上述理由提出反驳，但其反驳并未消除上述方案存在的可能无法重复实施的不确定性，同时，该申请的专利文件中亦未就可以具体实施的参数条件作出进一步说明。因此无法确定，只要满足该申请的专利文件所描述的特征条件，该方案便可以毫无疑义地得到实施并产生相应的技术效果。换一个角度来说，若该技术方案如罗某某所述是开拓性的，具有跨时代重要意义的，那么更说明该技术方案较现有技术具有超前性，本领域的技术人员可能凭借当下的知识无法轻易理解，那么罗某某更应该在专利文件中作出更详细的描述或进行更具体的参数限定，以帮助本领域的技术人员正确理解并实施，才具有相应的贡献价值，才能获得垄断性的保护。因此，仅凭该申请中所描述的内容，被诉决定认定其程度仅构成设想，未构成可以在产业中制造或者使用的技术方案。（2）关于权利要求2—10的实用性。权利要求3、4、5、7、8、9为与权利要求1基于同一发明构思下的独立权利要求，其特定技术特征均来自权利要求1的高空发电环，因此，在权利要求1不具备实用性的前提下，上述权利要求亦不具备实用性，进而基于本申请独立权利要求而产生的从属权利2、6、10要求均不具备实用性。

争议焦点

涉案申请是否满足《专利法》（2008）第22条第4款所规定的实用性的要求？

裁判结果与理由

二审法院认为，该案的争议焦点问题同样在于：该申请是否满足《专利法》（2008）第22条第4款所规定的实用性的要求。最终认为，申请权利要求均不具备实用性，驳回罗某某的诉讼请求，维持原审判决。

（一）关于权利要求1的实用性

罗某某上诉认为，高空发电环的翼环数量不少于两个，而且每个翼环（环状旋翼）都具有环状阵列的翼片组，可以在空中保持平衡；并以苏联生产的安225型运输机机翼最大升力高达640吨为例，认为人类工业技术能够生产尺寸足够巨大、强度足够高的翼片；同时认为上述技术都是现有技术，原审判决没有说明到底为什么认为该技术方案存在"不依赖随机因素，以及未进行进一步限定下无法重复实施的可能性"，没有指出高空发电环当中哪些类型的技术属于必须指明具体参数条件的技术，因此不同意被诉决定和原审判决的意见。

二审法院认为，《专利法》（2008）第22条第4款所说的"能够制造或使用"是指发明或者实用新型的技术方案具有在产业中被制造或使用的可能性。具有实用性的发明或者实用新型专利申请应当符合自然规律,要求能够在产业上制造或者使用,即该申请的技术方案不能与自然规律相违背,所申请的主题必须具有产业中被制造或者使用的可能性,且应当具有再现性。根据该申请公开的整体技术内容,高空发电环的翼片尺寸必须设计得足够大,以克服高空发电环升力与发电环自身的重力、牵引缆的重力以及电缆的重力之和,并且翼片强度必须足够高,以避免在高空风力作用下的旋转过程中断裂。在高空发电环由低空向高空中升起以及在高空发电的过程中,风力大小剧烈、风向变化未知,如何避免高空发电环翼片在剧变的风力作用下不被倾翻,使其始终在空中保持平衡,该申请并未记载。由于上述实施该申请的关键技术内容在专利说明书中均未涉及,所属技术领域的技术人员无法根据该申请公开的技术内容实施专利申请中为解决技术问题所采用的技术方案,导致该申请的主题不具有产业中被制造或者使用的可能性,且不具有再现性。因此本申请的权利要求 1 不具备实用性。

(二) 关于权利要求 3、4 的实用性

权利要求 3、4 是与权利要求 1 基于同一发明构思下的独立权利要求。由于舍弃原有的机体与地面之间的牵引缆,实施该技术方案的环境设定在风洞(水洞)之中或地面上,但是其特定技术特征均来自权利要求 1 的高空发电环,同样需要解决如何产生足够大的作用力以驱动在环状支架上等距离设置翼片而形成的翼环能够稳定运行发电的问题。对于等距离设置翼片而形成的翼环的材质和尺寸,以及如何在风力或水力作用下实现稳定运行等技术问题,该申请均未记载,导致所属技术领域的技术人员,无法根据该申请公开的技术内容实施专利申请中为解决技术问题所采用的技术方案,导致该申请的主题不具有产业中被制造或者使用的可能性,且不具有再现性。因此,权利要求 3、4 仅仅是一种技术构思,不具备实用性。

(三) 关于其他权利要求的实用性

权利要求 5、7、8、9 为与权利要求 1 基于同一发明构思下的独立权利要求,其特定技术特征均来自权利要求 1 的高空发电环,因此,在权利要求 1 不具备实用性的前提下,上述权利要求亦不具备实用性,进而基于本申请独

立权利要求而产生的从属权利要求均不具备实用性。

综上，二审法院认为罗某某的申请权利要求不具备实用性。

案件评析

通过该案可以看出，一般来说，对实用性的判断不是依靠单一的因素，而是需要综合多方面因素进行考量。正如该案中二审法院的裁判观点：《专利法》（2008）第22条第4款所说的"能够制造或使用"是指发明或者实用新型的技术方案具有在产业中被制造或使用的可能性。具有实用性的发明或者实用新型专利申请应当符合自然规律，要求能够在产业上制造或者使用，即该申请的技术方案不能与自然规律相违背，所申请的主题必须具有产业中被制造或者使用的可能性，且应当具有再现性。

第二节 外观设计的审查

背景资料

在传统专利法领域，人们习惯于强调技术的重要性而忽视美学设计的意义，这一认识有很大的片面性。实际上，在竞争激烈的大众消费品市场上，精致的产品外观常常是吸引消费者关注特定产品的入门条件。对于制造商而言，外观上保持吸引力可能比产品技术上的先进性更加重要。因此，对很多大众消费品行业而言，外观设计专利保护的重要性要超过发明或实用新型专利保护的重要性。

由于外观设计与发明和实用新型在性质上不同，其不属于"技术方案"，因而对其审查所侧重的角度也和发明专利、实用新型专利完全不同。工业设计是技术与美学的结合，它非常接近著作权法上的作品，但常常又不具备著作权法意义上的独创性。因此，外观设计保护大体上是专利制度与著作权制度相互混合的产物，在专利审查的实质条件上，当然也和发明和实用新型不同。

在审查程序上，外观设计专利与实用新型专利一致，即不同于发明专利需要进行实质审查，外观设计专利并不需要接受实质审查。《专利法》第40条规定："实用新型和外观设计专利申请经初步审查没有发现驳回理由的，由国务院专利行政部门作出授予实用新型专利权或者外观设计专利权的决定，发给相应的专利证书，同时予以登记和公告。实用新型专利权和外观设计专利权自公告之日起生效。"

一般而言，外观设计专利需要满足以下专利授权的实质条件。

一、新 颖 性

根据《专利法》第23条第1款的规定，授予专利权的外观设计，应当不属于现有设计；也没有任何单位或者个人就同样的外观设计在申请日以前向国务院专利行政部门提出过申请，并记载在申请日以后公告的专利文件中。外观设计的新颖性要求与普通专利的新颖性要求大致相当，即现有设计和抵触申请会破坏外观设计专利申请的新颖性。

不属于现有设计，是指在现有设计中，既没有与涉案专利相同的外观设计，也没有与涉案专利实质相同的外观设计。在申请日以前任何单位或者个人向国务院专利行政主管部门提出并且在申请日以后（含申请日）公告的相同的外观设计专利申请，称为抵触申请。其中，同样的外观设计是指外观设计相同或者实质相同。

判断一项外观设计的新颖性时，需要将其与现有设计进行对比，看两者是否相同或实质相同。判断应当基于外观设计产品的一般消费者的知识水平和认知能力。这与将本领域内普通技术人员作为判断发明或实用新型新颖性主体的规定是不同的，原因还是在于外观设计与发明、实用新型的本质区别，即外观设计不属于"技术方案"，而是一种富有美观的工业设计，其主要作用在于对消费者产生视觉上的吸引力，因此应当以一般消费者作为判断的主体。

同时，在判断外观设计的新颖性时，应当遵从"单独对比"的原则。即一般应当用一项对比设计与涉案专利进行单独对比，而不能将两项或者两项以上对比设计结合起来与涉案专利进行对比，否则就不是在审查新颖性而是在审查创造性了。若涉案专利包含有若干具有独立使用价值的产品的外观设计的，例如，成套产品外观设计或者同一产品两项以上的外观设计，判断新颖性时可以用不同的对比设计与其所对应的各项外观设计进行单独对比。涉案专利是由组装在一起使用的至少两个构件构成的产品的外观设计的，可以将其构件数量相对应的明显具有组装关系的构件结合起来作为一项对比设计与涉案专利进行对比。

在判断新颖性时，需要采取所谓的"整体观察、综合判断"的方式而不能从外观设计的部分或者局部出发得出判断结论。外观设计专利依据申请人提交的图片或照片来确定保护范围。理论上来说，该图片或照片相当于一个单独的权利要求。要破坏该权利要求的新颖性，需要现有设计或者抵触申请大体上包含该"权利要求"的全部要素。对于那些一般消费者不是很关注的特征，可以选择性地相对"轻视"，《专利审查指南》在第四部分第五章第5.2.4.3 节对此有具体说明：

如果对比设计图片或者照片未公开的部位属于该种类产品使用状态下不会被一般消费者关注的部位，并且涉案专利在相应部位的设计的变化也不足以对产品的整体视觉效果产生影响，例如冷暖空调扇，如果对比设计图片或者照片没有公开冷暖空调扇的底面和背面，涉案专利在底面或者背面的设计的变化也不足以对产品整体视觉效果产生影响，则不影响对二者进行整体观察、综合判断。

如果涉案专利中对应于对比设计图片或者照片未公开的内容仅仅是该种类产品的惯常设计并且不受一般消费者关注，例如对比设计图片或者照片未公开的部分是货车车厢的后挡板，而当涉案专利中货车车厢的后挡板仅仅是这类产品的惯常设计时，则不影响对二者进行整体观察、综合判断。

二、区　别　性

外观设计的区别性是一种学理上的概括，立法上并没有使用这一术语。在《专利法》2008 年第三次修改之前，仅仅要求获得授权的外观设计与现有设计"不相同和不相近似"，这大体上是一种新颖性要求。《专利法》第三次修改之后，比较明确地引入区别性要求，即获得授权的外观设计"与现有设计或者现有设计特征的组合相比，应当具有明显区别"。

《专利审查指南》第四部分第五章第 6 节指出，涉案专利与现有设计或

者现有设计特征的组合相比不具有明显区别是指如下几种情形:

(1) 涉案专利与相同或者相近种类产品现有设计相比不具有明显区别;

(2) 涉案专利是由现有设计转用得到的,二者的设计特征相同或者仅有细微差别,且该具体的转用手法在相同或者相近种类产品的现有设计中存在启示;

(3) 涉案专利是由现有设计或者现有设计特征组合得到的,所述现有设计与涉案专利的相应设计部分相同或者仅有细微差别,且该具体的组合手法在相同或者相近种类产品的现有设计中存在启示。

对于涉案专利是由现有设计通过转用和组合之后得到的,应当依照(2)、(3) 所述规定综合考虑。

应当注意的是,上述转用和/或组合后产生独特视觉效果的除外。

现有设计特征,是指现有设计的部分设计要素或者其结合,如现有设计的形状、图案、色彩要素或者其结合,或者现有设计的某组成部分的设计,如整体外观设计产品中的零部件的设计。

在设计中,"转用" 和 "组合" 是常见的设计手法。所谓 "转用",是指将一种产品的外观设计应用于其他种类的产品,或者在产品的外观上模仿自然物、自然景象以及应用无产品载体的单纯形状、图案、色彩或其结合。另一种设计手法 "组合",包括对现有设计及其特征的组合,也即将两项或两项以上现有设计或其中部分设计要素 (现有设计中的形状、图案、色彩或其结合)、现有设计中组成部分 (如整体外观设计产品中零部件的设计) 进行拼合或替换,也包括在产品的外观上用自然物、自然景象以及无产品载体的单纯形状、图案、色彩或其结合进行拼合或替换。无论是转用还是组合,都需要根据具体的外观设计实例分析判断其是否与现有外观设计存在 "区别",从而决定是否授予外观设计专利。

三、不与他人在先合法权利相冲突

《专利审查指南》第四部分第五章第 7 节指出:

一项外观设计专利权被认定与他人在申请日 (有优先权的,指优先权日) 之前已经取得的合法权利相冲突的,应当宣告该项外观设计专利权无效。

他人，是指专利权人以外的民事主体，包括自然人、法人或者其他组织。

合法权利，是指依照中华人民共和国法律享有并且在涉案专利申请日仍然有效的权利或者权益。包括商标权、著作权、企业名称权（包括商号权）、肖像权以及知名商品特有包装或者装潢使用权等。

在申请日以前已经取得（以下简称在先取得），是指在先合法权利的取得日在涉案专利申请日之前。

相冲突，是指未经权利人许可，外观设计专利使用了在先合法权利的客体，从而导致专利权的实施将会损害在先权利人的相关合法权利或者权益。

在无效宣告程序中请求人应就其主张进行举证，包括证明其是在先权利的权利人或者利害关系人以及在先权利有效。

案情介绍

该案[1]涉及美的公司名称为"风轮（455-180）"的外观设计专利。格力公司向原专利复审委员会提出无效宣告请求，并提交了公告号为 CN3265720、名称为"风扇扇叶"外观设计专利作为对比文件。原专利复审委员会作出第 13585 号无效宣告请求审查决定（以下简称"第 13585 号决定"），宣告"风轮（455-180）"外观设计专利权无效。美的公司不服，提起行政诉讼。北京市第一中级人民法院一审认为，该案专利与对比文件公开的在先设计不相近似，遂判决撤销第 13585 号决定。格力公司、原专利复审委员会不服，均提出上诉。北京市高级人民法院二审认为，该案专利与在先设计关于扇叶部分的区别因扇叶部分的旋转方向系由功能决定，故对整体视觉效果不具有显著影响，其他区别分布于该案专利的中部等主要视觉部分，根据整体观察、综合判断原则，对一般消费者而言，其区别足以在整体视觉效果上产生不同。据此判决驳回上诉，维持一审判决。格力公司不服，向最高人民法院申请再审。

争议焦点

在外观设计专利侵权案件中，判断涉案外观设计与在先外观设计是否相

---

[1] 最高人民法院（2011）行提字第 1 号。

似的标准是什么?

最高人民法院于 2010 年 12 月 7 日裁定提审该案,并于 2011 年 11 月 11 日判决撤销一审、二审判决,维持第 13585 号决定。

最高人民法院在再审中指出,该案外观设计与在先设计均由位于中央的轮毂以及轮毂两侧呈中心对称分布的两个扇叶组成。将二者的扇叶相比较,均包括圆弧状的外侧和内侧、外侧与内侧连接处的凸起、位于前侧的尖角和直线部分,以及位于前侧的类似刀口的加厚增强层等结构;单个扇叶的形状基本相同,两个扇叶的对称分布形态亦基本相同。二者的主要区别是:扇叶的旋转方向呈 180°反向;该案专利的扇叶突出轮毂主体一小部分,并且扇叶比在先设计的扇叶厚。由于对称分布的两个扇叶占据了产品的主要视觉部分,更容易被一般消费者所关注,故基本相同的扇叶形状以及对称分布形态对整体视觉效果具有显著的影响。扇叶的旋转方向系由风轮的旋转功能所决定,故旋转方向的不同对整体视觉效果不具有显著影响。由于一般消费者施以一般的注意力和分辨力难以观察到二者的扇叶厚度的细微差异,故扇叶厚度的区别对整体视觉效果不具有影响。该案专利的扇叶虽突出于轮毂主体一小部分,但相对于整个扇叶而言,该突出部分所占比例较小,而且在使用状态下,该突出部分位于风轮安装面一侧,难以被一般消费者观察到,故这一区别对整体视觉效果亦不具有显著影响。将该案外观设计与在先设计的轮毂进行比较,二者的轮毂均由一圆台状结构构成,轮毂与扇叶的连接处均有一对呈渐开线方式延伸的圆弧状轮毂壁,轮毂壁的形状均由圆弧和直线结合形成,轮毂与扇叶内侧均由轮毂壁由下至上倾斜连接,连接方式基本相同。二者的主要区别在于,在先设计的轮毂壁延伸得更长,包围的面积更大,轮毂壁圆弧与直线边形成尖角,该案专利没有形成尖角。对于位于产品中央的设计变化,应当综合考虑其在产品整体中所占的比例、变化程度的大小等因素,确定其对整体视觉效果的影响。位于中央的设计变化并不必然对整体视觉效果具有显著影响。该案专利的轮毂虽位于中央,但相对于扇叶而言,所占面积明显较小,相对于在先设计轮毂的变化亦相对有限,在该案外观设计与在先设计的轮毂及其轮毂壁还具有前述诸多相同点的情况下,上述区别对整体视觉效果不具有显著影响。事实上，该案外观设计的轮毂是在先设计较大的轮毂的基础上，舍弃了一部分，使得轮毂壁延伸长度减少，围成的面积减少，形成的夹角发生变化。在进行相近似判断时，如果外观设计专利的改进仅仅体现为在现有设计的基础上省略局部的设计要素，这种改进通常不能体现出外观设计专利所应当具有的创新性，亦不应对整体视觉效果带来显著影响。将该案外观设计与在先设计相比较，综合考虑二者的相同点、不同点以及对整体视觉效果的影响，应认定二者的整体视觉效果不具有明显区别，属于相近似的外观设计。最终，最高人民法院再审判决撤销一审、二审判决结果，维持原专利复审委员会第 13585 号无效宣告请求审查决定。

案件评析

外观设计专利的作用之一是通过个性化的外观设计来彰显产品的特性，从而达到吸引消费者的目的。因此，在对外观设计进行相近似判断时，应当基于外观设计专利产品的一般消费者的知识水平和认知能力，对外观设计专利与在先设计的整体视觉效果进行整体观察、综合判断。所谓整体观察、综合判断，强调的是应当从外观设计整体出发来对相似性进行对比和判断，而不是拘泥于外观设计的局部设计。这是因为消费者对外观设计进行识别时，通常是从整体出发进行判断。因此，在外观设计专利侵权案件中，判断涉案外观设计专利与在先外观设计是否相似的标准是两者的整体视觉效果。该案经历了专利宣告无效、一审、二审、再审多个阶段，最高人民法院在再审中强调了上述原则，并在此基础上进行专利是否构成近似的判断。同时对美的公司就外观设计美感界定的问题，最高人民法院在判决中也指出，一项产品的外观设计要获得外观设计专利权的保护，其必须具备专利法意义上的美感，即在实现产品的特定功能的基础上，对产品的视觉效果作出创新性的改进，使得产品能体现出功能性和美感的有机结合。仅仅具有功能性而不具有美感的产品设计，可以通过申请发明或者实用新型专利予以保护，而不应当通过外观设计专利权予以保护，由此强调了设计美感在外观设计专利权授予过程中的重要作用。

第四章 新 颖 性

　　专利制度的性质决定了申请专利的发明或实用新型应当具有新颖性，才能被授予专利。国家对一项发明创造授予专利，为专利权人提供一定期限的独占权，是因为其向社会公众提供了前所未有的发明。对于公有技术而言，任何人都有自由使用的权利，任何人都无法享有公有技术的专利独占权，否则就会损害公众利益。规定新颖性条件的目的就在于防止将公知技术申请为专利，它是授予发明和实用新型专利权最为基本的条件。不具有新颖性，就根本不用考虑申请专利了。

　　新颖性是指该发明或者实用新型不属于现有技术；也没有任何单位或者个人就同样的发明或者实用新型在申请日以前向国务院专利行政部门提出过申请，并记载在申请日以后公布的专利申请文件或者公告的专利文件中。据此，一项发明或实用新型必须满足以下两个条件，才具有新颖性：（1）该发明或实用新型没有落入现有技术的范围；（2）没有同样的发明或实用新型在申请日以前向国务院专利行政部门提出过申请，并记载在申请日以后公布的专利申请文件或者公告的专利文件中（通称为抵触申请）。

　　从各国立法规定来看，判断新颖性是以已经公开的现有技术为标准。现有技术是指申请日以前在国内外为公众所知的技术，包括在申请日（有优先权的，指优先权日）以前在国内外出版物上公开发表、在国内外公开使用或者以其他方式为公众所知的技术。

第一节　现有技术

背景资料

现有技术是指申请日以前在国内外为公众所知的技术。从上述定义来看，构成现有技术的"技术"必须满足以下条件：一是申请日前的技术；二是为公众所知的技术。在现行《专利法》采取了绝对新颖性标准后，公开的地域范围不再是判断现有技术的考量因素。

以申请日为标准意味着将提出有效的专利申请之日作为判断新颖性的基准时间。只要在申请日之前技术方案未被公开，该技术方案就具有新颖性。现有技术的时间界限是申请日，享有优先权的，则指优先权日。

从广义上来说，申请日以前公开的技术内容都属于现有技术，但申请日当天公开的技术内容不包含在现有技术范围内。

国务院专利行政部门收到专利申请文件之日为申请日。如果申请文件是邮寄的，以寄出的邮戳日为申请日。

案情介绍

该案❶涉及申请号为 201310063293.3 的发明专利申请。上诉人任某某（原审原告）因与被上诉人国家知识产权局（原审被告）发明专利申请驳回复审行政纠纷一案，不服北京知识产权法院于 2020 年 9 月 15 日作出的（2018）京 73 行初 4814 号行政判决，向最高人民法院提起上诉。最高人民法院于 2021 年 2 月 18 日立案后，依法组成合议庭进行审理。

任某某上诉请求：撤销原审判决，撤销原专利复审委员会于 2018 年 3 月 5 日作出、3 月 12 日发文的第 140539 号复审请求审查决定（以下简称"被诉

---

❶　最高人民法院（2021）最高法知行终 115 号。

决定"），国家知识产权局重新作出复审决定，认定名称为"安全高效轮子"、申请号为 201310063293.3 的发明专利申请具备新颖性、创造性。主要事实和理由是原审判决及被诉决定认定事实错误。

国家知识产权局辩称，本申请权利要求 1—6 不具备《专利法》第 22 条第 2 款规定的新颖性或第 22 条第 3 款规定的创造性，原审判决认定事实清楚，适用法律法规正确，审理程序合法，请求驳回上诉，维持原判。

争议焦点

（1）涉案申请权利要求 1—6 是否具备《专利法》第 22 条第 2 款规定的新颖性或第 22 条第 3 款规定的创造性？

（2）被诉决定对于公知常识的认定是否符合审查规定？

裁判结果与理由

任某某主张该申请不具备对比文件 1 中除公开的技术特征外的其他技术特征，还特别指明不具备对比文件 1 明确记载的五个必要技术特征，被诉决定未将这些内容纳入对比范围，违背整体对比原则。对此，法院认为，判断新颖性应以该申请的技术方案作为基础，以对比文件公开的相关技术方案与该申请的技术方案是否实质相同作为评判标准，而对比文件中与该申请技术方案不相关的其他技术内容，在不影响技术方案整体实现的情况下，并不属于判断该申请权利要求所请求保护的技术方案是否具备新颖性的考量范围。就该案而言，申请权利要求 1 所述的三个技术方案，均包含在对比文件 1 中，对比文件 1 的整体技术方案还比这三个技术方案具备更多的功能、实现更多的技术效果，并不影响该三个技术方案的实施。故任某某的上述主张，依据不足，法院不予支持。

最终，最高人民法院认为任某某的上诉请求不能成立，应予驳回；原审判决认定事实基本清楚，适用法律正确，应予维持。故驳回了任某某的上诉，维持原判。

案件评析

在进行新颖性判断时，应当将要求保护的各个技术方案分别与一份对比文件中公开的完整技术方案进行比较，而不是仅考虑某单一的技术特征是否被公开，即应在整体考虑技术领域、要解决的技术问题、所使用的技术手段、预期达到的技术效果四个要素的基础上，判断对比文件是否公开了与发明或实用新型专利申请所要求保护的权利要求相同的技术方案。技术方案则是指对要解决的技术问题所采取的利用了自然规律的技术手段的集合。

该案中，第一个争议焦点在"新颖性"和"创造性"的判定上，但是法院在说明"新颖性"时，援引了《专利法》第22条第2款的规定，新颖性，是指该发明或者实用新型不属于现有技术；也没有任何单位或者个人就同样的发明或者实用新型在申请日以前向国务院专利行政部门提出过申请，并记载在申请日以后公布的专利申请文件或者公告的专利文件中。新颖性是授予发明和实用新型专利权的最为基本的条件，而该案以及《专利法》第22条第2款又告诉我们，是否属于现有技术又是申请专利时判断是否具有新颖性的要件。也就是说，在司法实践中，审查新颖性时要首先认定"现有技术"，然后再使用"现有技术"与申请专利的发明或实用新型进行对比。可见，对现有技术的认定是专利申请过程中极为重要的一环。

第二节　优先权日

优先权原则源于《巴黎公约》，依照该公约的规定，在申请专利或商标等工业产权时，各缔约方要相互承认对方国家国民的优先权。我国《专利法》也明确规定了优先权原则，将优先权概念分为外国优先权与本国优先权。《专利法实施细则》第12条第1款规定："除专利法第二十八条和第四十二条规定的情形外，专利法所称申请日，有优先权的，指优先权日。"

一、外国优先权

（一）外国优先权的概念

《专利法》第 29 条规定，申请人自发明或实用新型在外国第一次提出专利申请之日起 12 个月内，或者自外观设计在外国第一次提出专利申请之日起 6 个月内，又在中国就相同主题提出专利申请的，依照该外国同中国签订的协议或共同参加的国际条约，或者依照相互承认优先权的原则，可以享有优先权。

享有外国优先权的专利申请应当满足以下条件：

（1）申请人就相同主题的发明创造在外国第一次提出专利申请（以下简称"外国首次申请"）后又在中国提出专利申请（以下简称"中国在后申请"）。

（2）就发明和实用新型而言，中国在后申请之日不得迟于外国首次申请之日起 12 个月。

（3）申请人提出首次申请的国家或政府间组织应当是同中国签有协议或者共同参加国际条约，或者相互承认优先权原则的国家或政府间组织。

享有外国优先权的发明创造与外国首次申请审批的最终结果无关，只要该首次申请在有关国家或政府间组织中获得了确定的申请日，就可作为要求外国优先权的基础。

（二）外国优先权的效力

申请人在外国首次申请后，就相同主题的发明创造在优先权期限内向中国提出的专利申请，都看作在该外国首次申请的申请日提出的，不会因为在优先权期限内，即首次申请的申请日与在后申请的申请日之间任何单位和个人提出了相同主题的申请或者公布、利用这种发明创造而失去效力。此外，在优先权期限内，任何单位和个人可能会就相同主题的发明创造提出专利申请，由于优先权的效力，该相同主题发明创造的专利申请不能被授予专利权。也就是说，由于有作为优先权基础的外国首次申请的存在，使得从外国首次申请的申请日起至中国在后申请的申请日之间，由任何单位和个人提出的相同主题的发明创造专利申请会因失去新颖性而不能被授予专利权。

案情介绍

该案❶涉及斯平玛斯特公司所持有的实用新型专利。斯平玛斯特公司（原告）认为亲子企鹅公司、昌明公司、培培乐玩具公司生产的玩具侵害了其公司的专利，故向一审法院起诉，请求亲子企鹅公司、昌明公司、培培乐玩具公司立即停止对涉案专利权的侵害，并赔偿斯平玛斯特公司的经济损失和为制止侵权行为的合理支出。

被诉侵权产品外观为一个蛋形的玩具，启动后，壳体里鸟状的玩偶通过鸟的尖嘴啄破壳体，壳体有数个破洞，透过破洞可以看到壳体里的玩偶；将玩偶拆开，可见玩偶内部结构，其中鸟嘴末端有一弹簧与小圆锤状的结构连接在一起，小圆锤结构接通电源。

斯平玛斯特公司是专利号为 ZL201620518129.6 号、名称为"在壳体内具有玩偶的组合件"实用新型专利（以下简称"涉案专利"）的专利权人，该专利申请日为 2016 年 5 月 31 日，授权公告日为 2016 年 12 月 7 日，优先权数据为 14/884，1912015.10.15US（见图 4-1）。2017 年 6 月 2 日的专利登记簿副本显示专利权有效，第二年度年费已缴纳。

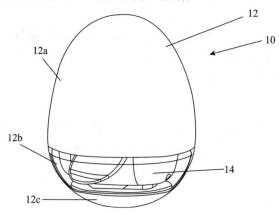

图 4-1　在壳体内具有玩偶的组合件

---

❶ 最高人民法院（2019）最高法知民终 164 号。

根据国家知识产权局于 2017 年 4 月 28 日作出的实用新型专利权评价报告（更正）显示，斯平玛斯特公司专利优先权日为 2015 年 10 月 15 日，检索针对的全部权利要求 1—21 中，权利要求 17—19 不符合授予专利权条件，权利要求 1—16、20—21 未发现存在不符合专利权条件的缺陷。

斯平玛斯特公司明确该案主张的专利保护范围为涉案专利权利要求 1—6、8—10、20—21，具体为：

1. 一种玩偶组合件，其特征在于，包括：壳体；设置在壳体内的玩偶，其中玩偶包括破壳机构，所述破壳机构可操作以打破壳体来露出玩偶；设置在所述壳体或所述玩偶上的至少一个传感器，所述至少一个传感器可检测所述玩偶组合件与使用者的交互；以及设置在所述玩偶上的控制器，所述控制器与所述至少一个传感器和所述破壳机构相关联，以便所述控制器操作所述破壳机构打破壳体来露出玩偶；

2. 根据权利要求 1 所述的玩偶组合件，其特征在于，所述控制器与所述至少一个传感器可通信地连接，以便所述至少一个传感器将检测到的所述玩偶组合件与所述使用者的至少一次交互传送给所述控制器，所述控制器基于所述至少一次交互确定所选择的条件是否已被满足，所述控制器与所述破壳机构可操作地连接，如果所述控制器确定已满足条件，则所述控制器操作破壳机构打破壳体来露出玩偶；

3—6……

8—10……

17. 一种玩偶组合件，其特征在于，包括：壳体；设置在所述壳体内的玩偶；破壳机构，其与壳体相关联，并且其可操作以打破壳体来露出玩偶；以及破壳机构动力源，其与所述破壳机构相关联，并且所述破壳机构由所述破壳机构动力源提供动力；

20. 根据权利要求 17 所述的玩偶组合件，其特征在于，所述破壳机构包括锤，该锤定位成与所述玩偶相关联，其中破壳机构动力源可操作地连接到锤，以便驱动锤来打破壳体；

21. 根据权利要求 20 所述的玩偶组合件，其特征在于，所述破壳机构动力源可操作地连接到锤以便使得锤往复运动来打破壳体。

被告辩称：将被诉侵权产品与涉案专利权利要求 1—6、8—10、20—21 进行比对，亲子企鹅公司、昌明公司、培培乐玩具公司确认被诉侵权产品落入权利要求1—6、8—10的保护范围，但认为权利要求1—6、8—10属于现有技术；被诉侵权产品不落入权利要求20—21的保护范围，权利要求20引用了权利要求17，被诉侵权产品缺少权利要求17中的技术特征，即被诉侵权产品缺少"破壳机构，其与壳体相关联，并且其可操作以打破壳体来露出玩偶"的技术特征，故被诉侵权产品不落入涉案专利权利要求20的保护范围。权利要求21引用了权利要求20，因此被诉侵权产品也不落入斯平玛斯特公司专利权利要求21的保护范围。

一审法院认为，斯平玛斯特公司明确主张以涉案专利权利要求1—6、8—10、20—21作为保护范围。经比对，亲子企鹅公司、昌明公司、培培乐玩具公司确认被诉侵权产品落入涉案专利权利要求1—6、8—10的保护范围，原审法院经核实，予以确认。亲子企鹅公司、昌明公司、培培乐玩具公司称被诉侵权产品缺少"破壳机构，其与壳体相关联，并且其可操作以打破壳体来露出玩偶"的技术特征，故被诉侵权产品不落入涉案专利权利要求20—21的保护范围。被诉侵权产品启动后，小圆锤结构接通电源，通过弹簧牵动鸟嘴往返运动，促使鸟嘴反复敲啄壳体，把壳体啄破。鸟嘴将壳体啄破，鸟嘴即破壳机构，鸟嘴必然与壳体相关联，否则其无法将壳体啄破。通过涉案专利说明书［0001］、［0034］、［0058］段，均可以得出涉案专利所述破壳机构和壳体相关联，并非指两者相接触，而是破壳机构可操作以打破壳体，实现鸟从蛋中孵化而出的过程。涉案专利所述"破壳机构，其与壳体相关联，并且其可操作以打破壳体来露出玩偶"中并未限定"露出玩偶"的程度，而被诉侵权产品鸟嘴啄破壳体所产生的破洞可以露出壳体内的玩偶，故被诉侵权产品具备亲子企鹅公司、昌明公司、培培乐玩具公司所称缺少的技术特征，被诉侵权产品亦落入涉案专利权利要求20—21的保护范围。

亲子企鹅公司、昌明公司、培培乐玩具公司将斯平玛斯特公司在美国申请的专利文献（申请号为14/884，1912015.10.15US）作为现有技术抗辩的引用文献，并提交英文版本及相应的自行翻译的翻译件，斯平玛斯特公司对引用文献及其翻译件的内容予以确认，并称已就相同主题于2016年5月31日向我国申请专利，该案斯平玛斯特公司的专利优先权数据即为14/884，1912015.10.15US。我国与美国均为《巴黎公约》的缔约方，斯平玛斯特公司在美国申请专利，又以同一主题在12个月内向我国申请涉案实用新型专利，根据法律规定，斯平玛斯特公司的涉案专利依法享有优先权。故亲子企鹅公司、昌明公司、培培乐玩具公司提交的引用文献未能满足"现有技术，是指申请日以前在国内外为公众所知的技术"的法律规定，亲子企鹅公司、昌明公司、培培乐玩具公司的现有技术抗辩不成立。

斯平玛斯特公司是涉案专利权人，他人未经其许可，不得为生产经营目的，制造、销售、许诺销售侵害涉案专利权的产品。亲子企鹅公司、昌明公司、培培乐玩具公司未经许可，制造、销售、许诺销售落入涉案专利保护范围的产品，构成对斯平玛斯特公司专利权的侵害，应当承担停止侵权及赔偿损失的侵权责任。

一审法院判决：（1）亲子企鹅公司、昌明公司、培培乐玩具公司立即停止制造、销售、许诺销售侵害涉案专利权的产品；亲子企鹅公司销毁库存侵权产品；（2）亲子企鹅公司、昌明公司、培培乐玩具公司连带赔偿斯平玛斯特公司经济损失及合理费用合计50万元；（3）驳回斯平玛斯特公司的其他诉讼请求。案件受理费13 800元，由斯平玛斯特公司负担3450元，由亲子企鹅公司、昌明公司、培培乐玩具公司共同负担10 350元。

上诉人亲子企鹅公司不服一审判决，提起上诉。

亲子企鹅公司上诉请求：撤销一审判决第（1）、（2）项，该案一审、二审诉讼费由斯平玛斯特公司承担。

事实和理由：（1）原审法院对 ZL201620518129.6 号"在壳体内具有玩偶的组合件"专利享有优先权的事实认定不清，进而否定亲子企鹅公司的现有技术抗辩属于认定事实错误。一是在该案原审阶段，亲子企鹅公司主张以美国专利申请"14/884，1912015.10.15US"原始权利要求1—8作为现有技术抗辩的引用文献。鉴于该部分权利要求已经公开并被驳回，即已进入公共领域，任何人都有权利自由实施。斯平玛斯特公司在该案中又主张以该部分权利要求给予专利权保护，违背了专利保护制度的基本原则。二是涉案专利为实用新型专利，没有经过实质审查，原审法院在认定涉案专利的优先权日时，未考虑斯平玛斯特公司主张保护的专利权权利要求与其要求优先权的美国专利申请是否属于同一主题。（2）原审法院酌定的赔偿金额畸高，没有事实和法律依据。首先，斯平玛斯特公司未提供证据证明其因被侵权所受到的实际损失，可以按照侵权人因侵权所获得利益确定。其次，涉案专利为实用新型专利，其要求保护的是已经被美国专利局驳回的权利要求，涉案专利权极不稳定且价值不大。再次，涉案专利产品在我国市场知名度极低，亲子企鹅公司侵权行为对斯平玛斯特公司造成的影响极其有限。最后，斯平玛斯特公司提交的所谓其他销售渠道的证据存疑。其中，斯平玛斯特公司提交的实体店铺购买产品证据显示，该产品用顺丰快递自呼和浩特邮寄至上海，而亲子企鹅公司与另外两位原审被告均位于广东，该产品明显不是亲子企鹅公司所直接提供，店铺进货使用快递费高昂的顺丰快递亦有违常理；斯平玛斯特公司提供的淘宝、阿里巴巴销售链接，均与亲子企鹅公司无关，且销量均为零。在收到起诉状后亲子企鹅公司已经停止产品的预售，没有对外提供任何产品。因此，在上述证据明显违背常理的情况下，法院不应采纳和考虑斯平玛斯特公司的意见。

斯平玛斯特公司辩称：亲子企鹅公司现有技术抗辩主张没有事实和法律依据，其引用的技术方案并非现有技术。现有技术是申请日以前国内外为公众所知的技术，美国专利申请作为涉案专利的优先权，不属于现有技术。涉案专利权利要求1—8已经得到授权，并经中华人民共和国国家知识产权局出具评价报告认定其具有新颖性和创造性，应当受到法律保护。涉案专利权利要求1—8的技术方案在美国没有授权，并不意味着其已进入公共领域，属于人人可以自由实施范畴，相反，涉案专利权利要求1—8已经由国家知识产权局授权并出具了专利权评价报告，认定其具有新颖性和创造性，因此属于有效专利，依法应当受到法律保护。原审判决认定的赔偿数额合理，应予维持。

昌明公司、培培乐玩具公司未作陈述。

二审期间，各方当事人均未提交新证据。原审查明的事实基本属实，二审法院予以确认。

争议焦点

涉案专利是否享有外国优先权？

裁判结果与理由

根据《专利法》第11条的规定，发明和实用新型专利权被授予后，除本法另有规定的以外，任何单位或者个人未经专利权人许可，都不得实施其专利，即不得为生产经营目的的制造、使用、许诺销售、销售、进口其专利产品。斯平玛斯特公司是涉案专利的专利权人，其所主张的涉案专利权利要求1—6、8—10、20—21在该案审理期间仍合法有效，其权利应受法律保护，任何单位或者个人未经专利权人许可，都不得为生产经营目的实施其专利。

（一）关于原审判决就涉案专利享有优先权的认定是否恰当，亲子企鹅公司提出的现有技术抗辩主张是否成立的问题

是否能享有外国优先权，要考虑以下三个要素：第一，在先申请与在后申请的时间间隔对于发明或者实用新型而言是否在12个月内，对于外观设计而言是否在6个月内；第二，在先申请与在后申请的主题是否属于同一主题；第三，提出在先申请的国家与我国是否签订协议、具有共同参加的国际条约或者相互承认优先权，能否享有外国优先权与在先申请在外国的审查情况无关。该案中，斯平玛斯特公司于2015年10月15日在美国提交专利申请，申请号为14/884，1912015.10.15US。在之后的12个月内，其于2016年5月31日就相同主题向我国申请涉案实用新型专利。我国与美国均为《巴黎公约》的缔约方，根据法律规定，涉案专利可依法享有美国在先申请14/884，1912015.10.15US的优先权，优先权日为2015年10月15日。美国在先申请的权利要求1—8被驳回，只意味着权利要求1—8不符合美国专利法的授权要求，在美国不能被授予专利权，并不意味着该权利要求1—8不能成为我国在后申请的优先权基础。美国在先申请在该时间点并未公开，不能成为现有技术。鉴于亲子企鹅公司并未提供证据证明美国在先申请不满足上述三个判断能否享有外国优先权的考虑因素，原审判决以2015年10月15日作为判断是否构成现有技术的时间点并无不当。亲子企鹅公司的该项上诉理由不能成立，法院不予支持。

（二）关于原审判决确定的赔偿数额是否适当的问题

涉案专利权目前处于有效状态，应当受我国《专利法》保护。亲子企鹅公司认为，涉案专利产品在我国市场知名度极低，亲子企鹅公司侵权行为对斯平玛斯特公司造成的影响极其有限。对此，法院认为，从斯平玛斯特公司提交的相关证据来看，涉案专利产品具有一定的知名度，虽然进入我国市场的时间不长，专利权人获利有限，但在专利产品进入我国市场的初期出现侵权行为，侵权人对市场份额的不当占据会对专利权人的预期利益造成一定损

害，尤其是对玩具类产品而言，消费者对新奇玩具的兴趣往往在玩具进入市场初期时更为明显。原审法院综合考虑涉案专利的类型、涉案专利产品的价格、被诉侵权产品的价格，以及亲子企鹅公司、昌明公司、培培乐玩具公司的生产经营能力等因素确定法定赔偿数额并无不妥，法院予以维持。

综上所述，亲子企鹅公司的上诉请求不能成立，应予驳回；原审判决认定事实清楚，适用法律正确，应予维持。驳回上诉，维持原判。

案件评析

该案是关于实用新型专利的侵权之诉，关键在于判断涉案专利是否属于现有技术，即涉案专利是否享有外国优先权。现有技术，是指申请日以前在国内外为公众所知的技术。是否构成现有技术，应当以涉案专利申请日为判断的时间点。涉案专利享有优先权的，应当以优先权日为判断的时间点。享有外国优先权的发明创造与外国首次申请专利的最终结果无关。即在该案中，无论涉案专利是否在美国获得专利审批，其只要在美国获得了确定的申请日期，就可以作为要求外国优先权的基础。

二、本国优先权

背景资料

（一）优先权的概念

优先权原则源自 1883 年签订的《巴黎公约》，目的是便于缔约方国民在本国提出专利或者商标申请后向其他缔约方提出申请。所谓优先权，是指申请人就某项发明在一个缔约方首次提出申请之后，在一定期限内（发明专利和实用新型专利的优先权期限为 1 年，外观设计专利的优先权期限为 6 个月）又向其他缔约方提出申请时，申请人有权要求以首次申请日作为在后申请的申请日。随着科技的发展，世界各国对于专利制度的研究更加完善和深入，许多国家注意到不仅应对外国优先权给予保护，还应对本国优先权给予保护，以维护本国专利申请人的权益。随着专利制度的发展，优先权原则不再局限于对外国申请人提供，而是进一步扩大适用到本国申请人，即申请人在本国提出首次专利申请之后，在一定期间内又就相同主题在本国再次提出申请的，也可以享有首次申请的优先权。为此，德、英、日等国都先后在专利法中作了有关本国优先权的规定。

顺应世界各国专利保护制度发展的潮流，我国在 1992 年对《专利法》进行修改时，也引入了本国优先权制度。我国《专利法》关于本国优先权的最新表述为："申请人自发明或者实用新型在中国第一次提出专利申请之日起十二个月内，或者自外观设计在中国第一次提出专利申请之日起六个月内，又向国务院专利行政部门就相同主题提出专利申请的，可以享有优先权。"

（二）本国优先权的构成要件

（1）在规定期限内提出申请。申请人自发明或者实用新型在中国第一次提出申请之日起 12 个月内，又向国务院专利行政部门就相同主题提出专利申请的，可以享有优先权。超过 12 个月的，申请人无权再请求给予优先权。这样规定可以促使申请人及时行使权利，结束权利的不稳定状态，尽快将技术成果转化为生产力，提高社会福祉。

（2）以中国为在先申请的申请国。要求本国优先权的，可以是中国人，也可以是外国人；可以是在中国有居所或营业所的外国人，也可以是在中国没有经常居所或营业所的外国人；可以是在国内完成的发明创造，也可以是在国外完成的发明创造。但是，无论是何种情况，都要以中国为在先申请的申请国。

（3）须提出优先权声明。申请人在申请文件中要求承认其在中国第一次提出专利申请的优先权的，应将这项要求附在专利申请文件中作为"声明"提出，或者在申请的请求部分填上这一内容。在书面声明中应写明第一次提出专利申请的申请日、申请号。在提出书面声明之后，还要在 3 个月内提交第一次提出的专利申请文件的副本。未提出书面声明或者逾期未提交有关文件的，不能获得优先权待遇。如果国务院专利行政部门发现有关优先权声明或提供在先申请书副本方面的要求未能得到满足，应视为优先权无效。

（4）在先申请就是未撤回的专利申请，并且是未被批准和审定的申请。在申请人提出专利申请后，出于某种考虑而撤回其申请，是专利法所允许的，在被授予专利权之前，申请人可以随时撤回其专利申请。申请人撤回申请后，优先权作为附随性权利，申请权的消灭导致优先权的消灭。申请人在后一申请中提出书面声明要求优先权的，应在前一申请中提出。如果专利权已被批准授予，申请人的专利申请权已转化为专利权，优先权没有存在的依据，自然也应归于消灭。

（三）本国优先权的基础

申请人在一件专利申请中，可以要求一项或者多项优先权；要求多项优先权的，该申请的优先权期限从最早的优先权日起计算。

申请人要求本国优先权，在先申请是发明专利申请的，可以就相同主题提出发明或者实用新型专利申请；在先申请是实用新型专利申请的，可以就相同主题提出实用新型或者发明专利申请。

但是，提出后一申请时，在先申请的主题有下列情形之一的，不得作为要求本国优先权的基础：

（1）已经要求外国优先权或者本国优先权的；

（2）已经被授予专利权的；

（3）属于按照规定提出的分案申请的。申请人要求本国优先权的，其在先申请自后一申请提出之日起即视为撤回。

应当注意，申请人要求本国优先权的，其在先申请自后一申请提出之日起即被视为撤回，这样规定的目的是避免重复授权。

案情介绍

该案❶为珠海格力电器股份有限公司、宁波奥克斯空调有限公司侵害实用新型专利权纠纷。一审原告、二审上诉人为珠海格力电器股份有限公司（以下简称"格力公司"），一审被告、二审被上诉人为宁波奥克斯空调有限公司（以下简称"奥克斯公司"）和广州市国美电器有限公司（以下简称

---

❶ 广东省高级人民法院（2018）粤民终 1197 号。

"国美公司")。

格力公司是名称为"空调器室内机"、专利号为 ZL20162041××.2 的实用新型专利的专利权人,专利申请日是 2016 年 5 月 6 日(见图 4-2),本国优先权专利文献是申请号为 201510234245.5,名称为"空调器室内机"发明专利申请,优先权日是 2015 年 5 月 8 日,该发明专利申请的申请公布日是 2015 年 7 月 29 日,涉案专利授权公告日是 2016 年 8 月 3 日,最近一次缴纳专利年费的时间是 2017 年 4 月 12 日。

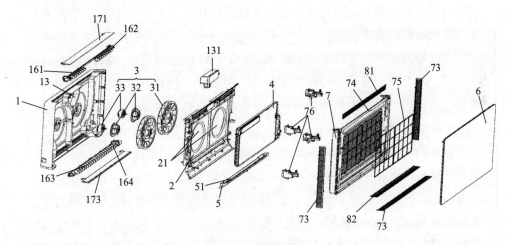

图 4-2 空调器室内机

2016 年 12 月 6 日,格力公司认为奥克斯公司制造、销售空调器侵权产品,国美公司销售侵害其专利权的空调器,遂向一审法院提起诉讼,请求判令二被告立即停止侵权行为并赔偿其损失。格力公司主张保护其实用新型专利"空调器室内机"权利要求 1—2、5—14 所记载的全部技术特征。

奥克斯公司于 2017 年 2 月 16 日对涉案专利提起无效宣告请求,案件编号为第 5W112023 号。格力公司在审查期间于 2017 年 4 月 1 日提交了意见陈述书,将原权利要求 10 修改为权利要求 1,并对其余权利要求的标号依次进行了适应性修改。

原专利复审委员会于 2017 年 12 月 5 日作出第 33922 号无效宣告请求审查决定书,在专利权人于 2017 年 4 月 1 日提交的权利要求 1—15 的基础上,宣告权利要求 1、2、4、5、14、15 无效,在权利要求 3、6—13 的基础上继续维持该专利有效。

格力公司主张以根据原权利要求 1—2、5—14 修改后的权利要求 1—2、5—13 来确定该案专利权的保护范围。

2016 年 10 月 26 日，北京智慧知识产权司法鉴定中心接受格力公司的委托，就格力公司提供的奥克斯公司生产的型号为 KFR–26G/BpX700（A2）的空调器产品与涉案专利的原权利要求 1—2、5—13 记载的技术特征是否相同或者等同进行鉴定，并于 2016 年 11 月 15 日出具鉴定意见，结论为：被鉴定物包含与涉案专利原权利要求 1—2、5—7、10—14 记载的全部技术特征相同的技术特征，被鉴定物包含与涉案专利原权利要求 8—9 记载的全部技术特征相同或同等的技术特征。

上述被诉侵权的 KFR–26GW/BpX700（A2）空调产品上标示制造日期是 2015 年 11 月，格力公司和奥克斯公司对此予以确认；并且，奥克斯公司确认国美公司销售的上述被诉侵权产品是其制造的。

庭审中拆封被诉侵权产品，与格力公司涉案专利进行比对。奥克斯公司认为，首先，被诉侵权技术方案缺少涉案专利修改后的权利要求 1 中"还包括可移动地设置在所述底壳上的前面板"的技术特征，因为设置即放置，即两个部件"前面板"与"底壳"之间存在直接的关系，但被诉侵权产品是设置在面板体上，二者存在区别。其次，被诉侵权技术方案不包含涉案专利修改后的权利要求 5 中"所述风道盖板的远离所述底壳的一侧设置有用于支撑所述蒸发器的支撑筋"的技术特征，并认为被诉侵权产品的蒸发器是靠底座支撑，支撑筋并未起到支撑作用。除此以外，奥克斯公司对于被诉侵权技术方案包含格力公司所主张的专利权保护范围的其他技术特征没有异议。经当庭核实，被诉侵权产品的前面板是设置在面板体上，面板体在底壳上方；被诉侵权产品的风道盖板的远离底壳的一侧设置有支撑筋，支撑筋位于风道盖板中部。此外，奥克斯公司提交了其作为专利权人的申请号为 201520146075.0、名称为"一种新型风机系统空调器"的实用新型专利以及申请号为 201520146988.2、名称为"一种空调室内挂机送风装置"的实用新型专利（见图 4–3，图 4–4），奥克斯公司认为虽然该两项实用新型专利与该案所涉的专利权保护范围以及技术方案无关，但可以证明奥克斯公司从 2014 年就开始研发被诉侵权产品并在 2015 年申请上述专利。

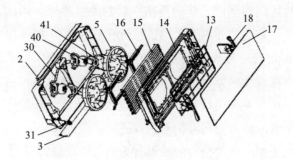

图 4 - 3　一种新型风机系统空调器

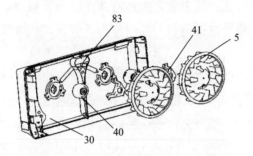

图 4 - 4　一种空调室内挂机送风装置

　　一审法院认为，该案主要审查以下问题：（1）被诉侵权技术方案是否落入格力公司涉案专利权的保护范围；（2）奥克斯公司、国美公司的被诉行为是否构成侵害专利权的行为；（3）如果构成侵权，侵权责任如何认定。

　　关于被诉侵权技术方案是否落入格力公司涉案专利权的保护范围的问题。将被诉侵权技术方案与涉案专利修改后的权利要求 6—13 所记载的全部技术特征进行比对。首先，奥克斯公司认为被诉侵权技术方案缺少涉案专利修改后的权利要求 1 中"还包括可移动地设置在所述底壳上的前面板"的技术特征，经核实，虽然前面板是设置在面板体上，但面板体在底壳上方，因此设置在面板体上的前面板从位置上而言属于设置在底壳上，"设置"一词不应解释为直接连接的含义，因此奥克斯公司的该项比对意见一审法院不予采纳，被诉侵权技术方案包含"还包括可移动地设置在所述底壳上的前面板"的技术特征。其次，奥克斯公司提出异议的是认为被诉侵权技术方案缺少"所述风道盖板的远离所述底壳的一侧设置有用于支撑所述蒸发器的支撑筋"的技术特征，经核实，被诉侵权产品的风道盖板的远离所述底壳的一侧设置有支撑筋，支撑筋位于风道盖板中部，能够在保证蒸发器放置可靠性的同时，加强风道盖板的整体结构强度，从而提高空调器的可靠性，因此，奥克斯公司的该项比对意见一审法院亦不予采纳，被诉侵权技术方案包含"所述风道盖板的远离所述底壳的一侧设置有用于支撑所述蒸发器的支撑筋"的技术特征；此外，被诉侵权技术方案也包含了涉案专利修改后的权利要求6—13的其他技术特征，奥克斯公司在庭审中对此也没有异议，因此一审法院认定被诉侵权技术方案落入格力公司涉案专利权的保护范围。

关于奥克斯公司、国美公司的被诉行为是否构成侵害专利权行为的问题。该案中，奥克斯公司确认国美公司销售的被诉侵权产品是其制造的，结合公证书及实物等证据，足以认定奥克斯公司存在制造及销售被诉侵权产品的行为、国美公司存在销售被诉侵权产品的行为。但是，格力公司向国美公司购买的被诉侵权产品的制造日期是2015年11月，早于格力公司涉案专利的授权公告日；格力公司向北京智慧知识产权司法鉴定中心提交鉴定的产品的保全日期是2016年6月15日，即该产品的制造日期也早于格力公司涉案专利的授权公告日；并且，格力公司承认另一台其自购用于拆解的被诉侵权产品的制造日期也早于2016年8月；此外，格力公司并没有其他证据证明奥克斯公司在涉案专利授权公告后仍在制造被诉侵权产品；同时，奥克斯公司亦辩称在格力公司涉案专利获得授权前已经停止制造被诉侵权产品，综上，一审法院认为证明奥克斯公司在涉案专利授权公告后仍然存在制造被诉侵权产品行为的举证责任应当归于格力公司，而涉案被诉侵权产品属于在市场上销售并且标有制造日期的空调器，若奥克斯公司在涉案专利获得授权后仍然存在制造行为，格力公司应具备相应的举证能力。因此在现有证据情况下，一审法院认定奥克斯公司在涉案专利授权公告后没有制造被诉侵权产品的行为。《专利法》（2008）第11条规定，实用新型专利权被授予后，任何单位或个人未经专利权人许可，不得实施其专利，即不得为生产经营目的制造、使用、许诺销售、销售、进口其专利产品。但对于实用新型专利权被授予前已经制造的专利产品在专利权被授予后继续销售是否构成侵权的问题，法律没有明确规定。对此问题，一审法院认为：第一，最高人民法院指导案例20号《深圳市斯瑞曼精细化工有限公司诉深圳市坑梓自来水有限公司、深圳市康泰蓝水处理设备有限公司侵害发明专利权纠纷案》的裁判要旨为：在发明专利申请公布后至专利权授予前的临时保护期内制造、销售、进口的被诉专利侵权产品不为《专利法》禁止的情况下，其后续的使用、许诺销售、销售，即使未经专利权人许可，也不视为侵害专利权。根据这一裁判规则应当可以延伸出如下规则：实用新型和外观设计专利授权前制造的专利产品的销售、使用等后续行为，也不侵害专利权。第二，实用新型专利是在被授权后才能请求给予保护，在授权公告日之前制造落入专利保护范围的产品不构成侵权，不属于侵权产品，自然而然该产品的后续销售行为也不应构成侵权，否则就违背了《专利法》"以公开换保护"的初衷，为尚未授权的技术方案提供了专利权保护。第三，一般而言，实用新型专利是同时公开和授权，专利技术方案在授权公告日前未曾公开，他人无法从公开渠道获知；但是在该案中，由于涉案实用新型专利涉及本国优先权的特殊情况，作为相同主题在先申请的申请号为201510234245.5、名称为"空调器室内机"发明专利早已于2015年7月29日公开，导致后一申请的涉案实用新型专利权利要求中的相关技术特征已在授权日前公开，并导致他人存在从公开渠道获知技术方案的可能。即使如此，根据《专利法实施细则》（2002）第32条的规定，申请人要求本国优先权的，其在先申请自后一申请提出之日起即视为撤回。因此，申请涉案实用新型专利是格力公司对于在先申请的发明专利与后一申请的实用新型专利二者之间根据意思自治所作出的选择，其应当预见到后一申请的实用新型专利的相关技术特征存在先于授权日前被公开、并有可能被他人在授权日前获知并实施的情况，故因此所导致的相应后果也应由格力公司自行承担。综上，奥克斯公司在涉案专利授权日前制造被诉侵权产品以及奥克斯公司、国美公司在涉案专利授权日后销售上述产品的行为，均不侵害涉案专利权，因此对于格力公司的全部诉讼请求，一审法院均不予以支持。综上所述，一审法院依据《专利法》（2008）第11条，《专利法实施细则》（2002）第32条，《中华人民共和国民事诉讼法》第64条第1款、第144条以及《最高人民法院关于适用〈中华人民共和国民事诉讼法〉的解释》第90条规定，判决：驳回格力公司的全部诉讼请求。

格力公司不服广州知识产权法院判决，提起上诉。

格力公司上诉请求：（1）撤销一审判决；（2）判令奥克斯公司停止制造、销售侵害格力公司专利权的产品，收回并销毁所有侵权产品及销毁制造侵权产品的模具；判令国美公司停止销售侵害格力公司专利权的产品；判令奥克斯公司赔偿格力公司经济损失及维权合理支出合计300万元；判令一审、二审诉讼费由奥克斯公司、国美公司共同承担。

事实和理由：一审判决在认定被诉侵权产品销售时间在涉案专利授权公告日之后以及被诉侵权产品落入涉案专利保护范围的情况下，以"对于实用新型专利权被授予前已经制造的专利产品在专利权被授予后继续销售是否构成侵权的问题，法律没有明确规定"为由，并以最高人民法院指导案例20号《深圳市斯瑞曼精细化工有限公司诉深圳市坑梓自来水有限公司、深圳市康泰蓝水处理设备有限公司侵害发明专利权纠纷案》的裁判要旨延伸出"实用新型和外观设计专利授权前制造的专利产品的销售、使用等后续行为，也不侵害专利权"，进而认定奥克斯公司、国美公司不构成侵害格力公司涉案专利权没有法律依据，请求二审法院予以纠正。（1）《专利法》（2008）第11条对侵害实用新型专利权的行为作了明确的规定，根据该条规定，判断是否构成侵权的时间界限以专利授权公告日为准，该条亦明确在专利被授予后，未经专利权人许可，任何单位或者个人不得"制造、使用、许诺销售、销售、进口"专利产品，五种禁止实施的行为相互独立，分别构成单一类别的侵权行为。该案的被诉侵权产品销售时间在涉案专利授权公告日之后，根据该条的规定，应认定构成侵犯涉案专利权。（2）对于不视为侵害实用新型专利权的行为，《专利法》（2008）第69条已经作了明确的规定，一审判决违反现有法律规定，创造一种新的"不视为侵权"情形，于法无据。该案属于"实用新型专利权被授予前已经制造的专利产品在专利权被授予后继续销售"情形，完全可以依据《专利法》（2008）第11条的规定，根据不同的时间点进行分阶段定性，对于奥克斯公司、国美公司在涉案专利授权公告日之后的销售行为，应认定构成侵害格力公司涉案专利权。（3）最高人民法院指导案例20号《深圳市斯瑞曼精细化工有限公司诉深圳市坑梓自来水有限公司、深圳市康泰蓝水处理设备有限公司侵害发明专利权纠纷案》属于侵害发明专利权纠纷，与本案侵害实用新型专利权纠纷不同，对本案不具有指导意义。（4）广州知识产权法院已经生效的（2015）粤知法专民初字第199号判决，认定在实用新型专利授权公告前制造的被诉产品，在授权公告日之后继续"使用"该被诉侵权产品的行为，依然构成侵权。本案应与该案保持统一裁判尺度。

奥克斯公司答辩称，一审判决认定事实清楚，适用法律正确，请求驳回格力公司的上诉请求，维持原判。

国美公司没有提交答辩意见。

二审诉讼中，双方均没有提交新的证据。二审法院对一审法院查明的事实予以确认。

二审法院认为，奥克斯公司在涉案专利授权日前制造被诉侵权产品以及奥克斯公司、国美公司在涉案专利授权日后销售上述产品的行为，均不侵害涉案专利权，格力公司的上诉请求不成立。二审法院判决：维持一审判决。

争议焦点

在涉案实用新型专利被授权前，已经制造的被诉专利侵权产品的后续销售行为是否构成侵权？

裁判结果与理由

由于涉案实用新型专利涉及本国优先权的特殊情况，作为相同主题在先申请的申请号为201510234245.5、名称为"空调器室内机"发明专利早已于2015年7月29日公开，导致后一申请的涉案实用新型专利权利要求中的相关技术特征已在授权日前公开，并导致他人存在从公开渠道获知技术方案的可能。根据《专利法实施细则》（2002）第32条的规定，申请人要求本国优先权的，其在先申请自后一申请提出之日起即视为撤回。因此，一审判决据此认定申请涉案实用新型专利是格力公司对于在先申请的发明专利与后一申请的实用新型专利二者之间根据意思自治所作出的选择，其应当预见到后一申请的实用新型专利的相关技术特征存在先于授权日前被公开并有可能被他人在授权日前获知并实施的情况，故因此所导致的相应后果也应由格力公司自行承担。一审法院认定被诉侵权产品的制造日期均早于格力公司该案专利授权公告日，被诉侵权产品落入了该案专利权的保护范围，当事人对此均无异议，法院依法予以确认。根据上诉人格力公司的上诉理由、被上诉人奥克斯公司的答辩意见，以及最高人民法院指导案例20号《深圳市斯瑞曼精细化工有限公司诉深圳市坑梓自来水有限公司、深圳市康泰蓝水处理设备有限公司侵害发明专利权纠纷案》，确定如下裁判规则：专利临时保护期内制造、销售、进口的被诉专利侵权产品的后续使用、许诺销售、销售，不侵害专利权。一审判决根据该裁判规则延伸出如下规则：实用新型和外观设计专利授权前制造的专利产品的销售、使用等后续行为，也不侵害专利权，并无不当。

案件评析

《专利法》规定的未经专利权人许可不得实施的行为有五种，即制造、使用、许诺销售、销售、进口，这五种行为在《专利法》中的地位并不相同。根据《专利法》第 77 条规定，为生产经营目的使用、许诺销售或者销售不知道是未经专利权人许可而制造并售出的专利侵权产品，能证明该产品合法来源的，不承担赔偿责任。可见，《专利法》对于未经许可的制造与其他实施行为在构成侵权的情况下应承担何种侵权责任显然是区别对待的，制造者要承担更为重大的责任，因为制造行为是所有专利侵权行为的源头。《专利法》关于权利用尽抗辩和先用权抗辩等规定，也体现出《专利法》更注重控制专利侵权源头的精神。对于实用新型专利被授权前的实施行为，因未被《专利法》禁止，故针对该实施行为得到的产品的后续实施行为也应当得到允许，这与《专利法》更注重控制专利侵权源头的精神是一致的。因此，在实用新型专利被授权前实施相关专利的，不属于《专利法》禁止的行为，其后续的使用、许诺销售、销售该产品等行为，即使未经专利权人许可，也不承担责任。也就是说，专利权人无权禁止他人对实用新型专利被授权前制造、销售、进口的被诉专利侵权产品的后续使用、许诺销售、销售。

专利制度的设计初衷是"以公开换保护"，且是在授权之后才能请求保护。对于实用新型专利来说，公开日即授权日。该案中，由于专利权人——格力公司对于在先申请的发明专利与后一申请的实用新型专利二者之间根据意思自治所作出选择，即格力公司在第二次申请实用新型专利时主张了本国优先权，其应当预见到后一申请的实用新型专利的相关技术特征存在先于授权日前被公开并有可能被他人在授权日前获知并实施的情况，故因此所导致的相应后果也应由格力公司自行承担。因此，该案中二被告在公开日即授权日之前制造落入专利保护范围的产品不构成侵权，该产品的后续销售等专利实施行为也不构成侵权，否则就违背了《专利法》的立法初衷。该案中，法院认定在实用新型专利授权后针对实用新型专利被授予前制造的专利产品的后续使用、许诺销售、销售等实施行为不构成侵权，符合《专利法》的立法宗旨。

第三节 抵触申请

抵触申请是指在发明、实用新型、外观设计新颖性的判断中，由任何单位或者个人就同样的发明、实用新型、外观设计在申请日以前向国务院专利行政部门提出申请，并且在申请日以后（含申请日）公布的专利申请文件或者公告的专利文件损害该申请日提出的专利申请的新颖性的情况。

需要注意的是，抵触申请是相对于一个在后申请而言的，不能单独存在。并且抵触申请仅指在申请日以前提出的，不包含申请日当天提出的同样的发明创造，但是抵触申请的专利申请文件是可以在申请日当天及以后公布的。

抵触申请不属于现有技术，所以不能用来评价创造性问题，但如果也不用来评价新颖性问题，那么前后两个相同的发明创造将都符合被授予专利权的条件，这不符合在先申请原则和禁止重复授权原则。故此，《专利法》规定抵触申请会破坏申请日提出的专利申请的新颖性。例如，甲于2018年1月1日向国家知识产权局提出专利申请，2019年12月1日才公布，在此期间，乙于2019年1月1日向国家知识产权局提出相同的专利申请，因为甲的申请文件内容还没有公布，不属于现有技术，此时构成抵触申请，故不能用现有技术去评价乙专利申请的新颖性。此时如果忽略甲的专利申请，那么甲、乙的技术方案都符合授权的条件，就会出现"双重专利"的情况。

一般情况下，被授权的是抵触申请的专利申请，但是就像即使存在现有技术，某些专利申请还是会被授权一样，最终的结果可能是后申请的专利申请获得了授权。在专利侵权方面，现有技术可以作为侵权抗辩的理由，但关于抵触申请是否可以作为专利侵权抗辩的理由，我国现行法并没有明确的规定。在目前的司法实践中、最高人民法院、上海市高级人民法院、北京市高级人民法院等法院均认可抵触申请可以参照现有技术抗辩处理。现有技术与抵触申请都有破坏专利申请新颖性的可能性，二者的不同在于：抵触申请破坏专利申请的新颖性是出于立法技术的规定，以防止重复授权；而现有技术破坏专利申请新颖性的原因是现有技术是已为公众所知的存在。此外，二者在专利的侵权抗辩上亦有所不同。

案情介绍

该案❶中赵某某向国家知识产权局提出名称为"清洁工具"的发明专利分案申请，该发明专利申请于 2015 年 9 月 30 日公布。审查过程中，该专利申请人由赵某某变更为案外人王某。2019 年 4 月 18 日，赵某某与王某签订《转让专利申请权补充协议》，双方约定涉案专利申请在申请公布至专利授权公告期间，赵某某依法有权要求未经许可实施涉案专利申请的使用者支付有关使用费，为了便于协调行使专利权和专利申请权益，在王某成为专利权人后，赵某某授权王某追溯使用专利申请的企业支付使用费，王某承受行使上述权利的开支和结果，赵某某放弃行使上述权利。2019 年 5 月 17 日，涉案专利获得授权公告，王某作为专利权人，取得涉案专利权，该专利申请享有原申请的申请日 2010 年 5 月 31 日。该专利仍在有效期内。

2019 年 5 月 18 日，王某与雄亚公司签订《专利实施许可合同》，王某许可雄亚公司在全国范围内制造、销售、许诺销售涉案专利产品。合同约定了双方的权利义务，包括：雄亚公司在征得王某同意后可再许可他人实施本专利；专利使用费不低于 200 万元/年或者按照每件专利产品 15 元确定；在合同有效期内由雄亚公司处理专利维权事宜，对侵权行为提起诉讼（含申请临时禁令、证据保全），追究侵权人的法律责任。鉴于王某已经获得追溯本发明专利申请公布后至专利授权前有关使用费的权利，该诉权一并转移给雄亚公司行使，王某不再行使上述权利；王某提起侵权诉讼的诉讼或追索临时保护期使用费诉讼，所有的开支和诉讼结果均由雄亚公司承受等。该合同有效

---

❶ 最高人民法院（2020）最高法知民终 1821 号。

期为 5 年，即自 2019 年 5 月 18 日起至 2024 年 5 月 17 日止。

后雄亚公司发现有人在天猫公司的网络交易平台上销售、许诺销售侵犯涉案专利的产品，并且查明背后销售主体是朵佳公司，遂向一审法院提起诉讼，请求判定朵佳公司侵权并且承担赔偿责任。

涉案专利共有 54 项权利要求，其中权利要求 1、20 和 37 为独立权利要求。雄亚公司明确在该案主张保护的范围为权利要求 1 中"外杆的上端固定延长杆"部分的技术方案、权利要求 2、权利要求 3 中"转动套中设有与螺旋杆件相配合的螺牙"部分的技术方案、权利要求 4、7、9—12、14—16、18、37、39—40、42、44—47、49—51、53。

一审法院认为该案的争议焦点在于：（1）被诉侵权技术方案是否落入涉案专利授权公告文本权利要求的保护范围；（2）被诉侵权技术方案是否落入涉案专利申请公布文本权利要求的保护范围；（3）雄亚公司指控朵佳公司、天猫公司侵权是否成立，若侵权成立，朵佳公司、天猫公司的民事责任如何认定。

经审理，一审法院认为被诉侵权技术方案落入权利要求的保护范围，朵佳公司专利侵权责任成立，应当承担侵权责任。

朵佳公司不服，提起上诉，主张抵触申请抗辩，并提交了证据。二审法院对一审法院查明的事实予以确认。二审法院认为该案二审争议焦点问题主要是：（1）该案被诉侵权技术方案是否落入涉案专利权保护范围以及涉案专利申请公布时请求保护的范围；（2）朵佳公司抵触申请抗辩能否成立；（3）原审判决确定的侵权责任是否合理。

争议焦点

（1）被诉侵权技术方案是否落入涉案专利权保护范围以及涉案专利申请公布时请求保护的范围？
（2）朵佳公司抵触申请抗辩能否成立？
（3）原审判决确定的侵权责任是否合理？

裁判结果与理由

经审理，二审法院认定被诉侵权技术方案落入权利要求的保护范围，并且该案中，抵触申请专利一、二均未完整公开被诉侵权技术方案，所以法院认定朵佳公司所提抵触申请抗辩不能成立。最终二审法院驳回了朵佳公司的上诉，维持了原判。

《专利法》（2008）第 22 条第 2 款规定，新颖性，是指该发明或者实用新型不属于现有技术；也没有任何单位或者个人就同样的发明或者实用新型在申请日以前向国务院专利行政部门提出过申请，并记载在申请日以后公布的专利申请文件或者公告的专利文件中。第 62 条规定，在专利侵权纠纷中，被控侵权人有证据证明其实施的技术或者设计属于现有技术或者现有设计的，不构成侵犯专利权。抵触申请属于在专利申请日之前提出的专利申请文件，被诉侵权人以其实施的技术方案属于抵触申请为由，主张不侵害专利权的，可以参照现有技术抗辩的审查判断标准予以评判，审查被诉侵权技术方案是否已被抵触申请完整公开，即相对于抵触申请，被诉侵权技术方案是否具有新颖性，如果不具有新颖性，则构成抵触申请抗辩，反之，不构成抵触申请抗辩。

二审期间，朵佳公司以专利申请号为 201020172096.7、名称为"一种方便清洁的拖把桶和拖把"实用新型专利（以下简称"抵触申请专利一"）以及专利申请号为 201010180843.6、名称为"拖把桶及与其配套的拖把"发明专利（以下简称"抵触申请专利二"）为对比文件，提出抵触申请抗辩。经审查，上述两项专利申请日早于涉案专利申请日，授权公告日晚于涉案专利申请日，可作为抵触申请抗辩的证据。

经比对，抵触申请专利一中，并未公开涉案专利权利要求 1 记载的"拖把杆下端铰接拖把头""内外杆间可相对转动，并通过套接使拖把杆可作压短和拉长的直线运动""清洗时，清洗支撑装置支撑、定位拖把头，并阻止拖把头压紧擦拭物""拖把头带动擦拭物绕支杆旋转，擦拭物在离心力作用下张开以利于清洗""连续向下压短和向上拉长拖把杆，拖把头连续进行旋转式清洗""所述的拖把杆还包括：与内、外杆其中之一的上端相固定的延长杆"等技术特征。

抵触申请专利二中，说明书第［0012］段记载："所述的清洗架中部设有凸起，拖把头中部设有与凸起相配合的定位部。通过清洗架中部的凸起与拖把头中部的定位部配合，可防止拖把头在清洗时从清洗架上滑落，使拖把头的清洗更方便。"第［0013］段记载："所述的清洗部中设有清洗架安装座，清洗架通过该安装座可拆地安装于清洗部中。当清洗架从安装座中拆下时，用户可用常规方式清洗拖把头，当清洗架安装于安装座中时，用户可采用旋转的方式对拖把头进行清洗。"其中关于"常规方式清洗拖把头"，根据上下文表述，至少可确定排除"采用旋转的方式对拖把头进行清洗"。根据上述公开的内容可知，抵触申请专利二中，拖把头在进行旋转清洗时，系与清洗架中部的凸起相抵接。而涉案专利技术方案记载："所述拖把头和清洗容器间设有清洗支撑装置，清洗支撑装置包括：设于清洗容器中的支杆，拖把头上设有与支杆相配合的开孔；支杆可进入或退出开孔，清洗时，清洗支撑装置支撑、定位拖把头，并阻止拖把头压紧擦拭物，向下压短拖把杆，内、外杆间的直线运动转化为拖把头的旋转运动，拖把头带动擦拭物绕支杆旋转，擦拭物在离心力的作用下张开以利于清洗。"由此可知，与涉案专利技术方案相比，抵触申请专利二中的清洗架系不同的技术方案，抵触申请专利二的技术方案中，并未公开设置于清洗容器中的支杆的技术特征，拖把头上也没有与支杆相配合的开孔，同样也未公开"拖把头带动擦拭物绕支杆旋转"等的技术特征。

法院认为，抵触申请不同于现有技术，与现有技术抗辩的审查判断标准存在一定差异。现有技术既可以评价涉案专利的新颖性，也可以与其他现有技术或者公知常识结合，评价涉案专利的创造性。抵触申请仅可以被用来评价涉案专利的新颖性，既不可以与现有技术或者公知常识相结合，更不可以用于评价涉案专利的创造性。只有在被诉侵权技术方案的各项技术特征均已被抵触申请单独、完整地公开，相对于抵触申请不具有新颖性时，才可以认定抵触申请抗辩成立。该案中，抵触申请专利一、抵触申请专利二均未完整公开被诉侵权技术方案，故朵佳公司所提抵触申请抗辩不能成立。对其相关上诉理由，法院不予支持。

案件评析

判断被诉侵权技术方案是否侵权就是在判断涉案专利的权利保护范围，关于专利的权利保护范围，《专利法》第 64 条规定：发明或者实用新型专利权的保护范围以其权利要求的内容为准，说明书及附图可以用于解释权利要求的内容。抵触申请抗辩是可以参照现有技术抗辩处理的，目前没有明确的法律依据，故如果认定与适用抵触申请抗辩是该案需要重点论述的问题。

　　一审法院认定的事实基本清楚，归纳的争议焦点也很精要。该案中有讨论价值的是二审中朵佳公司主张的抵触申请抗辩。上已述及，抵触申请抗辩目前在我国没有法律上的依据，只是司法实践中包括最高人民法院在内认定抵触申请抗辩时可以参照现有技术抗辩处理。司法实践中抵触申请抗辩正在被广泛地接受，如何在司法实践中认定抵触申请抗辩就成了一个重要的问题。虽然抵触申请抗辩可以参照现有技术抗辩处理，但是仍应当对二者进行清晰明了的认定。如前所述，现有技术和抵触申请都有破坏专利申请新颖性的可能，但二者破坏新颖性的原因是不同的。现有技术破坏专利申请新颖性是因为现有技术本身不能被授予专利权，它是现存已知技术，不能促进当下技术发展，不符合《专利法》促进科技进步、减少研发成本的宗旨。抵触申请不属于现有技术，它会破坏专利申请的新颖性是出于立法技术上的规定，以防止双重授权，并且抵触申请只能用来评价新颖性，不能用来评价创造性。

　　该案中，二审法院认定是否构成抵触申请抗辩的论述是十分合理的。二审法院提到：只有在被诉侵权技术方案的各项技术特征均已被抵触申请单独、完整地公开，相对于抵触申请不具有新颖性时，才可以认定抵触申请抗辩成立。由此可知，二审法院认定抵触申请抗辩成立的标准是：各项技术特征被抵触申请单独、完整地公开，并且相对于抵触申请不具有新颖性。可以看到这样的标准很是严格，所以抵触申请抗辩能成立的门槛是很高的，这样有利于保护已被授权的专利。这样的标准是合理的，因为除了抵触申请抗辩，法律还赋予第三人现有技术抗辩的权利，以及规定了在先实施人在原有范围内实施的权利，对抵触申请抗辩赋予这样严格的构成要件可以平衡专利权人与他人的利益。与此同时，鉴于司法实践中抵触申请抗辩正在被广泛地接受，为了更好地促进《专利法》的实施，建议应当尽快结合司法实践制定有关抵触申请抗辩的法律规范。需要注意的是，该案二审中还强调了现有技术与抵触申请的不同，并且二者在进行抗辩时的审查判断标准存在不同。

第四节 新颖性的审查原则及基准

一、审查原则

（一）同样的发明或者实用新型

被审查的发明或者实用新型专利申请与现有技术或者申请日前由他人向国务院专利行政部门提出申请并在申请日后（含申请日）公布的发明或者实用新型的相关内容相比，如果技术领域、所解决的技术问题、技术方案和预期效果实质相同，所属技术领域技术人员根据两者的技术方案可以确定两者能够适用于相同的技术领域，解决相同的技术问题，并具有相同的预期效果，则认为两者为同样的发明或者实用新型。

（二）单独对比

判断新颖性时，应当将发明或者实用新型专利申请的各项权利要求分别与现有技术或申请在先、公布在后的发明或实用新型的每一项相关技术内容单独地进行比较，不得将其与几项现有技术或者申请在先、公布在后的发明或实用新型相关技术内容的组合进行对比。以"带橡皮擦的铅笔"为例，现有技术为"橡皮""铅笔"，按照单独对比原则，无论是将"带橡皮擦的铅笔"与"橡皮"进行对比，还是与"铅笔"进行对比，"带橡皮擦的铅笔"均具有新颖性。但是如果将"带橡皮擦的铅笔"与"铅笔"与"橡皮"两项技术结合起来进行对比，则该技术方案不具有新颖性。

二、审查基准

（一）发明或者实用新型内容相同

发明或者实用新型内容相同是指《专利法》意义上的相同。如果要求保护的发明或者实用新型与对比文件所公开的技术内容完全相同，或仅仅是文字上简单变换，则该发明或实用新型不具备新颖性。例如，一件发明专利申请的权利要求是"一种电机转子铁心，所述铁心由钕铁硼永磁合金制成，所述钕铁硼永磁合金具有四方晶体结构并且主相是 Nd2Fe14B 金属间化合物"，如果对比文件公开了"采用钕铁硼磁体制成的电机转子铁心"，就能够使上述权利要求丧失新颖性，因为该领域的技术人员熟知所谓的"钕铁硼磁体"即指主相是 Nd2Fe14B 金属间化合物的钕铁硼永磁合金，并且具有四方晶体结构。

（二）具体（下位）概念与一般（上位）概念

如果要求保护的发明或者实用新型与对比文件相比，区别仅在于前者采用一般（上位）概念，后者采用具体（下位）概念限定同类性质的技术特征，则具体（下位）概念的公开使采用一般（上位）概念限定的发明或者实用新型不具有新颖性。例如，对比文件公开某产品是"用铜制成的"，就使"用金属制成的"同一产品的发明或者实用新型丧失新颖性。但是，该铜制品的公开并不使铜之外的其他具体金属制成的同一产品的发明或者实用新型丧失新颖性。

（三）惯用手段的直接转换

如果要求保护的发明或者实用新型与对比文件相比，区别仅仅是所属技术领域的惯用手段的直接转换，则该发明或者实用新型不具有新颖性。例如，螺丝固定方式与螺栓固定方式。

（四）数值和数值范围

如果要求保护的发明或者实用新型中存在以数值或者连续变化的数值范

围限定的技术特征，例如，部件的尺寸、温度、压力以及组合物的组分含量，而其余技术特征与对比文件相同，则对其新颖性的判断应当依照以下几项规定进行。

（1）对比文件公开的数值或者数值范围落在上述限定的技术特征的数值范围内，将破坏要求保护的发明或者实用新型的新颖性。

（2）对比文件公开的数值范围与上述限定的技术特征的数值范围部分重叠或者有一个共同的端点，将破坏要求保护的发明或者实用新型的新颖性。

（3）对比文件公开的数值范围的两个端点将破坏上述限定的技术特征为离散数值，并且具有该两端点中任一个的发明或者实用新型的新颖性，但不破坏上述限定的技术特征为该两端点之间任一数值的发明或者实用新型的新颖性。

（4）上述限定的技术特征的数值或者数值范围落在对比文件公开的数值范围内，并且与对比文件公开的数值范围没有共同的端点，则对比文件不破坏要求保护的发明或者实用新型的新颖性。

（五）包含性能、参数、用途或制备方法等特征的产品权利要求

对于包含性能、参数、用途、制备方法等特征的产品权利要求新颖性的审查，应当按照以下原则进行。

1. 包含性能、参数特征的产品权利要求

对于这类权利要求，应当考虑权利要求中的性能、参数特征是否隐含了要求保护的产品具有某种特定结构和/或组成。如果该性能、参数隐含了要求保护的产品具有区别于对比文件产品的结构和/或组成，则该权利要求具备新颖性；相反，如果所属技术领域的技术人员根据该性能、参数无法将要求保护的产品与对比文件产品区分开，则可推定要求保护的产品与对比文件产品相同，因此申请专利的权利要求不具备新颖性，除非申请人能够根据申请文件或现有技术证明权利要求中包含性能、参数特征的产品与对比文件产品在结构和/或组成上不同。例如，专利申请的权利要求为用 X 衍射数据等多种参数表征的一种结晶形态的化合物 A，对比文件公开的也是结晶形态的化合物 A，如果根据对比文件公开的内容，难以将两者的结晶形态区分开，则可推定要求保护的产品与对比文件产品相同，该申请的权利要求相对于对比文

件而言不具备新颖性，除非申请人能够根据申请文件或现有技术证明，申请专利的权利要求所限定的产品与对比文件公开的产品在结晶形态上的确不同。

2. 包含用途特征的产品权利要求

对于这类权利要求，应当考虑权利要求中的用途特征是否隐含了要求保护的产品具有某种特定结构和/或组成。如果该用途由产品本身固有的特性决定，而且用途特征没有隐含产品在结构和/或组成上发生改变，则该用途特征限定的产品权利要求相对于对比文件不具有新颖性。例如，用于抗病毒的化合物 X 的发明与用作催化剂的化合物 X 的对比文件相比，虽然化合物 X 用途改变，但决定其本质特性的化学结构式并没有任何变化，因此用于抗病毒的化合物 X 的发明不具备新颖性。但是，如果该用途隐含了产品具有特定的结构和/或组成，即该用途表明产品结构和/或组成发生改变，则该用途作为产品的结构和/或组成的限定特征必须予以考虑。又如，"起重机用吊钩"是指仅适用于起重机的尺寸和强度等结构的吊钩，其与具有同样形状的一般钓鱼者用的"钓鱼用吊钩"相比，在结构上不同，两者是不同的产品。

3. 包含制备方法特征的产品权利要求

对于这类权利要求，应当考虑该制备方法是否导致产品具有某种特定的结构和/或组成。如果所属技术领域的技术人员可以断定该方法必然使产品具有不同于对比文件产品的特定结构和/或组成，则该权利要求具备新颖性；相反，如果申请的权利要求所形成的产品与对比文件产品相比，尽管所述方法不同，但产品的结构和组成相同，则该权利要求不具备新颖性，除非申请人能够根据申请文件或现有技术证明该方法导致产品在结构和/或组成上与对比文件产品不同，或者该方法给产品带来了不同于对比文件产品的性能，产品结构和/或组成已发生改变。例如，专利申请的权利要求为用 X 方法制得的玻璃杯，对比文件公开的是用 Y 方法制得的玻璃杯，如果两种方法制得的玻璃杯的结构、形状和构成材料相同，则申请的权利要求不具备新颖性。相反，如果上述 X 方法包含了对比文件中没有记载的在特定温度下退火的步骤，使得用该方法制得的玻璃杯在耐碎性上比对比文件的玻璃杯有明显的提高，则表明要求保护的玻璃杯因制备方法的不同导致了微观结构的变化，具有了不同于对比文件产品的内部结构，该权利要求具备新颖性。

案情介绍

涉案[1]申请是申请号为 201210032879.9、名称为"人力制动式三轮摩托车及电动三轮车的大制动力部件"的发明专利申请,申请人为苏某某,申请日为 2012 年 2 月 10 日,公开日为 2013 年 8 月 14 日(见图 4 - 5)。

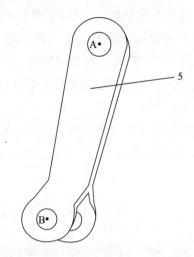

图 4 - 5 人力制动式三轮摩托车及电动三轮车的大制动力部件

权利要求如下:

1. 一种人力制动式三轮摩托车的大制动力部件,该部件安装在位于后轮制动底板上的制动杠杆上,该部件的一端与凸轮轴连接,另一端与拉杆或拉索连接,其特征是:该部件的最大动力臂等于 90 毫米或在 90 ~ 93 毫米之间。

2. 一种人力制动式三轮摩托车的大制动力部件,该部件安装在位于后轮制动底板上的制动杠杆上,该部件的一端与凸轮轴连接,另一端与拉杆或拉索连接,其特征是:该部件的最大动力臂等于 93 毫米或在 93 ~ 97 毫米之间。

经实质审查,国家知识产权局原审查部门于 2016 年 4 月 12 日发出驳回决定。驳回决定引用的对比文件为专利号为 CN202541761U 的对比文件 1(见图 4 - 6),申请日为 2011 年 6 月 15 日,公告日为 2012 年 11 月 21 日。该对比文件记载了一种三轮摩托车的后轮人力行车制动构造,其第一个要解决

---

[1] 最高人民法院(2020)最高法知行终 142 号。

的技术问题是提供几种制动力较大的三轮摩托车的后轮人力行车制动构造，在第一个实施方式中具体记载以下技术特征：包括四个杠杆，由位于两个后轮制动底板上的各一个杠杆（摆臂5和凸轮轴6组成的杠杆），一个位于驾驶员脚下的杠杆（踏臂1和踏杆2组成的杠杆）和一个位于该三个杠杆之间的中间杠杆（摇臂3和摇杆4组成的杠杆）组成；驾驶员脚下的杠杆的阻力臂（踏杆2）与中间杠杆的动力臂（摇臂3）之间用拉杆20连接（也可以用拉线连接，以下各个实施方式均如此），中间杠杆上的两个阻力臂（摇杆4）分别与两个后轮制动底板上的杠杆的动力臂（摆臂5）用拉杆21和拉杆22连接。该实施方式采取同时增长两个后轮制动底板上的杠杆的动力臂的方案（增长摆臂5），且采取使该两个动力臂均增长3毫米的方案，使该两个后轮制动底板上的杠杆的最大动力臂的实际长度等于90毫米；中间杠杆的两个阻力臂分别与两个后轮制动底板上的杠杆的动力臂用拉杆或拉线连接，后轮制动底板上的杠杆的最大动力臂等于90~93毫米。

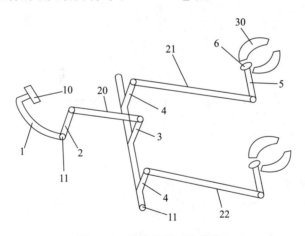

图4-6　涉案专利对比文件1

　　苏某某对上述驳回决定不服，于2016年7月22日向原专利复审委员会提出复审申请，未对申请文件进行修改。

　　2016年8月11日，原专利复审委员会受理了该复审请求，并将其转送至原审查部门进行前置审查。原审查部门在前置审查意见书中坚持驳回决定。随后，原专利复审委员会成立合议组对该案进行审理，认定：权利要求1请求保护一种人力制动式三轮摩托车的大制动力部件，对比文件1记载了一种三轮摩托车的后轮人力车制动构造。对比文件1中的摆臂5实质上相当于本申请中的一种人力制动三轮摩托车的大制动力部件，因此对比文件 1 已经记载了包括权利要求 1 的全部技术特征的技术方案，两者的技术方案相同，且对比文件 1 所记载的技术方案与权利要求 1 所要求保护的技术方案属于相同的技术领域，并能解决相同的技术问题，产生相同的技术效果，该对比文件构成了涉案申请权利要求 1 的"抵触申请"，使权利要求 1 所要保护的技术方案不具备《专利法》（2008）第 22 条第 2 款规定的新颖性。具体结合权利要求 1 的评述，可见对比文件 1 也构成了权利要求 2—5、权利要求 6、权利要求 7—10 的"抵触申请"，上述权利要求请求保护的技术方案亦不具备《专利法》（2008）第 22 条第 2 款有关新颖性的规定。基于上述事实和理由，2017 年 2 月 24 日原专利复审委员会决定：维持国家知识产权局原审查部门于 2016 年 4 月 12 日对该申请作出的驳回决定。

苏某某不服该决定，起诉至法院。

一审法院认为，对比文件 1 申请日为 2011 年 6 月 15 日，早于该申请的申请日 2012 年 2 月 10 日；公告日为 2012 年 11 月 21 日，在该申请的申请日之后，可以用于评价该申请的新颖性。

该申请权利要求 1 请求保护一种人力制动式三轮摩托车的大制动力部件；权利要求 2—5 均要求保护一种人力制动式三轮摩托车的大制动力部件，这些权利要求与权利要求 1 的不同之处仅在于最大动力臂的取值范围不同；权利要求 6 请求保护一种人力制动式电动三轮车的大制动力部件，其与权利要求 1 的不同之处仅在于适用的车辆类型不同，制动构造方面的技术方案相同；权利要求 7—10 均要求保护一种人力制动式电动三轮车的大制动力部件，这些权利要求与权利要求 6 的不同之处仅在于最大动力臂的取值范围不同。对比文件 1 记载了一种三轮摩托车的后轮人力行车制动构造以及一种电动三轮车的后轮人力行车制动构造，其要解决的技术问题是提供几种制动力较大的三轮摩托车和电动三轮车的后轮人力行车制动构造。根据对比文件 1 具体公开内容的查明可知，该对比文件已经记载了包括权利要求 1、权利要求 2—5、权利要求 6 和权利要求 7—10 全部技术特征在内的技术方案，其技术方案相同，属于相同的技术领域，并能解决相同的技术问题，产生相同的技术效果，因此对比文件 1 构成了该申请权利要求 1—10 的抵触申请，使权利要求 1—10 所要求保护的技术方案不具备新颖性。被诉决定审查结论正确，审理程序合法。一审法院判决：驳回苏某某的诉讼请求。

苏某某不服一审判决，提起上诉称：请求撤销原审判决，改判撤销国家知识产权局作出的第 119618 号复审请求审查决定（以下简称"被诉决定"）。

事实与理由：对比文件 1 不能用来评价该申请的新颖性。具体原因在于：（1）对比文件 1 系苏某某于 2011 年 6 月 15 日提出的实用新型专利申请，其授权公告日为 2012 年 11 月 21 日，晚于该申请的申请日 2012 年 2 月 10 日，因此对比文件 1 中的技术方案相较于该申请而言不属于现有技术。（2）该申请是关于制动部件的技术方案，对比文件 1 是关于制动装置的技术方案，制动装置中除了制动部件外还有制动踏板、中间杠杆等技术特征，表明部件与装置分属不同的应用领域。（3）评价该申请技术方案的新颖性时，仅能用一个完整的技术方案与之相比，而不能从对比文件 1 中挑选出部分技术特征与之比较。

二审法院经审理查明，原审查明的事实基本属实，且有该申请公开文本、被诉决定、对比文件 1，以及苏某某的陈述在案佐证，法院予以确认，并依据《中华人民共和国行政诉讼法》（2017）第 89 条第 1 款第 1 项之规定，判决如下：驳回上诉，维持原判。

争议焦点

（1）涉案申请权利要求 1—10 是否具备新颖性？
（2）如何判定技术方案的新颖性？

裁判结果与理由

关于对比文件 1 能否用于评价该申请新颖性的问题。《专利法》（2008）第 22 条第 2 款规定的新颖性，是指该发明或者实用新型不属于现有技术；也没有任何单位或者个人就同样的发明或者实用新型在申请日以前向国务院专利行政部门提出过申请，并记载在申请日以后公布的专利申请文件或者公告的专利文件中。该案中，对比文件 1 的申请日为 2011 年 6 月 15 日，其在该申请的申请日 2012 年 2 月 10 日前已向国务院专利行政部门提出申请，且被记载在了该申请申请日后公告的专利文件中。因此，对比文件 1 符合上述法律规定，可以用于评价该申请的新颖性。

关于对比文件 1 记载的技术方案与该申请是否属于同一个技术领域的问题。法院认为，技术领域应根据技术方案所要解决的技术问题来确定，与解决技术问题的技术方案是一个可以单独存在的部件，还是由该部件与其他特征共同构成一个设备或系统无关。该案中，苏某某主张对比文件 1 中的摆臂 5 相当于该申请中摩托车或电动车的大制动力部件，且无论摆臂还是大制动力部件，所要解决的技术问题都是车辆载重增加导致制动效果减弱。因此，虽然对比文件 1 除了相当于该申请大制动力部件的摆臂，还记载有制动踏板、中间杠杆等特征，但制动踏板、中间杠杆等只是为了与摆臂配合作用；就对比文件 1 的整体技术方案而言，其所属技术领域仍与该申请相同，均涉及车辆制动。

关于被诉决定在评价该申请新颖性时是否违反了"单独对比原则"，以及是否存在将技术特征从整体技术方案中分割出来进行比对的问题。判断发明或者实用新型专利申请新颖性时的"单独对比原则"是指判断新颖性时，应当将发明或者实用新型专利申请的各项权利要求分别与每一项现有技术或申请在先公布或公告在后的发明或实用新型的相关技术内容单独地进行比较，不得将其与几项现有技术或者申请在先公布或公告在后的发明或者实用新型内容的组合，或者与一份对比文件中的多项技术方案的组合进行对比。苏某某主张被诉决定将对比文件 1 与现有技术组合起来评价该申请技术方案是否具有新颖性，违反了单独对比原则。从已查明的事实来看，被诉决定认为该申请请求保护的技术方案不具有新颖性的理由在于对比文件 1 已记载的技术方案中包括了该申请对应技术要求的全部技术特征，并未将对比文件 1 与现有技术组合起来评价该申请的新颖性。可见，苏某某的上述主张与事实不符，不能成立。

至于苏某某认为被诉决定将技术特征从整体技术方案中分割出来进行比对的问题。正如苏某某所陈述，其发现了车辆载重增加导致制动力减弱的问题，并通过计算发现了动力臂长度的微弱调整能产生敏感的制动效果，并认为通过动力臂长度取值范围的调整可以达到增强制动力的效果。上述动力臂在该申请中被称作部件，在对比文件 1 中被称作摆臂，但其在车辆制动领域发挥的作用是相同的，该申请与对比文件 1 中就部件及其对应摆臂的长度取值范围也是一致的，因此被诉决定并不存在从整体技术方案中分割出部分技术特征来进行比对的情形，苏某某的上述主张缺乏事实依据。

由于对比文件 1 记载的技术方案与该申请请求保护的对应技术方案属于

相同的技术领域，公开了该申请的全部技术特征，能解决相同的技术问题，产生的技术效果亦相同，故被诉决定和原审判决认定该申请相对于对比文件1不具有新颖性是正确的。

案件评析

该案中，终审法院在评价请求保护的技术方案是否具有新颖性时，首先，判断对比文件1是否属于现有技术，即是否可以用来评价请求保护的技术方案的新颖性。其次，判断出对比文件1与请求保护的技术方案属于同一技术领域，即二者所要解决的技术问题属于同一技术领域。最后，严格遵循了《专利审查指南》中判断"新颖性"的原则与基准，采用"单独对比原则"将请求保护的技术方案与对比文件1进行对比。

第五章 创 造 性

第一节 基本概念

专利的创造性是专利制度的核心，是发明创造获得专利的重要条件。创造性又称先进性（Inventiveness）或非显而易见性（non‐obviousness），各国对创造性的规定各有不同，我国《专利法》对创造性的规定是：与现有技术相比，该发明具有突出的实质性特点和显著的进步，该实用新型有实质性特点和进步。所谓实质性特点，是指申请专利的发明与已知技术相比应具有本质的区别。发明是一种前所未有的新技术，它不是已知技术的简单重复，也不是在已知技术的基础上逻辑推理的结果。发明所体现的技术思想、技术解决方案必须使某一领域的技术发生质的飞跃，向人们提供新的技术手段，才会被认为具有创造性。所谓进步，是指发明所具有的技术特征、技术效果确实比已知技术前进了一步，具有显著进步。美国专利法将创造性称为非显而易见性，其法条表述为："一项专利尽管未如专利法一百零二条所述那样公开或描述，若专利的主题和现有技术的差别作为整体在进行发明时对于本领域普通技术人员是显而易见的，则不能获得专利权。"

我国《专利法》将所属技术领域的技术人员视作一种假设的人，通晓申请日或优先权日之前发明所属技术领域所有的普通技术知识，能够获得该领域中所有的现有技术，具有应用该日期之前常规的实验手段的能力，但不具有创造能力。

第二节　创造性的审查原则及基准

一、审查原则

在评价发明是否具有创造性时，审查员不仅要考虑发明技术解决方案本身，还要考虑发明要解决的技术问题和所产生的技术效果，将这些作为一个整体来看待。与新颖性"单独对比"的审查原则不同，审查创造性时，会将一份或者多份对比文件中的不同的技术内容组合在一起进行评定。如果一项独立权利要求具备创造性，则不再审查该独立权利要求的从属权利要求的创造性。评定发明有无创造性，应当以《专利法》第 22 条第 3 款为基准。为了有助于正确掌握该款内容，下面分别给出突出的实质性特点和显著的进步的判断基准。

二、突出的实质性特点的判断

背景资料

创造性是《专利法》对于发明创新高度的要求，评判创造性的关键在于尽可能客观地衡量发明技术贡献的大小，使得最终授予的专利权能够与发明人对现有技术的真正贡献相匹配。

依据《专利审查指南》的规定，发明有突出的实质性特点，是指对所属技术领域的技术人员来说，发明相对于现有技术是非显而易见的。如果发明是所属技术领域的技术人员在现有技术的基础上仅仅通过合乎逻辑的分析、推理或者有限的实验可以得到的，则该发明是显而易见的，也就不具备突出的实质性特点。发明有显著的进步，是指发明与现有技术相比能够产生有益的技术效果。

与新颖性"单独对比"的审查原则不同，审查创造性时，适用"组合对比"原则，即将一份或者多份现有技术中的不同的技术内容组合在一起，对要求保护的发明进行评价。

判断发明是否具有突出的实质性特点，就是要判断对本领域的技术人员来说，要求保护的发明相对于现有技术是否显而易见。这一过程通常可按照以下三个步骤进行：（1）确定最接近的现有技术；（2）确定发明的区别特征和发明实际解决的技术问题；（3）判断要求保护的发明对本领域的技术人员来说是否显而易见。

这三个步骤就是专利审查过程中所用到的"三步法"。"三步法"只是《专利审查指南》给予的一般性指引，总原则依然是"判断要求保护的发明相对于现有技术是否显而易见"。而"区别技术特征"则是决定了该发明解决的技术问题，进而判断"区别技术特征"与"现有技术"相比，是否有突出的实质性特点和显著的进步。

"三步法"第一步属于事实查明范畴，在相同检索条件下，不同审查员确定的最接近的现有技术在大多数情况下较为一致，其客观性强于主观性。第二步、第三步属于价值判断范畴，根据区别特征归结技术问题及判断发明是否显而易见，均或多或少会掺杂审查员的主观因素，其主观性强于客观性。由于创造性判断过程中难免出现主观成分，"三步法"是否被正确理解运用，将在一定程度上影响专利申请的创造性程度，严格遵循"三步法"要求，有助于减少评价失衡或错误。

《专利审查指南》2019年修改时进一步完善了"三步法"评述创造性的相关规定，明确了要根据区别特征在要求保护的发明中所能达到的技术效果来确定发明实际解决的技术问题；并且规定了对于功能上彼此相互支持、存在相互作用关系的技术特征，应整体上考虑所述技术特征和它们之间的关系在要求保护的发明中所达到的技术效果。

在实际工作中，争议最多的部分莫过于"三步法"的第二步，即确定发明的区别特征和发明实际解决的技术问题。

关于如何确定发明实际解决的技术问题，《专利审查指南》第二部分第四章第3.2.1.1节进一步说明如下：审查过程中，由于审查员所认定的最接近的现有技术可能不同于申请人在说明书中所描述的现有技术，因此，基于最接近的现有技术重新确定的该发明实际解决的技术问题，可能不同于说明书中所描述的技术问题；在这种情况下，应当根据审查员所认定的最接近的现有技术重新确定发明实际解决的技术问题。

实际工作中，审查员在重新确定发明实际解决的技术问题时，如果从最接近的现有技术出发，不同于申请人声称的技术问题，虽然有利于从本领域技术人员角度重新审视发明的实际贡献，但也容易受主观因素的影响，从而导致"事后诸葛亮"。尤其当技术问题的发现本身非显而易见时，在适用"三步法"时，要着重考虑第二步。

案情介绍

此案❶中，王某、姚某不服原专利复审委员会于 2014 年 12 月作出的关于专利号为 ZL200920095008.5、名称为"处于座垫下表面或座椅骨架上的压力型安全带提醒传感器"实用新型专利第 24570 号无效宣告请求审查决定（以下简称"被诉决定"），向北京知识产权法院提起行政诉讼，请求判决撤销被诉决定，涉案专利如图 5-1 所示。一审法院审理查明，涉案专利与案件争议相关的权利要求如下：

1. 位于座垫下表面或座椅骨架上的压力型安全带提醒传感器，其特征在于：压力传感器主要载体（11）由双层塑料薄膜层（6，8）和夹在塑料薄膜层（6，8）之间的带有胶质材料的中间层（7）复合而成，或因需要传感器主要载体（11）可外加纺织物保护材料；塑料薄膜层（6，8）在复合层之间的层面上有印刷电路（4，5），带有胶质材料的中间层（7）起胶合双层塑料薄膜层（6，8）及隔绝印刷电路（4，5）作用。

2. 根据权利要求 1 所述的位于座垫下表面或座椅骨架上的压力型安全带提醒传感器，其特征是：在带有胶质材料的中间层（7）上相应于印刷电路（4，5）的区域设置有中间层的通孔（3），在带有胶质材料的中间层（7）和塑料薄膜层（6，8）上还分别开有中间层通道（1）和塑料薄膜层通孔（2），所述的传感器主要载体（11）、印刷电路（4，5）设置在所述中间层上的通孔（3）和通道（1）以及设置在塑料薄膜层（6，8）上的通孔（2）共同构

❶ 北京知识产权法院（2015）京知行初字第 1298 号，北京市高级人民法院（2015）高行知终字第 3065 号，最高人民法院（2018）最高法行再 33 号。

104

成了压力传感器的传感单元。

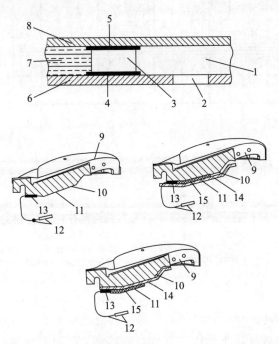

图 5-1　处于座垫下表面或座椅骨架上的压力型安全带提醒传感器

针对涉案专利，埃意公司于 2013 年 9 月 22 日以权利要求 1 不符合《专利法》（2008）第 22 条第 2 款的规定、说明书不符合《专利法》（2008）第 26 条第 3 款的规定为由，向原专利复审委员会提出无效宣告请求。其中，证据 2 是专利号为 US4249044 的美国专利文献，其涉及一种薄膜开关（见图 5-2）。证据 5 是专利号为 US6109117 的美国专利文献，其涉及一种座椅重量传感器。

被诉决定认为，关于原权利要求 2 保护的技术方案，其与证据 2 的图 2 相比存在以下区别技术特征：（1）涉案专利原权利要求 2 涉及一种位于座垫下表面或座椅骨架上的压力型安全带提醒传感器，而证据 2 公开的是一种薄膜开关（以下简称"区别技术特征 1"）；（2）涉案专利中双层薄膜层具体为塑料膜层，而证据 2 为柔性基板或薄膜层（以下简称"区别技术特征 2"）；（3）涉案专利中限定压力传感器包括设置在塑料薄膜层上的通孔，而证据 2 的薄膜开关中，是在黏合层 18 中形成小排气通道 36，通道 36 连接至主排气通道 38，通道 38 终止于薄膜 20 的边缘 39，使得其实际上被排气至空气（以

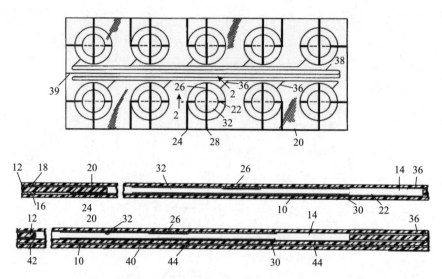

图 5－2　专利号为 US4249044 的美国专利 "Membrane switch with means for preventing contamination of the interior thereof"

下简称"区别技术特征3"）；（4）涉案专利中还限定了传感器主要载体可外加纺织物保护材料（以下简称"区别技术特征4"）。原权利要求2与证据2的图3对应的实施例相比，除区别技术特征1、2、4之外，还存在区别技术特征3′。被诉决定认为，区别技术特征1、2、4均不能使得该技术方案相对于现有技术具备实质性特点。关于区别技术特征3和3′，其中的"通孔"的作用或者功能在涉案专利说明书中并无明确记载，更没有提及其能够以及如何起到识别最低载荷的作用。区别技术特征3和3′不能使得该技术方案相对于现有技术具备实质性特点，故原权利要求2不具备创造性。同时，原权利要求3—7的附加技术特征被证据5公开，或者属于本领域技术人员在证据5的基础上很容易作出的常规选择，在其引用的权利要求不具备创造性的情况下，权利要求3—7均不具备创造性。

一审法院认为，"识别最低载荷"不属于涉案专利实际解决的技术问题。虽然区别技术特征3、3′的塑料薄膜通孔的技术效果并未在涉案专利说明书中予以记载，但是本领域一般技术人员可知，在压力传感装置上设置通孔能够实现通气、排气的技术效果，且该技术效果在证据2中也可实现。本领域一般技术人员在阅读涉案专利说明书后，可以认定相对于证据2，区别技术特征3、3′实际解决的技术问题是提供一种新的能够解决传感器内外部压力平衡问题的技术方案。区别技术特征 3、3′未给涉案专利原权利要求 2 带来预料不到的技术效果，据此认定原权利要求 2—7 均不具有创造性，判决驳回王某、姚某的诉讼请求。

王某、姚某不服一审判决，向北京市高级人民法院提起上诉，请求撤销一审判决及被诉决定。

二审法院认为，原专利复审委员会在确定本专利与最接近对比文件存在区别技术特征 3 后，没有确定本专利实际解决的技术问题，直接对是否"显而易见"进行判断，一审法院在审查被诉决定时，在上述区别技术特征的基础上认为本专利实际解决的技术问题是提供一种新的解决传感器内外部压力平衡问题的方式。对此，二审法院不予认同。

涉案专利权利要求 2 与最接近对比文件的区别技术特征为压力传感器包括设置在塑料薄膜层上的"通孔"，而"通孔"与上下层塑料薄膜及印刷电路等其他技术特征共同组成传感器，正因为"通孔"的设置才使得双层塑料薄膜层在一定座椅载荷作用下，内部空气通过"通孔"被排出，上下层印刷电路相接触，相应地改变接触电阻值并传输到相关控制系统进行信号检测，为整车提供乘员状态信息以便在安全带没有系好的情况下提醒乘员确认安全带已系好。作为本领域的公知常识或生活常识，"通孔"必然具有"排气通气"的功能，由于该专利中的"通孔"与压力传感器是一体设计的，所以客观技术问题的认定不能仅以"通孔"本身具有的功能来确认，而应将"通孔"置于压力传感器中来认定。该专利在仅有两页的说明书中反复出现"传感器的各个传感单元可以重复测量"的表述，因此，本领域技术人员基于该专利发明主题、发明目的以及说明书对传感单元结构、具体实施方式的记载，可以明确地认识到，传感器单元的技术效果是"测量"汽车座椅上的载荷，故该专利实际解决的技术问题既非专利权人声称的"排气通气"，亦非一审法院归纳总结的"保持平衡"，而是"识别最低荷载"。一审法院实际上是将最接近对比文件解决的技术问题认定为该专利解决的客观技术问题，故在此基础上对涉案专利权利要求 2 创造性的认定有误，对此予以纠正。据此判决：撤销一审行政判决书及被诉决定，原专利复审委员会重新作出审查决定。

埃意公司向最高人民法院申请再审称：（1）二审判决在适用创造性判断"三步法"相关规定时存在明显错误。二审判决对于"技术问题"的认定方式存在明显错误，其认定的"技术效果"的来源、方法逻辑矛盾，没有遵循《专利审查指南》的规定。二审判决对实际解决的技术问题的认定超出涉案专利说明书记载的内容。(2) 二审判决错误地认定了涉案专利实际解决的技术问题。通孔在涉案专利中所具有的唯一功能是"排气通气"，二审判决认定的"识别最低载荷"与该通孔无关。

王某、姚某提交意见认为：(1) 二审法院对原权利要求 2 实际解决的技术问题认定正确。根据区别技术特征 3、3′，具体包括两个方面：一是压力传感器，二是在塑料薄膜层上的通孔。基于区别技术特征所能达到的技术效果，涉案专利实际解决的技术问题是"提供一种能识别汽车座椅最低载荷的压力传感器"。(2) 被诉决定没有确定实际解决的技术问题，直接对原权利要求 2 的创造性作出认定，不符合《专利审查指南》的规定。

争议焦点

(1) 在认定涉案专利权利要求 2 是否具有创造性时应如何适用"三步法"？
(2) 如何考虑涉案专利权利要求 2 实际解决的技术问题？
(3) 涉案专利权利要求 2 是否具备创造性？

裁判结果与理由

再审法院认为，虽然涉案专利的说明书中没有记载区别技术特征 3 和 3′中"通孔"的作用、功能、技术效果，但本领域技术人员在阅读涉案专利说明书后，能够认识到"通孔"在原权利要求 2 中的作用是在受压载荷时便于中间层通道空腔中的空气排出，使得原本并无接触的印刷电路产生接触；在受压载荷移除后，使得空气可以通过通孔进入中间层通道中的空腔，隔绝印刷电路之间的电连接。故应当在此基础上，对现有技术是否整体上给出了有关区别技术特征 3、3′的技术启示作出认定。二审法院将实际解决的技术问题认定为"确定最低载荷"，缺乏事实依据。本领域技术人员在证据 2 公开的技术内容和给出的技术启示下，能够显而易见地想到对证据 2 中的技术方案进行简化，以获得区别技术特征 3、3′，以及区别技术特征 3、3′在权利要求 2 的技术方案中所实现的技术效果。因此，区别技术特征 3 和 3′未给权利要求 2 带来实质性特点和进步。据此判决：撤销二审法院行政判决，维持一审行政判决和被诉决定，即涉案专利全部无效。

（一）在认定涉案专利权利要求 2 是否具有创造性时应如何适用"三步法"

"三步法"是认定发明创造是否显而易见的"一般性判断方法"。"三步法"的适用有利于审查人员对权利要求是否具有创造性作出客观、准确的认定。但也要注意到，"三步法"并非判断创造性的唯一方法。在准确、客观、全面地理解权利要求限定的技术方案和现有技术的基础上，不排除对创造性的判断通过"三步法"以外的其他方法来完成。因此，在认定发明创造是否显而易见、是否具有创造性时，一般应当通过"三步法"来进行判断，但也有必要给其他判断方法留出适用、发展的空间。由于"三步法"是判断权利要求是否显而易见的一种常用方法，故对于"三步法"的适用，包括"三步法"中每一个步骤的适用，都应当立足于并服务于认定发明创造是否显而易见、是否具有创造性这个根本目标。因此，在正确认定区别技术特征的基础上，即使被诉决定或一审法院对"第二步"中的实际解决的技术问题未作认定，或者认定错误，亦不必然影响对权利要求是否具有创造性作出正确的认定。该案中，当事人争议的焦点在于涉案专利权利要求 2 是否具有创造性。二审法院并未对涉案专利权利要求 2 的创造性作出实体认定，而是以一审法院在"三步法"的"第二步"中认定的实际解决的技术问题存在错误、被诉决定未认定实际解决的技术问题，以及避免审级损失为由，判决撤销被诉决定和一审判决，这不利于行政争议的实质性解决，再审法院予以纠正。

（二）如何考虑涉案专利权利要求 2 实际解决的技术问题

关于"实际解决的技术问题"的确定，《专利审查指南》第二部分第四章第 3.2.1.1 节"判断方法"具有明确规定。参照上述《专利审查指南》的规定，在正确认定发明相对于最接近的现有技术的区别技术特征的基础上，应当以涉案专利说明书为依据，根据该区别技术特征在权利要求保护的技术方案中所实现的作用、功能、技术效果，来确定其实际解决的技术问题。如果在涉案专利的说明书中没有记载该区别技术特征的作用、功能、技术效果，则可以结合本领域的公知常识，以及区别技术特征与权利要求中的其他技术特征的关系等因素作出认定。需要指出的是，在对区别技术特征在权利要求技术方案中的作用、功能、技术效果作出认定的基础上，如果继续对实际解决的技术问题作出不同程度的抽象或者概括，则难免仁者见仁，智者见智，引发不必要的争议。尤其像该案这样，在权利要求中具有多个区别技术特征，或者权利要求本身属于减少技术特征的省略发明时，更是难以抽象、概括出一个单一的实际解决的技术问题。在此种情况下，应当回到区别技术特征在权利要求限定的技术方案中的作用、功能和技术效果本身，而不必刻意、主观地去抽象概括一个实际解决的技术问题。

该案中，虽然涉案专利的说明书中没有记载区别技术特征 3 和 3′中的"通孔"的作用、功能、技术效果，但本领域一般技术人员在阅读涉案专利说明书后，能够认识到"通孔"在涉案专利权利要求 2 中的作用是在受压载荷时便于中间层通道空腔中的空气排出，使得原本并无接触的印刷电路产生接触；在受压载荷移除后，使空气可以通过通孔进入中间层通道中的空腔，隔绝印刷电路之间的电连接。故应当在此基础上，对现有技术是否整体上给出了有关区别技术特征 3、3′的技术启示作出认定。

（三）涉案专利权利要求 2 是否具备创造性

该案争议焦点主要在于区别技术特征 3、3′能否给涉案专利权利要求 2 带来实质性特点和进步。

关于区别技术特征 3。根据证据 2 图 5－1，通过狭小和错综复杂的排气通道，能够在实现开关内外部压力平衡的情况下，防止受污染的空气进入开关内部，以达到防潮的效果。在不需要对开关内部进行防潮处理的情况下，本领域技术人员基于证据 2 公开的上述内容，很容易想到在薄膜上开设排气通道，以利于空腔内气体的排出和吸入，使薄膜之间的电路接通或者断开。因此，证据 2 中给出了区别技术特征 3 的技术启示。

关于区别技术特征 3′。根据证据 2 图 5－2，其实质上也能实现空腔 44 在受压后，其中的空气移动使得原本隔绝的薄膜开关产生接触的技术效果。在不需要防潮的情况下，本领域一般技术人员亦容易想到将第二基板和空腔 44 省略，使得通道 46 直接与大气连通以提供空气压力调节功能，通过空气的流通来实现薄膜之间电路连接通断的技术效果。

案件评析

运用"三步法"对发明进行创造性评价、确定发明实际解决的技术问题时，应当从所属领域技术人员的立场出发，客观地分析发明所要求保护的技术方案相对于最接近现有技术所具有的技术效果，并据此确定发明实际解决的技术问题。专利说明书中描述的发明要解决的技术问题和声称的技术效果可以作为确定发明实际解决技术问题的重要参考，在上述声称的技术效果能够得到确认的情况下，其可以作为确定发明实际解决技术问题的依据。反之，则不可以，此时发明实际解决的技术问题应由本领域技术人员根据专利申请文件公开的内容判断其所要求保护的发明客观上具有的技术效果来确定。在"三步法"判断方法中，发明实际解决技术问题的确定是难点。

针对司法实践中关于"发明实际解决技术问题的确定"争议，《专利审查指南》2019年修改时着重强调，在确定发明实际解决的技术问题时，不应仅仅基于区别特征本身固有的功能或作用，而应当根据区别特征在要求保护的整个方案中所能达到的技术效果，同时对于功能上彼此支持、存在相互作用关系的技术特征，在确定发明实际解决的技术问题时应当整体予以考虑。

第六章　专利申请

第一节　申请主体

一、职务发明

背景资料

（一）基本理论

职务发明出现于近代工业化过程中，其诞生离不开发明过程中智力创造与物质投入的分离。简单来说，发明人虽利用的是自己的"想法"（idea），但离不开单位所提供的物质条件以及过去从这份工作中获得的实践技能与知识。

具体来说，随着科学技术的发展，新技术研发呈现出复杂化、合作化的特点，研发成本不断增加，创新风险也日益增大，因而个人发明的数量不断降低，职务发明成为发明创造的主要类型。❶

---

❶ 刘鑫. 职务发明权利归属的立法变革与制度安排——兼评《专利法修订草案（送审稿）》第6条［J］. 法学杂志，2018（2）：132－140.

（二）历史沿革

我国 1984 年的《专利法》最早规定了国内的职务发明制度，但由于当时我国还处于计划经济阶段，职务发明被归为集体或国营单位的公有财产。随着市场经济的不断发展与健全，在市场经济条件下，单一权属的规定难以激励许多私营企业、外资企业等私立投资主体进行发明创造，无法满足它们的利益诉求。尤其是在之前"职务发明专利权全部归单位，非职务发明专利权全部归个人"的规定下，职务发明的权利归属在最大程度上激化了单位与个人的冲突与矛盾，在此种环境下，要想激发单位和个人的发明创造热情和创新活力更是难上加难。因此《专利法》2000 年修正时增加了职务发明约定权属的规定，并且在实践中，约定权属机制逐渐成为职务发明权利配置的主要模式，或许在民事领域中，意思自治是永远绕不开的铁律。

职务发明是我国《专利法》中的概念，在西方国家则叫作"雇佣发明"，即雇员在受雇期间所完成的发明。西方国家对此类发明的权属问题一般都是通过合同约定加以调整，且在大多数情况下，雇佣发明均归属于雇主，由雇主决定是否申请专利以及对专利开发利用。至于发明者的个人权益，包括相应的奖励和报酬等，发明成果不能由雇员独自享有，这不难理解。另外，如果忽略雇员为了完成发明而付出的努力和天赋，将发明成果归雇主独有，则会导致雇员缺乏发明动力，不利于企业和产业的长远发展。所以有必要寻求一个适当的标准，既能引发雇主的投资欲望，又能激发雇员的创作动力。[1]

各国采取的相关立法形式不尽相同，但都体现出一个共同的特点：法律承认发明人对他的发明享有权利这一原则可以有例外。

> 案情介绍

原告公司认为所涉的专利号为 ZL201310293690.X 的发明专利属于被告李某在原告公司工作期间的职务发明创造。理由如下：李某不但在原告公司担任生产制造总监，还参与过具体研发工作，故其在离职一年内申报并获准

---

[1] 韩国特许法学会. 职务发明制度比较研究 [M]. 董新义，申惠恩，译. 北京：知识产权出版社，2020：24.

的涉案发明专利属于职务发明，具体来看，李某于 2012 年 9 月 24 日入职原告公司，2013 年 4 月 17 日从原告公司离职，而涉案专利申请日为 2013 年 7 月 12 日，因此，涉案专利是在李某与原告公司劳动关系终止后 1 年内作出的。原告公司提供的劳动合同、技术图纸、工作邮件等证据显示，李某在原告公司任职期间，曾以部门经理的名义在研发部门采购申请表上签名，在多份加盖"受控文件"的技术图纸审核栏处签名，以工作邮件形式接收研发测试情况汇报、安排测试工作并提出相关要求等。原告公司提供的证据证明李某在原告公司任职期间实际参与了研发工作。

原告公司在 2010 年 2 月至 2016 年 7 月申请的 60 余项专利均涉及医疗设备、系统及方法技术，其中多项涉及自动配药设备和配药装置。涉案专利也是一种配药设备和配药装置，且从涉案专利的审查意见、引证专利检索分析可知，原告公司申请日期为 2012 年 9 月 4 日的 73A 专利可单独影响涉案专利权利要求的新颖性或创造性。

结合涉案专利申请日 2013 年 7 月 12 日距李某离职时间不足 3 个月，李某作为涉案专利唯一发明人，入职原告公司之前并无从事与医疗器械、设备相关的行业从业经验或学历证明等事实，无法推断出其具备独立完成该发明的能力，而涉案专利所要解决的技术问题与李某在原告公司所从事的工作密切关联，符合《专利法》针对职务发明认定作出的相关规定。据此，一审法院认定涉案专利属于李某在原告公司工作期间的职务发明创造。

争议焦点

本案所涉的专利号为 ZL201310293690.X 的发明专利是否属于李某在原告公司工作期间的职务发明创造？

此处所选取案例是职务发明权属纠纷中的典型案例，属于上述第二种情况，该类情况中最为关键的字眼为"与其在原单位承担的本职工作或原单位分配的任务有关的发明创造"，最高人民法院认为，在涉及与离职员工有关的职务发明创造的认定时，既要维护原单位对确属职务发明创造的科学技术成果享有的合法权利，鼓励和支持创新驱动发展，同时也不宜将"有关的发明创造"作过于宽泛的解释，导致在没有法律明确规定或者竞业限制协议等合同约定的情况下，不适当地限制研发人员的正常流动，或者限制研发人员在新的单位合法参与或开展新的技术研发活动。

裁判结果与理由

李某在离职后1年内申请涉案专利，原告公司已举证证明涉案专利与李某的本职工作或者原单位分配的任务有关，故一审法院认定涉案专利为职务发明创造，该专利应归原告公司所有。李某无权享有涉案专利，亦无权将其转让给其他主体。原告公司关于确认涉案专利为其所有的诉讼请求，理由成立，一审法院予以支持。

二审中，一审法院据此认定涉案专利属于李某在原告公司工作期间的职务发明创造，有事实和法律依据，法院予以维持。李某、远程公司上诉称73A专利系在先公开的技术资料，涉案专利明显不同且优于73A专利，故不构成职务发明创造。对此法院认为，李某该主张并未推翻涉案专利与李某在原告公司从事的工作任务有关的事实，而73A专利与涉案专利所涉技术领域相同，技术方案存在差别本身并不构成李某独立完成发明的有效证明。李某的上诉理由不成立，故二审法院不予支持。

案件评析

（一）相关概念梳理

根据《专利法》及其实施细则的规定，职务发明创造可分为两类：一是执行本单位的任务所完成的发明创造；二是主要是利用本单位的物质技术条件所完成的发明创造。前者还可以分为两种情形。

在本职工作中或者履行本单位交付的本职工作之外的任务所作出的发明创造，这两种情形中构成职务发明创造的要求是：完成时间在发明人或设计人与单位工作关系的存续期间内，发明创造的内容属于发明人或设计人在单位工作任务的内容。

履行本单位交付的本职工作之外的任务所作出的发明创造是指主要利用本单位的资金、设备、零部件、原材料或者不对外公开的技术资料等物质技术条件所完成的发明创造。此类职务发明创造虽不必然与发明人或设计人在本单位的工作任务有关，但是由于发明人或设计人在研究开发过程中，主要依赖于单位的资金、设备、零部件等物质技术条件，为了保障单位的经济利益，法律规定此类发明创造也属于职务发明。

离开原单位后 1 年内作出的、与其在原单位承担的本职工作或者原单位分配的任务有关的发明创造。此种情形中构成职务发明创造的要求是：完成时间在发明人或设计人与原单位解除工作关系后 1 年内，发明创造的内容与原单位工作任务有关。规定本情形的目的在于避免相关人员利用原单位或临时工作单位的职务便利，在掌握了职务发明创造内容后跳槽到其他单位，以之前掌握的职务发明创造内容为基础以自己或其他单位的名义申请专利，从而使原单位、临时工作单位的合法利益遭受损失。

（二）具体案情剖析

该案中的纠纷属于离开单位后一年作出的，与其在原单位承担的本职工作或者原单位分配的任务有关的发明创造。之所以会有这项规定，是因为与原单位终止劳动关系的人员，在较短时间内在原单位承担的本职工作或原单位分配的任务范围或领域内作出的发明创造，因与原单位有密切联系，甚至是原单位工作的延续，因此《专利法》将其也纳入职务发明的范畴。

具体来看，认定涉案专利为职务发明的条件是原告公司证明涉案专利满足前述条件，否则其将承担举证不能的法律后果，不能获得涉案专利的相关权利。

根据一审、二审所查明的事实，首先，关于李某是否参与研发工作的问题。原告公司提交的证据能证明虽然李某担任生产制造总监，但曾经具体参与研发工作。具体表现为李某曾经为研发人员审批请假事宜、签发过被列为受控文件的图纸、通过电子邮件参与研发工作。李某称其只是代管研发工作的行政事务，并未涉及研发部门的具体工作，但未对原告公司提交的图纸、电子邮件等主要证据作出合理解释。一审法院认定原告公司已举证证明李某参与了研发部门的具体事务。

其次，关于涉案专利与 73A 专利的关系问题。原告公司称专利审查机构认定两专利关联性为"X"，说明 73A 专利文件为单独影响涉案专利权利要求的新颖性或者创造性的文件，李某亦自认是针对自动配药装置的缺陷不断进行开发，故涉案专利与李某在原告公司处的工作内容有关。李某对此作出了抗辩，认为两专利存在明显不同，涉案专利明显优于 73A 专利，所谓 "X" 关联，只是基础部件的词汇较高频次重复出现而已，这种引证查询并不涉及具体的技术内容本身的分析，不能用于证明具体技术方案本身的关联性。李某又认为，73A 专利的公开早于涉案专利，是公开的资料，将其与涉案专利比对不能说明任何问题。一审法院认为，由于 73A 专利的申请日为 2012 年 9 月 4 日，涉案专利的申请日为 2013 年 10 月 9 日，两专利在申请专利的时间上比较接近且两专利之间有一定的相似性和关联性，故 73A 专利与涉案专利具有密切的关系，涉案专利是李某在 73A 专利的基础上改进而成的可能性较大。

最后，李某曾经在原告公司处担任生产制造总监，亦参与过研发工作，其有机会接触及利用原告公司享有 73A 专利或类似专利的相关研发资料。在此情况下，李某有责任举证证明其完全独立完成涉案专利，否则须承担举证不能的法律后果。李某举证证明了其在离职后有多项实用新型、发明专利获得授权或正在审查中，亦对其学历、工作经历及海外背景进行了说明，但不能证明涉案专利与其在原告公司处的工作内容无关，一审法院对其主张不予支持。

（三）相关案例类比

我国《专利法》对于职务发明创造的规定，尤其是其中所使用的一些术语，如单位、本职工作、分配的任务等，都带有计划经济的色彩。聚焦到具体条款中，例如，"主要是利用本单位的物质技术条件"中"主要"一词带有很大的模糊色彩；再如，"与其在原单位承担的本职工作或者原单位分配的任务有关的发明创造"中，何谓"有关"？此分析也就是该案中最为棘手的问题。

在该案之前，也有相关案例对"有关"进行了一定的解释，例如，在天津碎易得环保工程有限公司与碎得机械（北京）有限公司专利权权属纠纷案［（2017）津民终 104 号］中，天津市高级人民法院认为，"有关"是指发明人虽然已经与原单位不存在工作关系，但是只要证明发明创造的内容与其在原单位的工作任务具有内容上的延续性，也属于"有关"，也就是说，不要求本职工作或单位交付的任务与涉案专利完全一致。可见在实务中，"有关"的认定比较宽松，在某些情况下，这有可能损害发明人、设计人或他们新任职单位的合法权益，在一定程度上可能限制研发人员的正常流动。

再来看该案，在二审中，法院已经注意到该解释过于宽泛的问题，因此认为在涉及与离职员工有关的职务发明创造的认定时，需要综合考虑以下因素：

（1）离职员工在原单位承担的本职工作或者原单位分配的任务的具体内容，包括工作职责、权限，能够接触、控制、获取的与涉案专利有关的技术信息等。

（2）涉案专利的具体情况，包括其技术领域、解决的技术问题、发明目的和技术效果、权利要求限定的保护范围、涉案专利相对于现有技术的"实质性特点"等，以及涉案专利与本职工作或原单位分配任务的关系。

（3）原单位是否开展了与涉案专利有关的技术研发活动，或者是否对有关技术具有合法的来源。

（4）权利人、发明人能否对于涉案专利的研发过程或者技术来源作出合理解释，相关因素包括涉案专利技术方案的复杂程度、需要的研发投入，以及权利人、发明人是否具有相应的知识、经验、技能或物质技术条件，是否有证据证明其开展了有关研发活动等。

二、合作发明

【背景资料】

两个以上的单位或者个人合作完成的发明创造属于合作发明创造。除另有协议外，申请专利的权利属于共同完成的单位或者个人共同所有。

关于合作发明的权利归属，《民法典》第 860 条规定：

合作开发完成的发明创造，申请专利的权利属于合作开发的当事人共有；当事人一方转让其共有的专利申请权的，其他各方享有以同等条件优先受让的权利。但是，当事人另有约定的除外。

合作开发的当事人一方声明放弃其共有的专利申请权的，除当事人另有约定外，可以由另一方单独申请或者由其他各方共同申请。申请人取得专利权的，放弃专利申请权的一方可以免费实施该专利。

合作开发的当事人一方不同意申请专利的，另一方或者其他各方不得申请专利。

《专利法》第 8 条以及第 14 条作出了与《民法典》第 860 条相似的规定。从上述法律规定可以看出，合作发明的专利申请权的归属遵从合同优先原则。如果在合同中对于权利的归属作了明确的规定，那么就遵从合同的规定；如果合同中没有作出约定，法律一般认为归合作方共有。

《专利法》第 8 条还规定了委托发明的概念，即一个单位或者个人接受其他单位或者个人委托所完成的发明创造。那么合作发明和委托发明该如何区分呢？委托发明与合作发明的本质区别，在于委托人不参与发明创造的过程，委托人不是发明人，委托人和被委托人之间的权利义务关系由委托合同调整，合同没有规定的，申请专利的权利归发明人即被委托人所有，委托人可以免费实施。除此以外，合作发明是两个以上的单位或者个人合作完成的发明创造，但是委托发明可以是一个单位或者个人作出的发明创造。与合作发明一样，委托发明也遵从合同优先原则。

合作发明的纠纷一般包括两种：一种是合作发明当事人身份确认纠纷；另一种是关于合作发明合同的纠纷。合作发明合同的纠纷一般按照《民法典》的有关规定处理，需要说明的是合作发明的当事人身份的确认问题。合作发明的当事人应当是对发明创造的实质性特点作出创造性贡献的人，即对发明创造本身作出了实质性的贡献。在发明创造中仅仅发挥组织作用，提供物质条件或者是从事其他辅助性工作的人，如仪器管理员、设备调试员、试验员、绘图员等，不应当被认为是合作发明的当事人。在合作发明当事人的身份确认上应当严格审查其是不是对发明创造的实质性特点作出了创造性的贡献。

案情介绍

2015 年 6 月 15 日，王某利向国家知识产权局申请名称为"动态睡眠养生床"实用新型专利（以下简称"原实用新型专利"），于 2015 年 10 月 14 日获得授权，专利号为 ZL201520406786.7，专利权人为王某利、杨某某，发明人为王某典、杨某某、王某利、王某朝、崔某某。

2016 年 3 月 3 日，孙某某与王某利、王某朝签订《矮床体动态睡眠养生床合作发明研究合同》（以下简称"涉案合同"）。合同约定：合作研发组成员王某利、王某朝、孙某某在专利号为 ZL201520406786 原发明的基础上，由孙某某提出矮床体改进，并拿出资金 2 万元的研发费，通过合作小组成员协商决定，该项发明《矮床体动态睡眠养生床》的专利权，有王某利、王某朝 70%、有孙某某 30% 的分配，特写书面合同为证。庭审中双方均认可涉案合同中的"原发明专利"系指王某利申请的专利号为 ZL201520406786.7 的实用新型专利。

2016 年 3 月 28 日，王某朝向国家知识产权局提出名称为"矮床体动态睡眠养生床"的发明专利申请，于 2017 年 11 月 21 日获得授权，专利号为 ZL201610178355.9，发明人为王某朝、王某利，专利权人为王某朝。

双方均认可孙某某未参与原实用新型专利的出资及研发。

因为涉案专利的专利权人中并没有记载孙某某的名字，故孙某某向法院提起诉讼。原告孙某某向法院提出诉讼请求：（1）确认孙某某是申请号为 ZL201610178355.9 的发明专利"矮床体动态睡眠养生床"专利权共有人和发明人；（2）诉讼费由两被告承担。

事实和理由："矮床体动态睡眠养生床"是原告、被告三人合作、研究发明的，其间原告出资 2 万元作为研发费用。原告、被告三人还协商决定，本项目专利权王某利、王某朝二人占 70%，原告享有 30%。而在国家知识产权局授权公告证书文件上没有原告的名字，违背原告、被告三人共享共研发明专利的原则，原告找被告协商未果。

二被告答辩：被告王某朝答辩称：（1）涉案技术系被告原有技术，与原告无关；（2）原告承诺的出资并未落实，所以当时所签的协议应当作废。请求驳回原告的诉讼请求。

被告王某利答辩称：（1）被告王某利并非专利权人，与原告没有专利纠纷；（2）其他答辩意见与被告王某朝的答辩意见相同。请求驳回原告的诉讼请求。

孙某某为证明其已履行了合同约定的 2 万元出资义务，提供单据一宗，金额共计 8000 余元。经质证，二被告表示不知道这些单据的用途，不予认可。经审查，该宗单据标注的日期均为 2013 年，有收款收据、存款凭条、销货清单等，购买内容包括焊条、电机、加工件、礼盒等数十种。单据记载的内容无法体现上述费用系用于涉案专利技术的试验研发。且上述单据均发生于 2013 年，而涉案发明专利是在原实用新型专利基础上改进而来，原实用新型专利申请日为 2015 年 6 月 15 日，孙某某并未参与该实用新型专利的研发，且其数额与合同约定的 2 万元也不相符，法院认为上述单据与原实用新型专利及发明专利均不具有关联性，不能证明系涉案发明专利的研发费用，所以法院没有采纳该宗证据。最终，法院驳回了原告的诉讼请求。

争议焦点

（1）对于发明创造，孙某某是否享有署名权？

（2）谁是发明权利人？

裁判结果与理由

关于第一个争议焦点，根据《专利法实施细则》第 14 条的规定，专利法所称发明人或者设计人，是指对发明创造的实质性特点作出创造性贡献的人。因此，认定孙某某是否为涉案专利的发明人，取决于其是否对涉案专利的实质性特点作出了创造性贡献。对于涉案发明专利技术，孙某某主张系其于 2013 年提议，2014 年研究出来的。具体的研发过程为，由孙某某想象，王某利绘图并起草专利方案。根据该案查明的事实，涉案发明专利是在原实用新型专利的基础上改进而来，孙某某并未参与原实用新型的研究，对此双方均无异议。根据被告王某利陈述，相比原实用新型专利，涉案发明专利通过增加复合摆，加大了床体的摆动幅度。孙某某称涉案发明专利为其在 2014 年研究完成与上述事实不符。此外，涉案合同仅记载了"由孙某某提出矮床体改进"，但提出改进不能证明改进内容系由其作出，孙某某也未提供其对技术研发作出创造性贡献的有效证据，二被告对其发明人身份也不认可。综合以上理由，孙某某未提供充分证据证明其对涉案发明专利技术作出了创造性贡献，仅以涉案合同约定了其系合作研发组成员不足以证实其主张，故对孙某某要求确认其为涉案发明专利的发明人的诉讼请求，法院不予支持。

关于第二个争议焦点，据孙某某陈述，双方签订合同时，涉案技术已经研发成功，签订合同是为了保护技术。合同约定了孙某某享有 30% 的利益，没有约定涉案专利中应有孙某某的名字，但专利中有孙某某的名字是双方原来商量确定的，况且涉案专利技术的提议及出资都来源于孙某某，理应有他的名字。合同中约定的 2 万元研发费是指 2016 年 3 月 3 日之前孙某某已实际出资的费用，包括材料费和人工工资。2016 年 3 月 3 日之后未产生涉案专利技术的研发费用。被告王某利、王某朝对孙某某的陈述不认可，主张涉案技术在申请专利前已研发了多年，2016 年 3 月技术成型。孙某某只是提出组建三人团队进行研发，但因为出资不到位，研发小组没有实际运行，所以研发内容、资金均与孙某某无关。合同约定的 2 万元研发费用应于 2016 年 3 月 3 日之后到位，但孙某某没有实际出资。二被告均不同意在专利证书上添加孙某某的名字。对此，法院认为，根据涉案合同约定的内容，原告与被告合作研发专利技术，但仅约定了专利收益权分配，未明确约定专利权的权属，判断孙某某是否为涉案专利的专利权人，取决于涉案专利是否为合作研发的技术成果。涉案合同约定孙某某提出矮床体的改进，但孙某某并未提供有效证据证明其参与了涉案发明专利技术研发。合同还约定孙某某"拿出资金贰万元的研发费"，孙某某主张其已拿出 2 万元研发费，但提供的相关单据与涉案专利不具有关联性，不能证明系涉案合同约定的 2 万元研发费，且数额亦明显不符。现有证据无法证明孙某某履行了合同约定的出资义务，也不能证明其实际参与了涉案专利的研发，无法认定涉案专利系双方合作开发的技术成果。故对孙某某要求确认其系涉案专利的专利权人的诉讼请求，法院不予支持。最终，法院驳回了原告的诉讼请求。

案件评析

　　法院认定的该案争议焦点是正确恰当的，裁判结果也是对的，但是对第二个焦点问题的论证相对不是很充分。合作发明的当事人必须是对发明创造的实质性特点作出创造性贡献的人，仅仅提供资金或者从事辅助性工作的人不能被认定为合作发明的当事人，因此也不能享有对合作发明的署名权。该案中，原告仅仅是提供了一种构想而已，构想与能够真正地实施还有很大的差距，因为从构想到实现构想的过程需要很多创造性的劳动，故仅提出构想不属于对合作发明的实质性特点作出了创造性的贡献。该案判决在第一个焦点问题的说理部分是相对充分的，但是在第二个焦点问题的说理部分写道：判断孙某某是否为涉案专利的专利权人，取决于涉案专利是否为合作研发的技术成果。这样的论证逻辑是不通的。首先，合作发明的各方当事人并不必然都是合作发明创造的专利权人，合作发明创造的一方当事人可以声明放弃其申请专利的权利；其次，在该案中，孙某某有两种法律规范可以用于请求法院确认自己是专利权人，第一种是主张自己为涉案专利的发明人，第二种是主张合同约定了其可以获得涉案专利的专利权。所以该案中，孙某某是否可以成为专利权人与他是不是合作发明的当事人没有必然的联系。故该案的论证逻辑最好是先论证孙某某没有对涉案专利的实质性特点作出创造性的贡献，所以不是发明人，进而不能享有对涉案专利的署名权；再论证从涉案合同及有关证据来看，也不能证明其与被告之间约定了其可以享有涉案专利的专利权。

第二节　专利申请的修改

背景资料

我国在答复审查意见时，有两个基本问题：一是修改时机问题，二是修改内容限制。[1]《专利法》第 33 条规定："申请人可以对其专利申请文件进行修改，但是，对发明和实用新型专利申请文件的修改不得超出原说明书和权利要求书记载的范围，对外观设计专利申请文件的修改不得超出原图片或者照片表示的范围。"修改方式可以分为主动修改与被动修改，《专利法实施细则》第 57 条、第 66 条对此作出了具体的规定。就主动修改而言，一是发明专利在实质审查开始后的 3 个月内，申请人可以对其申请进行修改；二是实用新型和外观设计专利自申请日起 2 个月内，申请人可以进行修改。就被动修改而言，一是在专利审查阶段，专利审查人员认为申请文件存在需要修改之处，申请人需要针对审查意见通知书指出的缺陷进行修改；在专利复审环

---

[1]　邹秋爽，李荟萃. 欧美日韩审查意见答复时修改策略的差异化探讨［J］. 中国发明与专利，2020（8）：110－113.

节，国务院专利行政部门认为申请文件存在缺陷需要修改的，申请人应当根据修改意见进行有针对性的修改。对于修改的范围，《专利审查指南》中提出，原说明书和权利要求记载的范围包括原说明书和权利要求书文字记载的内容和根据原说明书和权利要求书文字记载的内容以及说明书附图能直接地、毫无疑义地确定的内容。❶

欧洲对于专利申请文件修改方面的规定与中国类似，《欧洲专利公约》及《欧洲专利局审查指南》不仅规定申请文件的修改不能超范围，而且对哪些情况属于超范围也作出了规定，即不得超过原主体的内容。《欧洲专利局审查指南》中有更细化的规定，即修改后的专利申请文件是否"超范围"，应当由本领域的技术人员对修改后的申请文件进行比较性分析，如果不能从原申请文件中直接并且毫无疑义地推导出，即使考虑了原申请文件隐含公开的内容，也不能推导出申请文件修改后产生的新内容，那么可以判断申请文件的修改超出了原申请文件的内容范围，意味着此修改直接导致修改失败。❷对于审查意见，一般会下发两次：第一次为欧洲检索报告的书面意见，由检索审查员下发，一般给予 6 个月的答复期限，此时，申请人具有针对检索结果进行主动修改的时机；第二次是正式的审查意见，由实审审查员下发，一般给予 4 个月的答复期限。❸

《日本特许法》规定，对专利申请文件的修改不能超过原权利书、原说明书或者附图所原有的范围。《日本专利审查指南》进一步规定了不得超范围的具体含义：一是"已明事项"，即申请文件明确记载的内容；二是"自明的事项"，即原申请文件虽然没有直接记载，但是可以由此推导出来的内容。不同的是，日本审查时间是比较短的，一般只下发一次审查意见通知书，且在 3 个月内答复。答复后可能会直接授权或者驳回，倘若被驳回，申请人仍需要根据具体情况采取后续措施。

美国对于修改不得超范围的规定主要有以下三个方面：其一，美国是先授权后公开，所以要求发明专利文件申请修改不能引入新的内容，司法案例

---

❶ 参见《专利审查指南》第二部分第八章第 5.2.1.1 节。

❷ 马晓亚. 专利法第 33 条的适用现状及国外相关制度的研究 [J]. 中国发明与专利，2010 (1)：80-84.

❸ 马晓亚. 专利法第 33 条的适用现状及国外相关制度的研究 [J]. 中国发明与专利，2010 (1)：80-84.

中要求不能背叛原申请文件；其二，在针对无效专利审查程序中，主要审查已经公告的原申请文件中是否引入了新的内容；三是不得引入新内容的申请文件主要包括权利要求书、说明书及其摘要和实用新型专利要求的附图。❶关于修改时机，美国相比较欧洲和日本而言更为灵活，一般来说有两次审查意见，第一次是非最终审查意见，3 个月内答复，第二次为最终审查意见，同样要求 3 个月内答复。但是，其特殊之处就在于可以通过缴纳费用的方式提出继续审查的请求（RCE）。

案情介绍

此案❷中，上诉人王某育因与被上诉人国家知识产权局、一审第三人王某臣、王某伦发明专利申请驳回复审行政纠纷一案，不服北京知识产权法院于 2019 年 11 月 15 日作出的（2018）京 73 行初 583 号行政判决，向最高人民法院提起上诉。

2013 年 2 月 19 日，王某育、王某臣、王某伦向国家知识产权局提交了名称为"力放大装置发电机"的发明专利申请，公开日为 2013 年 8 月 21 日。经实质审查，国家知识产权局原审查部门于 2016 年 1 月 4 日以申请权利要求 1 所要求保护的技术方案不符合《专利法》规定的实用性为由作出驳回决定。驳回决定依据的是：2015 年 4 月 25 日提交的权利要求第 1 项、说明书摘要，2015 年 11 月 7 日提交的说明书第 1 – 32 段（第 1 – 2 页）。同时针对申请人的意见陈述，进一步指出：申请人在修改文件中提出的可适用于所有力放大装置通用的标准式"F 小 × 属大/属小 = F 大"超出了原说明书和权利要求书记载的范围。三人不服，于 2016 年 3 月 25 日以及 2016 年 7 月 22 日向国家知识产权局提出复审请求，未修改申请文件。

2016 年 9 月 20 日，国家知识产权局在形式审查合格后依法受理该复审请求，并将其转送至原审查部门进行前置审查，原审查部门坚持原驳回决定。后国家知识产权局成立合议组进行审理。合议组于 2017 年 2 月 4 日向三人发出复审通知书，指出：……2015 年 11 月 7 日提交的说明书在第［0008］段

❶ 李文江. 论专利申请文件修改中的范围限制制度［J］. 知识产权，2018（10）：72 – 77.
❷ 最高人民法院（2020）最高法知行终 79 号。

中新提出"水压机"作为力放大装置，既未明确地记载在原说明书和权利要求书中，也不能由原说明书和权利要求书所记载的内容直接地、毫无疑义地确定，因此超出了原说明书和权利要求书记载的范围，这样的修改不符合《专利法》（2008）第33条的规定。

三人于2017年3月6日提交了意见陈述书，并提交了说明书摘要、权利要求书第1—4项以及说明书第1–32段（第1–3页）的全文替换页；又于2017年3月9日提交了说明书第1–12段（第1页）的替换页。修改后的权利要求书如下：

1. 一种无燃料力放大装置发电机。

2. 制造力放大装置方法。即F小×属大/属小＝F大所包含的小力变大力的功能特征和属大/属小的结构特征。

3. 力放大装置发电机的增容方法即属大/属小值的加大。

4. 成为自主放大装置发电机的输出电力回流替代输入电力的方法。

三人认为：修改后的说明书克服了复审通知书指出的权利要求不具备实用性和修改超范围的缺陷。合议组于2017年6月1日向三人再次发出了复审通知书，指出：三人于2017年3月6日重新撰写的权利要求2、3以及2017年3月9日提交的说明书第3–12段，2017年3月6日提交的说明书第13–21段以及第30段，既未明确记载在原说明书和权利要求书中，也不能由原说明书和权利要求书所记载的内容直接地、毫无疑义地确定，因此超出了原说明书和权利要求书记载的范围，不符合《专利法》（2008）第33条的规定；三人混淆了"力"和"能量"的概念，申请中提出的方法是违背了能量守恒定律的，因而权利要求1、4不具备《专利法》（2008）第22条第2款规定的实用性。

三人于2017年6月29日提交了意见陈述书，未修改文件。国家知识产权局于2017年9月5日作出第131210号复审请求审查决定（以下简称"被诉决定"），以该专利不符合《专利法》（2008）第22条第4款、第33条规定为由，维持了国家知识产权局原审查部门于2016年1月4日作出的驳回决定。其中关于《专利法》（2008）第33条说明理由如下：王某育等三人于2017年3月6日提交的权利要求书中记载的权利要求"2. 制造力放大装置方法。即F小×属大/属小＝F大所包含的小力变大力的功能特征和属大/属小的结构特征"和"3. 力放大装置发电机的增容方法即属大/属小值的加大"。

系申请人重新撰写的权利要求，其既未明确记载在原说明书和权利要求书中，也不能由原说明书和权利要求书所记载的内容直接地、毫无疑义地确定，因此超出了原说明书和权利要求书记载的范围，这样的修改不符合《专利法》（2008）第 33 条的规定。于 2017 年 3 月 9 日提交的说明书第 3 - 12 段，于 2017 年 3 月 6 日提交的说明书第 13 - 21 段以及第 30 段，通过引入图像一、二以及相关描述，论述了能量三要素理论作为力学基础理论的完备性和成立性，阐述了力放大装置发电机的发明就是能量三要素的理论支持，用能量三要素理论完全可以证明力放大装置发电机可制造可实用问题。然而，上述内容系申请人重新撰写的内容，其既未明确记载在原说明书和权利要求书中，也不能由原说明书和权利要求书所记载的内容直接地、毫无疑义地确定，因此超出了原说明书和权利要求书记载的范围，这样的修改不符合《专利法》（2008 年）第 33 条的规定。

争议焦点

（1）涉案申请主题是否具备实用性？
（2）涉案申请文件的修改是否超出原说明书和权利要求书记载的范围？

裁判结果与理由

一审法院认为国家知识产权局审查决定无误，因此驳回王某育的诉讼请求。王某育不服，提出上诉。二审法院同样驳回了王某育的上诉理由和上诉请求，维持原判。

（一）涉案申请主题是否具备实用性

《专利法》第 22 条第 4 款规定："实用性，是指该发明或者实用新型能够制造或者使用，并且能够产生积极效果。"能够制造或者使用，是指发明或者实用新型的技术方案具有在产业中被制造或使用的可能性。能够产生积极效果，是指发明或者实用新型专利申请所产生的经济、技术和社会效果是本领域技术人员可以预料到的，这些技术效果是积极的和有益的。满足实用性要求的技术方案应当符合自然规律并且具有再现性。

该案中申请的主题在无外部能量输入的情况下，实现小电力变大电力以及电力的自我增量，实际上是凭空创造能量，不符合能量守恒定律，其技术方案无法实现，该电力放大装置发电机及输出电力回流替代输入电力的方法不能被制造和使用。同时，申请人混淆了力和能量的概念，是不能适用杠杆原理公式的。所以，该申请主题不具有实用性。

（二）涉案申请文件的修改是否超出原说明书和权利要求书记载的范围

《专利法》第33条规定："申请人可以对其专利申请文件进行修改，但是，对发明和实用新型专利申请文件的修改不得超出原说明书和权利要求书记载的范围，对外观设计专利申请文件的修改不得超出原图片或者照片表示的范围。"该规定之所以对专利申请文件的修改进行限制，主要理由在于：一是促使专利申请人在申请日充分公开其发明创造，从而保证授权程序顺利开展；二是基于先申请原则，防止专利申请人将其在申请日未公开的发明创造通过修改纳入申请文件，从而不正当地获得先申请利益；三是保护社会公众对专利信息的信赖利益。该规定一方面允许专利申请人对专利申请文件进行修改，另一方面又基于上述原因对修改进行限制，实现了先申请原则下专利申请人与社会公众之间的利益平衡。对于"原说明书和权利要求书记载的范围"，应当从本领域技术人员角度出发，以原说明书和权利要求书所公开的发明创造的全部信息来确定，不仅包括原说明书和权利要求书文字记载的内容以及说明书附图表示的内容，也包括根据原说明书及其附图和权利要求书能够直接地、毫无疑义地确定的内容，以合理确定允许修改的范围。如果修改后的专利申请文件引入了新的技术内容，则应当认定该修改超出了原说明书和权利要求书记载的范围。

将王某育在2017年3月6日修改后提交的权利要求书、说明书第13－32段以及在2017年3月9日提交的修改后的说明书第1－12段与原说明书和权利要求书相比，其中权利要求2"制造力放大装置方法。即F小×属大/属小＝F大所包含的小力变大力的功能特征和属大/属小的结构特征"、权利要求3"力放大装置发电机的增容方法即属大/属小值的加大"，以及说明书第3－21段、第30段关于"能量三要素理论"的相关内容，在原说明书和权利要求书中均未有记载，而且也无法从中直接地、毫无疑义地得出，该修改并非仅消除复审通知书指出的缺陷，而是增加了新的技术内容，超出原申请文件的范围。该修改不符合《专利法》第 33 条规定，一审法院对此认定正确，法院予以确认。

案件评析

对于《专利法》第 33 条规定的"修改不得超出原说明书和权利要求书记载的范围"的理解，一直以来是学界探讨的热点。一般来说，对于"原说明书和权利要求记载的范围"应包括如下内容：一是原说明书及其附图和权利要求书以文字或者图形等明确表达的内容；二是所属领域普通技术人员通过综合原说明书及其附图和权利要求书可以直接、明确推导出的内容。只要推导出的内容对于所属领域普通技术人员而言是显而易见的，就可以认定该内容属于原说明书和权利要求记载的范围。

具体来说，《专利法》第 33 条在我国的适用主要体现在对是否"超范围"的判断，其中包括判断原则、判断主体和判断方法。在判断原则上，不仅体现了在先申请原则下仍需坚持的公平原则，也体现了专利申请文件修改的限制制度安排。在判断主体上，理论上认定为"所属技术领域的技术人员"。对于主体问题，《专利审查指南》已予以明确，但是在行政执法和司法实践中是否遵守，一直存在质疑。在判断方法上，主要存在两个步骤：第一步是文字内容的对比，如果修改后的说明书和权利要求书与之前一致，说明不超过修改范围，否则进入第二步；第二步是审查修改后的文字内容，是否能根据原先内容直接地、毫无疑义地确定。但是如何"直接地、毫无疑义地确定"，《专利审查指南》并没有作出明确性的规定。因此，对于上述法律适用困境，有必要进行完善，才能确保该法律规定更好地发挥作用。

第七章 专利审查与授权

第一节 发明专利的审查与授权

背景资料

我国《专利法》对发明专利申请和实用新型、外观设计专利申请规定了不同的公开方式。发明专利申请相对于实用新型和外观设计专利申请来说，特殊之处在于其需要在授予发明专利权之前就予以公布。其原因在于发明专利申请要经过实质审查，审查周期较长，如果等到实质审查结束才公布发明专利申请的内容，那么对同一课题进行重复研究、重复投资和重复申请的可能性就会增大，不能很好地发挥专利制度的作用，因此需要在授予发明专利权之前就予以公布。❶

发明专利的审查与授权包括初步审查、实质审查和授予专利权三个阶段，一件发明专利申请要获得批准，必须经过这三个阶段。我国发明专利采用"早期公开，延迟审查"制度，主要是考虑以下三点：一是早日公开发明专利申请文件可以让社会公众尽早得知有关发明创造的内容，有利于科学技术信息的交流，节约社会成本和资源；二是可以给申请人选择的机会，如果申

---

❶ 尹新天. 中国专利法详解［M］. 北京：知识产权出版社，2011：424.

请人认为自己的发明专利还不够成熟，可以暂时不提出实质审查请求；三是社会公众可以更好地监督审查专利申请，可以让发明专利申请人更好地利用专利，或者做好准备应对可能存在的专利无效的情况。不过，该制度对申请人来说也有一些不利之处，如进入公共领域的技术方案很容易被他人无偿使用等。总之，任何一项制度都有利有弊，不同的群体在利用上都有不同的利益取舍，人们应当根据具体情况加以利用。

案情介绍

诚田公司名称为"一种煤矿用柔性掩护式液压支架"、专利号为ZL201010100521.6 的发明专利（以下简称"涉案专利"）包含 14 个技术特征。根据恒图公司、合力公司签订的《柔性支架买卖合同》及其附件要求进行组装、使用的技术方案包含液压双向柱（以下简称"被诉侵权技术方案"）。一审判决认定被诉侵权技术方案缺少与涉案专利权利要求 1 技术特征5、6、7、11、12 相同或等同的特征而不侵权，是错误的。（1）被诉侵权技术方案包含与涉案专利技术特征 5、6、7 相同或等同的特征。首先，被诉侵权技术方案的顶梁具有呈内圆窝形的柱顶窝，柱顶窝固定于顶梁底部，且恒图公司在《技术协议》里明确标明适配"单体液压支柱"，故与技术特征 6、7 相同。其次，被诉侵权技术方案适配液压支柱及其柱顶窝的位置，与技术特征 5 构成等同。涉案专利调向液压双向柱安装在顶梁和掩护梁相连的位置，柱顶窝位于顶梁底部，其功能和作用包括增大液压支架的工作阻力和支护强度，以及根据工作面矿压变化和液压支架稳定性状况及时调整液压支架的受力形态。被诉侵权技术方案对应的柱顶窝位于顶梁底部，仅其位置从"顶梁和掩护梁连接的位置"到"顶梁底面靠近端头支撑座一侧（即顶梁前部）"进行了简单的调整；且对应的适配液压支柱具有涉案专利调向液压双向柱相同的功能和效果，故构成等同。（2）被诉侵权技术方案落入了涉案专利技术特征 1—9 及 10 限定技术方案的保护范围，与技术特征 11、12 构成等同。权利要求 1 中保护两个并列的技术方案为技术特征 1—9 和 10 限定的不带伸缩梁的方案一，技术特征 1—9 及 11、12 限定的带伸缩梁的方案二。被诉侵权技术方案落在了方案一的保护范围，故被诉顶梁前端不具有伸缩梁的特征与技术特征 11、12 构成等同。综上所述，被诉侵权技术方案包含与涉案专利权利要求记载的全部技术特征相同或者等同的特征，落入涉案专利的保护范围，恒图公司、合力公司侵害涉案专利权，请求二审法院支持诚田公司的上诉请求。

恒图公司辩称：诚田公司的上诉请求不能成立，请求二审维持原判。

事实与理由：（1）被诉侵权技术方案不包含与涉案专利技术特征 5、6、7 相同或等同的特征。根据说明书第［0006］［0007］段：调向液压双向柱具有不同于液压双向柱的调向功能，是基于其特定的"在顶梁和掩护梁相连接的位置安装"的技术特征，该特征是达到"进一步增强工作面液压支架的稳定性和安全性"技术效果的必要条件。被诉侵权技术方案在顶梁与掩护梁连接的位置无柱顶窝和调向液压双向柱，其顶梁底部的柱顶窝远离顶梁和掩护梁相连接的位置，不构成相同或等同特征。（2）权利要求 1 不包括两个并列技术方案，技术特征 10 不落入权利要求 1 的保护范围，且被诉侵权技术方案与技术特征 11、12 不相同也不等同。首先，技术特征 10、11、12 是权利要求 1 完整的一个技术特征，权利要求 1 并未采用"或者"等词进行限定，因此权利要求 1 不包括两个并列技术方案。其次，不带伸缩梁的方案是诚田公司为获得授权而放弃的技术方案，技术特征 10 不属于权利要求 1 的保护范围，诚田公司的上诉主张违反了禁止反悔原则。最后，技术特征 11、12 为申请公布权利要求 4 的内容，诚田公司为克服申请公布权利要求 1 不具备创造性的缺陷将其补充进来，其是权利要求 1 授权的基础和必要技术特征，而被诉侵权技术方案与技术特征 11、12 既不相同也不等同。

合力公司辩称：合力公司仅实施了出口行为，且提供了合法来源，不应承担赔偿责任。

争议焦点

（1）被诉侵权技术方案是否落入涉案专利权的保护范围？

（2）合力公司提出的合法来源抗辩是否成立？

（3）诚田公司提出的各项诉讼请求是否符合法律依据？

裁判结果与理由

二审法院认为，诚田公司的上诉请求不能成立，应予驳回；原审判决认定事实不完整，但裁判结果正确，二审法院在补充认定相关事实的基础上，予以维持。

具体理由如下：要求保护的权利要求中所记载的每一项技术特征对于专利权的保护范围都有限定作用，因此，恰当划分技术特征是进行侵权比对的基础。技术特征的划分不能机械地直接依据权利要求的文字表达的间隔符号进行，而应该根据发明所解决的技术问题，结合发明的整体技术方案，考虑能够相对独立地实现一定技术功能并产生相对独立技术效果的较小技术单元。如果将不能独立实现一定技术功能并产生相对独立技术效果的技术单元划分为独立技术特征，导致技术特征划分过细，则在侵权比对时，容易因被诉侵权技术方案缺乏该技术特征而错误认定侵权不成立，不适当地限缩专利权保护范围；如果将几个分别独立行使一定技术功能并产生相对独立效果的技术单元划分为一个独立技术特征，导致技术特征划分过宽，则在侵权比对时，容易因忽略某个必要技术特征而错误认定侵权成立，不适当地扩大专利权保护范围。

该案中，一审法院指称的涉案专利独立权利要求1第5、6、7项共同限定了调向液压双向柱与顶梁和掩护梁的连接位置和连接方式，其中第5项限定调向液压双向柱安装在顶梁和掩护梁连接的位置；第6项限定调向液压双向柱的柱顶呈圆头状，并置于呈内圆窝形的柱顶窝内；第7项限定柱顶窝固定于顶梁底部。

显然，一审法院所指称的涉案专利权利要求第5、6、7项技术特征在本专利技术方案中共同限定了调向液压双向柱这一部件在柔性掩护式液压支架整体技术方案中的连接位置和连接方式，本领域技术人员只有依据第5、6、7项全部文字记载内容，结合说明书和附图，才可以准确理解涉案专利所限定的调向液压双向柱的安装位置和安装方式，孤立地依据任何一项文字记载的内容，均无法实现调向液压双向柱的正确设置与连接，亦难以实现调向液压双向柱所起到的增大液压支架的工作阻力和支护强度、及时调整液压支架的受力形态从而增强工作面液压支架的稳定性和安全性的功能和效果。事实上，一审法院在认定被诉侵权技术方案是否具备第5、6、7项技术特征时，也不是进行单一技术特征的比对，而是在比较第5项技术特征时结合了第6项技术特征；在比较第6项技术特征时结合了第5项技术特征；在比较第7项技术特征时结合了第5、6项技术特征。因此，应当认定涉案专利权利要求1所限定的"在顶梁和掩护梁相连的位置安装有调向液压双向柱；所述调向液压双向柱的柱顶呈圆头状，并置于呈内圆窝形的柱顶窝内，所述柱顶窝固定于顶梁底部"为一项技术特征。

案件评析

根据《最高人民法院关于审理侵犯专利权纠纷案件应用法律若干问题的解释》（法释〔2009〕21号）第6条的规定，专利申请人、专利权人在专利授权或者无效宣告程序中，通过对权利要求、说明书的修改或者意见陈述而放弃的技术方案，权利人在侵犯专利权纠纷案件中又将其纳入专利权保护范围的，人民法院不予支持。《最高人民法院关于审理侵犯专利权纠纷案件应用法律若干问题的解释（二）》（法释〔2020〕19号）第6条规定，人民法院可以运用与涉案专利存在分案申请关系的其他专利及其专利审查档案、生效的专利授权确权裁判文书解释涉案专利的权利要求。专利审查档案，包括专利审查、复审、无效程序中专利申请人或者专利权人提交的书面材料，国务院专利行政部门制作的审查意见通知书、会晤记录、口头审理记录、生效的专利复审请求审查决定书和专利权无效宣告请求审查决定书等。

依据上述规定，在专利授权或无效程序中，专利权人为确保其专利具有新颖性和创造性，通过书面声明或修改专利文件的方式，对专利权利要求的保护范围作了限制承诺或者部分地放弃了保护。在专利侵权诉讼过程中确定专利权的保护范围时，应当禁止将已被限制、排除或者已经放弃的内容重新纳入专利权保护范围。

第二节　实用新型专利的审查与授权

背景资料

对于发明、实用新型和外观设计专利申请均需要进行初步审查。其中，对于实用新型和外观设计专利申请而言，根据法律规定，初步审查合格之后，国务院专利行政部门就会作出授权决定。我国对于实用新型和外观设计专利申请主要采取的是形式审查制度，具体包含两方面：（1）对专利申请文件的形式进行审查，《专利法》第26～27条对此进行了规定；（2）对专利申请的内容进行初步审查。

案情介绍

此案[1]涉及专利号为 ZL201320636995.1 号、名称为"注射器自动上料机和注射器包装生产线"的实用新型专利（以下简称"涉案专利"），申请日为2013 年 10 月 16 日，授权公告日为 2014 年 4 月 30 日，专利权人为圣和公司（见图 7－1）。中意公司主张，一审判决就本专利权利要求进行了错误的解释，从而导致权利要求 1 与证据 1 的区别技术特征认定错误，进而导致就权利要求 1 的创造性作出错误认定。涉案专利权利要求 1—4 不具备创造性。（1）一审判决错误认定"上下和横向移动装置"构成功能性技术特征，应当宣告专利全部无效。（2）一审法院错误认定权利要求 1 的"上下和横向移动装置"与证据 1 的"吸盘的水平驱动装置、回转气缸、上下气缸"属于不可拆分的技术特征。涉案专利"吸盘水平移动装置10、吸盘上下气缸12、回转气缸11"及证据 1 的"吸盘的水平驱动装置、回转气缸、上下气缸"均属独立设置，互不影响。

---

[1]　最高人民法院（2021）最高法知行终 417 号。

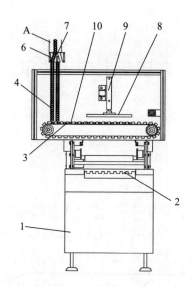

图 7 - 1   注射器自动上料机和注射器包装生产线附图

国家知识产权局辩称：被诉决定认定事实清楚、适用法律法规正确、审理程序合法，请求驳回中意公司的上诉请求。

圣和公司述称：被诉决定认定事实清楚、适用法律法规正确、审理程序合法，请求驳回中意公司的上诉请求。

争议焦点

（1）一审判决对于证据 5 的认证是否正确？

（2）涉案专利权利要求 1 是否具备创造性？

裁判结果与理由

实用新型是否具备《专利法》第 22 条第 3 款规定的创造性，需要判断对所属技术领域的技术人员来说，要求保护的实用新型相对于现有技术是否显而易见。判断通常按照以下三个步骤进行：第一，确定最接近的现有技术；第二，确定实用新型与最接近的现有技术之间的区别技术特征，根据该区别技术特征所能达到的技术效果确定实用新型实际解决的技术问题；第三，从最接近的现有技术和实际解决的技术问题出发，判断要求保护的实用新型对本领域的技术人员来说是否显而易见。如果一项权利要求相对于最接近的现有技术文件存在区别技术特征，但所述区别技术特征或者是所属领域的公知常识，或者被其他现有技术文件所公开，则所述权利要求对于本领域技术人员来说是显而易见的，不具备创造性。同时，对比文件所公开的技术内容不仅包括明确记载在对比文件中的内容，而且包括对于所属技术领域的技术人员来说，隐含的且可直接地、毫无疑义地确定的技术内容。

中意公司上诉主张涉案专利权利要求1的"上下和横向移动装置"不属于功能性技术特征，亦不属于不可分割的整体技术特征；证据1已公开了吸盘水平移动装置10、吸盘上下气缸12；故"上下和横向移动装置"不应认定为区别技术特征。对此法院认为，被诉决定涉案专利权利要求1与证据1的区别在于"本专利设有柔带、柔带驱动装置，上下和横向移动装置，柔带与柔带驱动装置连接，吸盘与上下和横向移动装置连接"。其中柔带与柔带驱动装置用于柔性承接和水平移动注射器，吸盘与上下和横向移动装置用于吸取注射器经上下和水平行程将其置于柔带上，两者以相对独立的技术手段实现独立的技术功能，应认定为两个单独的技术特征。

涉案专利权利要求1并未限定上下和横向移动装置的结构、步骤等，而仅对其在发明创造中的功能进行了描述，所属技术领域的技术人员通过阅读权利要求无法确定其具体实施方式。依据《最高人民法院关于审理专利授权确权行政案件适用法律若干问题的规定（一）》（法释〔2020〕8号）第9条第1款"以功能或者效果限定的技术特征，是指对于结构、组分、步骤、条件等技术特征或者技术特征之间的相互关系等，仅通过其在发明创造中所起的功能或者效果进行限定的技术特征，但所属技术领域的技术人员通过阅读权利要求即可直接、明确地确定实现该功能或者效果的具体实施方式的除外"之规定，被诉决定依据涉案专利说明书的第〔0021〕〔0022〕段的解释，在涉案专利特别说明其"上下和横向移动装置"不包括旋转运动的情况下，认定"吸盘与上下和横向移动装置"构成与证据1的区别技术特征之一并无不当，中意公司关于区别技术特征认定的异议不能成立。

被诉决定认定，证据2、3、4均公开了涉案专利的柔带和柔带驱动装置。二审法院经审查，对此予以确认。

证据2的说明书和附图6的气动机械手部分公开了由升降气缸、导向轴、摆臂、吸头座和真空吸头构成的技术方案，相当于涉案专利的吸盘与上下移动装置部分。从涉案专利说明书第［0022］段记载"本实施例的上下和横向移动装置9包括吸盘水平驱动装置和吸盘上下驱动装置，吸盘水平驱动装置和吸盘上下驱动装置分别驱动吸盘8进行水平移动和上下移动，可采用现有技术实现"可知，本领域技术人员为解决移动物料的问题，容易想到将水平驱动装置这一惯用技术手段应用于证据2所公开的吸盘和上下移动装置，而无须付出创造性劳动。

证据4说明书同样在医药机械设备领域公开了一种西林瓶双隔板自动加料机，涉及搬运西林瓶的技术内容。其说明书第［0007］段载明"所述双臂机械手包括龙门架，龙门架上固定有与行程同步带连接的运行电机，所述行程同步带上连接机械手臂，机械手臂前端固定有搬运气缸，搬运气缸下端连接定位吸瓶机构"。第［0011］段载明"西林瓶进入到西林瓶缓冲区等待双臂机械手将其转移至西林瓶双隔板装配机上的隔板模盒内"。结合说明书附图4可知，证据4的双臂机械手部分的定位吸瓶机构相当于涉案专利的吸盘，搬运气缸使得定位吸瓶机构吸取物料后上下运动，安装在龙门架上的行程同步带和运行电机带动机械手臂及其上的搬运气缸和定位吸瓶机构水平运动。故证据4完整公开了涉案专利的吸盘与上下和横向移动装置，实现完全相同的技术功能和效果，给出了应用于证据1以解决物料搬运问题的技术启示。

综上，被诉决定对于技术启示的认定不当。前述柔带和柔带驱动装置已被公开；为解决物料搬运问题，本领域技术人员有动机将证据2的吸盘和上下移动装置结合水平驱动装置这一惯用技术手段应用于证据1，或是将证据4所公开的吸盘与龙门架式上下和横向移动装置应用于证据1，得到涉案专利权利要求1的技术方案是显而易见的。故涉案专利权利要求1不具备《专利法》第22条第3款规定的创造性。被诉决定和一审判决认定错误，二审法院予以纠正。

最终，二审法院判决驳回国家知识产权局的上诉，维持原判。

案件评析

专利法意义上的公开是指技术内容未处于秘密状态、能够被不特定公众获取。该案中，证据5被用于证明涉案专利权利要求1不具备新颖性。分析其证据性质，刊载证据5的优酷网站为不特定公众可以浏览的公开网站，网站内容处于能够为公众获取的状态；前述优酷用户虽未显示属公司注册，但其视频性质绝大多数与经营有关；网页显示涉案视频上传时间早于涉案专利申请日，互联网刊载信息的发布时间通常也是公众能够浏览互联网信息的最早时间，故该上传时间可以认定为涉案视频的公开时间；该账户视频播放总数为 1.2 万次、涉及涉案视频的播放数为 920 次，应属社会公众播放所致；综合上述事实，二审法院认为有理由相信该视频在涉案专利申请日前处于公开状态，可以推定为涉案专利的现有技术。中意公司已完成其举证责任。据此，在圣和公司未提出有效反证的情况下，一审法院确认证据的效力并无不当，国家知识产权局的该上诉主张不能成立。

判断实用新型对本领域技术人员来说是否显而易见，要确定现有技术整体上是否存在某种技术启示，即现有技术中是否给出将该实用新型的区别技术特征应用到最接近的现有技术以解决其存在的技术问题的启示，这种启示会使本领域技术人员在面对相应的技术问题时，有动机改进最接近的现有技术并获得该实用新型。

第八章　专利权的主要内容

第一节　发明专利的权利内容

背景资料

　　发明专利分为产品专利和方法专利两种。如果是"产品专利"，专利权人享有制造权、使用权、许诺销售权、销售权、进口权；如果是"方法专利"，则专利权人的权利不仅及于对该方法的使用，还包括使用、许诺销售、销售、进口依照该专利方法直接获得的产品。未经专利权人的同意为生产经营目的（商业目的或营利目的）利用上述专利产品或方法，即构成对专利权的侵犯。

　　专利权具有独占性，专利权人除自己实施专利之外，除非有法律的特殊规定，还有权禁止他人为生产经营的目的实施其专利。在这里，"为生产经营目的"并不同于"营利目的"，因为一些非营利事业的经营，例如环境保护、公交维修、气象预报等，也包含在生产经营的范围内。在这些领域中，同样不能未经专利权人许可而实施专利。

　　发明专利的权利内容具体如下。

　　（1）制造权。专利权人拥有自己生产制造专利文件中记载的专利产品的权利。发明专利里面只有产品专利才有制造权，不包括方法专利。如果没有取得专利权人的许可而生产制造与专利产品相同的产品，那么不论使用什么设备装置或方法，也不管制造数量是多少，只要结果相同，就构成侵权。如果制造的是类似的产品，其技术特征落入该专利权利要求书中划定的保护范围，不论是否还有其他不同，也可能构成侵权。

（2）使用权。使用权包括对专利产品的使用权和专利方法的使用权。未经专利权人的许可，任何人不得使用其专利产品或专利方法。如果是方法专利，他人用其他方法获得同样产品的，不构成侵权。但如果是新产品且新产品获得了专利，则无论他人是否使用专利方法，只要制造出了相同的产品，就侵犯了产品专利，如果使用的方法还是方法专利的话，那么同时也侵犯了方法专利。专利权人的使用权存在两种例外的限制：一种是如果专利权人自己制造或者许可他人制造的产品首次销售出去后使用权就消失了，他人再对该产品进行销售或者使用则不视为侵权，这种情况就是所谓的"首次销售，权利用尽"；另一种是使用或者销售不知道是未经专利权人许可制造的专利产品，且能证明产品合法来源的，不承担侵犯使用权的赔偿责任。

（3）许诺销售权。许诺销售是指销售前的推销或促销行为，包括通过广告、订单、发布消息等手段表示销售专利产品的行为。专利法意义上的许诺销售权比合同法上的"销售要约"的含义要广。未经专利权人许可，仅实施了许诺销售专利产品的行为的，虽然构成侵犯专利权，但不承担赔偿责任，仅承担停止侵权的责任。

（4）销售权。销售是指专利产品的销售行为，它与通常意义上的货物买卖一样，是按照市场价格将产品的所有权进行转移的行为。专利权人自己销售或授权他人销售专利产品，意味着其已经许可购买者转售其专利产品。未经专利权人许可，不能以生产经营为目的首次销售侵权专利产品，否则构成侵权。也不能以生产经营为目的，转售"侵权"专利产品，否则构成侵权，该种情形下不要求有主观过错，是否有过错只影响侵权责任的承担，不是侵权责任的构成要件。"销售"应当根据《民法典》合同编对买卖的规定进行理解。

（5）进口权。进口权是指专利权人享有的自己进口，或者禁止他人未经允许、为生产经营目的进口由该专利技术构成的产品或进口包含该专利技术的产品或进口由专利方法直接生产的产品的权利。未经专利权人许可，以经营为目的进口专利产品，无论进口后是否使用、销售、许诺销售，都构成侵害进口权。

（6）许可实施权。许可实施权是指专利权人（许可方）通过签订合同的方式允许他人（被许可方）在一定条件下使用其取得专利权的发明创造的全部或者部分技术的权利。有时基于一些原因，专利权人不愿或不能自己实施专利，而是通过许可他人实施来取得收益。许可他人利用专利技术，并非将专利权出售给他人，而仅仅是将专利技术的使用权授予他人，专利的所有权并没有发生变化。

（7）转让权。转让权包括专利申请权的转让和专利权的转让。转让有两种形式：一种是合同转让，如因买卖、交换、赠与、技术入股而进行专利权的转让；另一种是继承转让，这是因法定原因而发生的，当专利权人死亡后，专利权依继承法的规定而转移于有继承权的人。《专利法》第 10 条规定：专利申请权和专利权可以转让。中国单位或者个人向外国人、外国企业或者外国其他组织转让专利申请权或者专利权的，应当依照有关法律、行政法规的规定办理手续。转让专利申请权或者专利权的，当事人应当订立书面合同，并向国务院专利行政部门登记，由国务院专利行政部门予以公告。专利申请权或者专利权的转让自登记之日起生效。需要注意的是，有关法律、行政法规的规定主要是指《中华人民共和国对外贸易法》《中华人民共和国技术进出口管理条例》《境外投资管理办法》；转让专利申请权或专利权的，当事人应当订立书面合同，合同经由双方签字后生效。

（8）质押权。质押权是指专利权人可以以专利权出质，但以专利权出质的，出质人与质权人应当订立书面合同，并向国务院专利行政部门办理质押登记。质权自登记之日起设立。

案情介绍

此案❶涉及名称为"生物防护过滤介质及其应用"、专利号为 ZL201110145600.3 的发明专利，申请日为 2011 年 6 月 1 日，授权公告日为 2013 年 6 月 12 日。专利权人原为李某，2014 年 9 月 3 日变更为朗坤公司。

2015 年 5 月 5 日，朗坤公司与汇朗公司签订涉案协议，包括以下内容：朗坤公司（甲方）拟将涉案专利转让至汇朗公司（乙方）。甲乙双方经商议

---

❶ 最高人民法院（2019）最高法知民终 394 号。

达成如下协议：（1）甲方同意将专利无偿转入乙方进行专利转化；（2）乙方不得将专利转让任何第三方；（3）甲方不得将专利核心技术秘密向第三方泄露或任何形式的转移；（4）如今后乙方业务发展陷入困境，在濒临破产的情况下，应将该专利无偿转回给甲方；（5）在专利转让后由于甲方原因导致专利无法正常使用，产生的一切后果由甲方承担；（6）任何一方违反上述协议必须向对方支付违约金人民币壹佰万元整；（7）甲、乙双方在本协议签订后10日内至国家知识产权局办理完成专利转让有关事项；（8）本协议一式三份，甲乙双方各执一份，交国家知识产权局备案用一份。

2015年6月24日，涉案专利的专利权人经核准变更为汇朗公司。

2016年12月21日，涉案专利的专利权人经核准变更为案外人蔡某某。

2017年6月9日，案外人航科中投生物技术（北京）有限公司（以下简称"航科公司"）针对涉案专利权向原专利复审委员会提出无效宣告请求。2018年9月28日，原专利复审委员会针对上述无效宣告请求作出第37403号无效宣告请求审查决定（以下简称"第37403号决定"），宣告涉案专利权全部无效。具体理由为涉案专利权利要求1—8不符合《专利法》（2008年）第22条第2款或第3款的规定。汇朗公司在庭审中表示根据其了解的情况，蔡某某并未就该决定提起行政诉讼。经一审法院核实，没有当事人针对第37403号决定提起行政诉讼，该决定已生效。

朗坤公司向北京知识产权法院（一审法院）提起诉讼，诉请：（1）解除朗坤公司与汇朗公司签订的《专利转让协议》；（2）汇朗公司返还已交付的全部技术资料、图纸；（3）汇朗公司支付朗坤公司违约金100万元；（4）本案诉讼费用由汇朗公司承担。一审庭审中，朗坤公司明确表示不再主张诉讼请求（1）、（2）。

一审法院认为，鉴于涉案专利已经被宣告无效，对于涉案协议中已经履行完毕的不再追诉，未履行的可不再履行。且涉案协议中的违约条款虽然约定了100万元的违约金，但涉案专利被宣告无效是由于其本身专利性存在问题，而并非汇朗公司的违约行为所致。因此，朗坤公司在涉案专利已被宣告无效的情况下，仍请求判令汇朗公司就将涉案专利转让予第三方而支付违约金，缺乏事实与法律依据。故一审法院判决驳回北京朗坤生物科技有限公司的诉讼请求。

朗坤公司不服一审法院的判决，遂提起上诉。

二审查明的事实如下：2016 年 11 月 23 日，汇朗公司与蔡某某签订《专利转让合同》，根据该合同第 5 条、第 8 条的约定，汇朗公司无偿将合同项下约定的发明专利权转让予蔡某某。合同落款处盖有汇朗公司的公章。

北京市海淀区人民法院（2016）京 0108 民初 36578 号民事判决书有如下记载：刘某某作为工商登记的汇朗公司的董事长，原公司法定代表人，持有汇朗公司证照及相关物品，未违反法律规定及公司章程，故驳回了汇朗公司要求刘某某返还公司公章等的诉讼请求。该判决截至本案二审庭审时尚未生效。当事人称是刘某某持有公司相关物品擅自将专利进行了转让。

朗坤公司上诉请求：依法撤销一审判决，改判支持朗坤公司一审诉讼请求。

事实和理由：（1）根据双方签订《专利转让协议》的约定，汇朗公司不得将涉案专利转让给任何第三方，否则应当向朗坤公司支付违约金 100 万元。2017 年，汇朗公司董事长刘某某在未经其他股东同意及其他股东不知情的情况下，私自控制了汇朗公司的公章，将涉案专利转让给案外人蔡某某。汇朗公司的擅自转让行为违反了协议的约定，应当承担违约责任 100 万元。（2）虽然涉案专利被宣告无效，但该专利被宣告无效的原因在于蔡某某处理无效宣告程序不当。涉案专利在无效程序中原本可以通过修改权利要求的方式维持有效。（3）根据《专利法》（2008 年）第 47 条的规定，涉案专利无效并不影响"已经履行的专利实施许可合同和专利权转让合同"的有效性。汇朗公司的违约行为发生在涉案专利被宣告无效前，而且是汇朗公司的违约行为致使受让方蔡某某处理无效程序中消极不作为导致涉案专利无效，因此，汇朗公司应当根据协议约定承担违约责任。（4）汇朗公司擅自转让涉案专利获得了 100 万元的不当得利，而且涉案专利具有极高的商业价值，朗坤公司要求汇朗公司承担 100 万元违约金并无不当。

汇朗公司辩称：汇朗公司股东刘某某控制了汇朗公司的公章及涉案专利，刘某某在其他股东不知情的情况下私自将涉案专利转让给了案外人蔡某某，汇朗公司对此并不知情。一审法院认定事实清楚，适用法律正确，服从一审法院的判决。

（1）汇朗公司是否存在擅自转让涉案专利的违约行为？

（2）如果汇朗公司构成违约，涉案专利被宣告无效后，朗坤公司能否依据《专利转让协议》主张汇朗公司承担违约金？

裁判结果与理由

最高人民法院认定，朗坤公司与汇朗公司签订的《专利转让协议》仍然有效，汇朗公司仍应就涉案专利无效前擅自向第三方转让涉案专利的违约行为承担相应的违约责任。

最高人民法院认为，《专利转让合同》第2条和第6条关于违约金和转让限制的约定系双方当事人在签订专利转让合同时对各自权利义务作出的明确约定，不仅是对损害赔偿的事先约定，还具有担保涉案合同正常签订和履行的功能。对于双方当事人自愿协商作出的权利义务安排，应当予以尊重和保护，不应基于涉案专利被宣告无效而导致上述约定也随之无效。另外，涉案合同关于擅自转让专利应当承担违约金的约定具有独立于专利权价值的其他值得保护的利益。这种利益不仅包括专利权人对合同正常履行而产生的信赖利益、履行利益，也包括对汇朗公司擅自违约而进行的惩戒。

《专利法》第47条第1款、第2款规定："宣告无效的专利权视为自始即不存在。宣告专利权无效的决定，对在宣告专利权无效前人民法院作出并已执行的专利侵权的判决、调解书，已经履行或者强制执行的专利侵权纠纷处理决定，以及已经履行的专利实施许可合同和专利权转让合同，不具有追溯力。但是因专利权人的恶意给他人造成的损失，应当给予赔偿。"上述规定明确了专利权被宣告无效后的相关法律后果，但仍需要探讨以下两个方面的问题：一是专利权被宣告无效前已经签订的专利实施许可合同或者转让合同是否具有效力；二是宣告无效的专利权对于尚未履行的违约责任是否具有溯及力。

首先，关于专利权被宣告无效前已经签订的专利实施许可合同或者转让合同是否具有效力。《民法典》第143条规定："具备下列条件的民事法律行为有效；（一）行为人具有相应的民事法律行为能力；（二）意思表示真实；（三）不违反法律、行政法规的强制性规定，不违背公序良俗。"专利权被宣告无效使专利权许可或转让合同的标的不存在，合同在客观上无法履行。但根据上述规定，专利权被宣告无效并非导致合同无效的事由，如果相关合同系当事人的真实意思表示，不违反法律、行政法规的强制性规定，不违背公序良俗，也不存在导致合同无效的其他事由，那么基于维护当事人意思自治以及促进交易的价值考虑，不能仅仅因为专利权被宣告无效就认定无效前已经签订的专利许可或转让合同亦无效。专利权被宣告无效对合同履行产生的后果应当是与专利权相关的义务履行不能，由于合同客观上无法继续履行，当事人可以主张解除合同，合同的权利义务终止。

其次，关于宣告无效的专利权对于尚未履行的违约责任是否具有溯及力。专利权被宣告无效后，对于已经履行部分原则上具有溯及力，但考虑到专利授权的公信力，为了维护既有的社会秩序，对于已经作出并执行的专利侵权判决书、调解书、行政处理决定以及许可、转让合同，原则上不具有溯及力。专利权被宣告无效时尚未履行的部分，是否一概不再履行，需要考虑未履行部分涉及的利益是否系因行使专利权所直接获得的利益，即专利权价值的对价，如许可费、转让费、侵权损害赔偿等。对于这部分利益，由于专利权已经被宣告无效，权利人自然无权再要求继续履行。如果未履行部分涉及的利益并非专利权价值的对价，而是因当事人违反合同约定或者擅自实施其他行为而对专利权人造成的损害，这种损害与专利权的价值本身通常并不具有直接的关联，那么专利权人有权要求对方继续履行。

该案中，一方面，《专利转让协议》第2条约定："乙方不得将专利转让任何第三方"。第6条约定："任何一方违反上述协议必须向对方支付违约金人民币100万元。"上述约定系双方当事人在签订专利转让合同时对各自权利义务作出的明确约定，不仅是对损害赔偿的事先约定，还具有担保涉案合同正常签订以及履行的功能。对于双方当事人自愿协商作出的上述权利义务安排，应当予以尊重和保护，不应基于涉案专利被宣告无效而导致上述约定也随之无效。另一方面，涉案合同关于擅自转让专利应当承担违约金的约定具有独立于专利权价值的其他值得保护的利益。这种利益不仅包括专利权人对合同正常履行而产生的信赖利益、履行利益，也包括对汇朗公司擅自违约而进行的惩戒。该违约金约定与专利权本身的价值并不具有直接对应性，而是为了约束当事人的行为,确保当事人严格按照合同约定履行各自的义务。事实上,汇朗公司擅自向第三方转让涉案专利时,涉案专利是有效的,汇朗公司明知其不得向第三方转让仍然实施违约行为,理应承担相应的不利后果。否则,如果仅仅因为专利权事后被宣告无效就免除汇朗公司本应承担的违约责任,将导致朗坤公司对于合同正常履行的利益无法受到保护,也是对违约方的不当纵容。

因此,在涉案专利被宣告无效后,汇朗公司与朗坤公司签订的《专利转让协议》仍然有效,汇朗公司仍应就其于涉案专利无效前擅自向第三方转让涉案专利的违约行为承担相应的违约责任。

案件评析

一审法院没有认清案件的争议焦点,认为朗坤公司请求汇朗公司支付违约金的理由是专利被宣告无效,而实际上朗坤公司的理由是汇朗公司违反转让协议约定擅自将专利转让给了案外人。二审法院对宣告无效的专利权对于尚未履行的违约责任是否具有溯及力这一问题作了清楚的论述,将什么情况下具有溯及力进行了分析。二审法院认为专利权被宣告无效时尚未履行的部分是否一概不再履行,需要考虑未履行部分涉及的利益是否系因行使专利权所直接获得的利益,即专利权价值的对价,如许可费、转让费、侵权损害赔偿等。对于这部分利益,由于专利权已经被宣告无效,权利人自然无权再要求继续履行。如果未履行部分涉及的利益并非专利权价值的对价,而是因当事人违反合同约定或者擅自实施其他行为而对专利权人造成的损害,这种损害与专利权的价值本身通常并不具有直接的关联性,那么专利权人有权要求对方继续履行。

二审法院将未履行涉及的利益分为专利权价值的对价和非专利权价值的对价,专利权价值的对价实现的基础是专利权本身,非专利权价值的对价实现的基础并不是专利权本身,故专利权被宣告无效后不会对非专利权价值的对价产生影响。所以专利权被宣告无效后,对于涉及非专利权价值的对价的事项不具有溯及力。该案中,当事人违反合同约定擅自转让专利权,其应当支付的违约金与专利权本身的对价无关,所以应当支付。可以说二审法院的说理和论述都是让人信服的。

第二节　实用新型专利的权利内容

　　与发明专利既保护产品，又保护方法不同的是，实用新型专利只能是产品专利，用于保护实用新型产品。根据《专利法》第11条规定，发明和实用新型专利权被授予后，除本法另有规定的以外，任何单位或者个人未经专利权人许可，都不得实施其专利，即不得为生产经营目的制造、使用、许诺销售、销售、进口其专利产品。由此可知，实用新型专利的权利内容包含对于专利产品的制造权、使用权、许诺销售权、销售权和进口权五项专有权利。

　　《专利法》第11条设定专利权权利内容的条款，将专利权人可以禁止的行为限制在以生产经营为目的的范围内，从而排除对部分专利权人利益不构成实质性威胁的行为，免除了社会公众为部分实施行为寻求专利许可的成本。

　　不过，《专利法》和相关司法解释并没有对"生产经营目的"作更进一步的说明。以出售产品或服务为目的的制造（制造专利产品或者以专利方法制造产品）、销售以及许诺销售等行为，属于典型而直接的经营或营利行为，确认此类行为具有"生产经营目的"，并没有什么实质性的困难。一般而言，"为生产经营目的"与"为营利目的"通常是重叠的，但并不总是如此。在有些情况下，行为人因无偿而可能被认为是为非营利目的对外提供专利产品，这依然可能落入"生产经营目的"的范围。

　　实用新型专利的权利内容具体如下。

　　（1）制造权。禁止他人制造专利产品是专利权最为核心的一项权能。以生产经营为目的制造是一种受到专利权控制的独立行为，只要专利产品是未经许可为生产经营目的而制造的，即使该产品没有被销售，制造行为也构成直接侵权。在这一点上，实用新型专利与发明专利是一样的。

　　（2）使用权。实用新型专利权人有为生产经营目的使用专利产品的专有权利，未经许可以生产经营为目的使用专利产品构成专利侵权。一般而言，由实用新型专利权人自己销售或授权他人销售实用新型专利产品，即可以视作其已经许可购买者使用该实用新型专利产品。但是，如果有人擅自制造专利产品或销售该专利产品，购买者即使并不知道该专利产品是未经许可制造的，也不能以生产经营为目的使用专利产品，否则就构成对实用新型专利使用权的侵犯。

（3）销售权。禁止他人未经许可销售实用新型专利产品，这是实用新型专利的第三项权利内容。专利权人有为生产经营目的销售实用新型产品的专有权利，未经许可以生产经营为目的销售实用新型专利产品构成对实用新型专利的侵权。与使用权类似的是，实用新型专利权人自己销售或授权他人销售专利产品后，购买者可以不经专利权人许可对购得的专利产品进行转售。

（4）许诺销售权。许诺销售权，是我国于2000年第二次修正《专利法》时，根据TRIPs协定之规定新增加的一项专有权利。根据《最高人民法院关于审理专利纠纷案件适用法律问题的若干规定》（法释〔2013〕9号）第24条规定，许诺销售，是指以做广告、在商店橱窗中陈列或者在展销会上展出等方式作出销售商品的意思表示。需要区分的是，如果仅仅未经许可将实用新型专利产品摆放在货架上，或者以广告等方式加以推销，但尚未有人购买，则该行为侵犯的是许诺销售权，而不是销售权。

（5）进口权。专利权人享有为生产经营目的进口专利产品的权利，未经许可以生产经营为目的进口专利产品构成专利侵权。一些观点认为，在专利权人所拥有的权利内容上规定进口权似乎没有必要，因为只要进口的专利产品在境内的销售没有经过专利权人的明示或默示许可，销售行为就已经构成侵权。但事实上，未经许可而进口到一个国家的专利产品如果在通过海关后，进入国内的流通市场并分销至全国各地，专利权人就很难再对侵权许诺销售、销售的行为一一加以追究。而如果有进口权，不管产品进口之后是否存在许诺销售、销售的行为，其进口行为本身就已经构成对进口权的侵犯，从而专利权人能够借助海关等专业执法力量阻止专利产品输入一个国家，从而最大限度地保护自己的利益。

专利权作为财产权利，可以在不违反法律规定的情况下，由专利权人进行转让、许可或质押，从而为其带来经济利益，在这里，实用新型专利与发明专利是一致的，本节不再赘述。

案情介绍

涉案❶专利是名称为"一种简易的同步带锁紧调节装置"、专利号为 ZL20092003×××.0 的实用新型，该专利至今处于有效状态。2015 年 6 月 30 日，该涉案专利由申请人林某某以独占许可的方式许可给江苏惠民交通设备有限公司（以下简称"惠民公司"）使用，使用期限自 2015 年 6 月 30 日至 2019 年 4 月 22 日，并约定惠民公司有在涉案专利发生纠纷时独立提起诉讼的权利。

惠民公司在该案中主张的权利保护范围为专利权利要求 1 和权利要求 2。根据权利要求书的记载，涉案专利权利要求 1 的技术特征为：A：一种同步带锁紧调节装置，包括带扣 A 与带扣 B；B：所述带扣 A 有内螺纹；C：所述带扣 B 有通孔；D：螺钉通过带扣 B 的通孔与带扣 A 的内螺纹匹配；E：所述带扣 A 和带扣 B 的方框中还设有可以锁住同步带的带卡。权利要求 2 的技术特征为：A：一种同步带锁紧调节装置，包括带扣 A 与带扣 B；B：所述带扣 A 有内螺纹；C：所述带扣 B 有通孔；D：螺钉通过带扣 B 的通孔与带扣 A 的内螺纹匹配；E：所述带扣 A 和带扣 B 的方框中还设有可以锁住同步带的带卡；F：所述带扣 A 与带扣 B 均为框形结构；G：带扣 A 上设有三个螺纹；H：带扣 A 与带扣 B 上设有的三个通孔匹配。

2019 年 3 月 27 日，惠民公司与公证人员对成都市 6 处公交站台进行证据保全，上述 6 个公交站台共计有 48 扇站台门。照片显示，BRT 公交站台安全屏蔽门的型号均为 DH – ASD – 2001，制造商为成都登辉科技有限公司（以下简称"登辉公司"），该案中的被诉侵权产品传动装置系 BRT 公交站台安全屏蔽门当中的一个零部件。

被诉侵权产品的设计特征为：a：一种同步带锁紧调节装置，包括带扣 A 与带扣 B；b：所述带扣 A 有内螺纹；c：所述带扣 B 有通孔；d：螺钉通过带扣 B 的通孔与带扣 A 的内螺纹匹配；e：所述带扣 A 和带扣 B 的方框中还设有可以锁住同步带的带卡；f：所述带扣 A 与带扣 B 均为框形结构；g：带扣 A 上设有三个螺纹；h：带扣 A 与带扣 B 上设有的三个通孔匹配。根据与涉

---

❶ 最高人民法院（2020）最高法知民终 1852 号。

案专利权利要求 2 技术特征比对，A 与 a、B 与 b、C 与 c、D 与 d、E 与 e、F 与 f、G 与 g、H 与 h 技术特征相同。

惠民公司向成都市中级人民法院起诉，请求：（1）判令登辉公司立即停止制造、销售、使用侵权产品的专利侵权行为；（2）判令登辉公司销毁所有侵权产品；（3）判令登辉公司赔偿惠民公司经济损失 60 万元，以及承担为制止其侵权行为所支付的律师费 10 万元、公证费 4000 元。一审法院认定登辉公司未经惠民公司许可，销售、使用涉案专利产品，故对登辉公司实施了制造被诉侵权产品行为的主张不予支持。判令登辉公司停止使用、销售落入涉案实用新型专利保护范围的产品，并赔偿惠民公司经济损失 4 万元及维权合理开支 2 万元。登辉公司不服该判决，向最高人民法院提起上诉，称：（1）登辉公司为临时调试设备需要，暂时借用了新津现代有轨电车首开段项目（该项目系登辉公司承建，且至今未交付业主）中从惠民公司购得的被诉侵权产品，故并不属于《专利法》及其司法解释中规定的使用和销售行为，也没有侵害惠民公司的专利权。四川惠民登辉科技有限公司（以下简称"惠民登辉公司"）与惠民公司签订采购合同购得被诉侵权产品后，再由登辉公司与惠民登辉公司签订采购合同获得该批产品。故登辉公司临时借用的被诉侵权产品有合法来源，并不存在未经许可擅自销售或使用的行为。（2）惠民公司公证的照片没有对被诉侵权产品的内部进行拍照取证，仅是通过外部技术特征推论内部情况，故不能证明被诉侵权产品与涉案专利的技术特征一致。故请求撤销一审判决，驳回惠民公司全部诉讼请求。

争议焦点

（1）登辉公司是否实施了使用、销售被诉侵权产品的行为？
（2）是否能够认定被诉侵权产品由惠民公司售出？
（3）被诉侵权产品是否落入涉案专利权利要求保护范围？

裁判结果与理由

针对争议焦点一，《最高人民法院关于审理侵犯专利权纠纷案件应用法律若干问题的解释》第 12 条规定，将侵犯发明或者实用新型专利权的产品作为零部件，制造另一产品的，人民法院应当认定属于《专利法》第 11 条规定的使用行为；销售该另一产品的，人民法院应当认定属于《专利法》第 11 条规定的销售行为。《专利法》第 75 条规定："有下列情形之一的，不视为侵犯专利权：（一）专利产品或者依照专利方法直接获得的产品，由专利权人或者经其许可的单位、个人售出后，使用、许诺销售、销售、进口该产品的……"

在该案中，根据法院查明的事实，一审庭前会议笔录中明确记载，登辉公司提交的《成都日月大道一期 BRT 信息化系统集成及服务项目自动售检票系统安全门系统采购合同》《项目验收单》《成都公交 BRT 信息化系统集成及服务项目——日月大道（一期）终验意见》为复印件，且惠民公司对其真实性不予认可，二审程序中登辉公司也没有提交原件，没有任何证据证明登辉公司提交了相关原件。因此，在没有其他证据相互印证的情况下，一审法院对上述证据不予采信，并无不当。此外，BRT 公交站台安全屏蔽门上载明制造商为登辉公司，同时登辉公司也认可其在成都市日月大道 BRT 公交站台安全屏蔽门上安装了被诉侵权产品，故一审法院认定登辉公司未经惠民公司许可，使用、销售了该案被诉侵权产品，并无不当，二审法院依法予以确认。此外，根据登辉公司提交的 2 份《新津现代有轨电车安全门采购合同》以及四川增值税专用发票、江苏增值税专用发票等证据，只能证明登辉公司为新津现代有轨电车安全门项目与惠民登辉公司签订合同购买 16 套安全门的事实，无法证明购买了被诉侵权产品，同时，被诉侵权产品上也没有铭牌或者其他信息显示该产品由惠民公司售出，而且公证书所附照片显示 BRT 公交站台安全屏蔽门上标注的制造商为登辉公司，综上，该组证据不能证明被诉侵权产品由惠民公司售出。一审法院据此认定该组证据不具有证明力，不予采信，并无不当，登辉公司的抗辩理由不成立。故二审法院对登辉公司的该项上诉理由不予支持。

针对争议焦点二，登辉公司主张，惠民公司公证的照片没有对被诉侵权产品的内部进行拍照取证，仅是通过外部技术特征推论内部情况，故不能证明被诉侵权产品与涉案专利的技术特征一致。《专利法》（2008）第 59 条第 1 款规定，发明或者实用新型专利权的保护范围以其权利要求的内容为准，说明书及附图可以用于解释权利要求的内容。《最高人民法院关于审理侵犯专利权纠纷案件应用法律若干问题的解释》第 7 条规定，人民法院判定被诉侵权技术方案是否落入专利权的保护范围，应当审查权利人主张的权利要求所记载的全部技术特征。被诉侵权技术方案包含与权利要求记载的全部技术特征相同或者等同的技术特征的，人民法院应当认定其落入专利权的保护范围。二审法院认为，判断被诉侵权产品是否落入专利权保护范围的主体是本领域普通技术人员，涉案专利权利要求 1、2 限定带扣 A 有内螺纹，带扣 B 有通孔，综合公证书中的照片，尤其是照片 18 - 22，本领域普通技术人员可以直接地、毫无疑义地确定带扣 A 有内螺纹，带扣 B 有通孔，能够确定被诉侵权产品的内部技术特征，登辉公司的该上诉理由不能成立。鉴于双方当事人对于被诉侵权技术方案其他技术特征与权利要求记载的技术特征相同均无异议，一审法院认定被诉侵权技术方案落入涉案专利的保护范围，有事实和法律依据，二审法院依法予以确认。

最终，最高人民法院驳回登辉公司上诉，维持原判。

案件评析

该案是由最高人民法院二审审理的实用新型专利侵权案件。由于知识产权案件的特殊性，登辉公司对一审判决不服，并不像其他普通民事案件那样向上一级法院（四川省高级人民法院）上诉，而是直接上诉至最高人民法院。依据的规定是 2018 年 10 月 26 日十三届全国人大常委会第六次会议通过的《关于专利等知识产权案件诉讼程序若干问题的决定》中"当事人对发明专利、实用新型专利、植物新品种、集成电路布图设计、技术秘密、计算机软件、垄断等专业技术性较强的知识产权民事案件第一审判决、裁定不服，提起上诉的，由最高人民法院审理"。因而该案由成都市中级人民法院一审后，当事人不服，上诉至最高人民法院。

该案中，事实较为清晰，一审、二审法院都将案件的争议点集中于登辉公司是否实施了惠民公司主张的销售、使用行为，其行为是否构成侵权（被诉侵权产品是否落入涉案专利权利要求保护范围），以及伴随而来的民事责任承担问题。一审中，登辉公司认为其产品通过惠民登辉公司从惠民公司购得，有合法来源。而根据法院查明的事实，被诉侵权产品本身并没有标注来源信息，且没有其他证据补强，无法推定涉案侵权产品（安全门中的零部件）为登辉公司制造。依据《最高人民法院关于审理侵犯专利权纠纷案件应用法律若干问题的解释》第 12 条的规定，可以认定登辉公司未经惠民公司许可，销售、使用了涉案被诉侵权产品，没有支持原告关于被告实施制造侵权产品行为的主张。同时认定登辉公司使用、销售的侵权产品落入惠民公司涉案专利的保护范围，构成侵权。二审在关于登辉公司是否实施销售、使用行为的问题上，法院进一步说理，同时根据登辉公司出具的有关合法来源的票证、合同等材料的情况进行判断，否定了这些证据的证明力，认可了一审法院关于该争议焦点的判断。在关于登辉公司的行为是否构成侵权，即是否落入惠民公司涉案专利的保护范围上，二审法院引用《专利法》（2008）第 59 条第 1 款与《最高人民法院关于审理侵犯专利权纠纷案件应用法律若干问题的解释》第 7 条的内容，细化对侵权产品与涉案专利的技术特征审查方法，继而确认了一审法院对于该争议焦点的判断。

第三节　外观设计专利的权利内容

背景资料

　　外观设计是指对产品的整体或者局部的形状、图案或者其结合以及色彩与形状、图案的结合所作出的富有美感的并适于工业应用的新设计。外观设计专利权的内容包括制造权、许诺销售权、销售权和进口权，这意味着未经许可，他人不得制造外观设计产品，或对外观设计产品进行销售或许诺销售，也不得进口外观设计产品。需要留意的是，外观设计的专利权内容相较于发明和实用新型，少了一项使用权能。这意味着以生产经营为目的，使用未经许可制造、销售或进口的外观设计专利产品不构成侵权，原因在于外观设计不是技术方案，对外观设计产品不能像对发明、实用新型产品那样进行"功能性使用"。同时，外观设计专利权作为专利权的一种类型，与发明和实用新型专利权一样，可以转让、许可或质押。

案情介绍

此案❶涉及阿特拉斯·科普柯空气动力股份有限公司（以下简称"阿特拉斯公司"）所有的专利号为 ZL201230400984.4、名称为"压缩机"的外观设计专利。2020 年 8 月 4 日，阿特拉斯公司在义乌市倍盛机电设备有限公司（以下简称"倍盛公司"）公证购买了两台空气压缩机产品。经调查发现，广东葆德科技有限公司（以下简称"葆德公司"）在其官方网站销售、许诺销售被诉侵权产品，杭州久益机械股份有限公司（以下简称"久益公司"）官方网站也展示了与被诉侵权产品外观相同的空气压缩机产品。被诉侵权产品上标注了葆德公司的名称及久益公司的注册商标。阿特拉斯公司向杭州市中级人民法院提起诉讼，阿特拉斯公司诉称，被诉侵权产品外观与涉案外观设计专利的整体视觉效果基本相同，侵害了阿特拉斯公司享有的外观设计专利权。请求判令：（1）葆德公司、倍盛公司、久益公司立即停止侵犯阿特拉斯公司专利权的行为，即立即停止制造、销售、许诺销售侵犯阿特拉斯公司 ZL201230400984.4 号外观设计专利权的空气压缩机产品，销毁用于制造被诉侵权产品的专用模具、设备以及被诉侵权产品、半成品；（2）葆德公司、久益公司连带赔偿阿特拉斯公司经济损失 200 万元；（3）葆德公司、倍盛公司、久益公司连带赔偿阿特拉斯公司为制止侵权行为所支付的调查取证、律师费等合理费用 20 万元；（4）葆德公司、倍盛公司、久益公司承担该案诉讼费用。一审庭审中，阿特拉斯公司明确，葆德公司、久益公司实施的系制造、销售、许诺销售侵权，倍盛公司实施的系销售侵权。久益公司辩称，被诉侵权产品的外观是由产品功能决定的，不具有外观设计专利侵权的评价意义，鉴于被诉侵权产品是空气压缩机产品的内部结构部件，在产品正常使用状态下不具有任何外观价值和影响，对于正常消费者来说，该结构部件不具有视觉效果。其他被告也针对各自指控作了答辩。杭州市中级人民法院作出判决后，各被告不服，上诉至浙江省高级人民法院。

---

❶ 杭州市中级人民法院（2020）浙 01 民初 2344 号；浙江省高级人民法院（2022）浙民终 188 号。

（1）当产品实现特定功能可以采用多种外观设计形态时，是否属于功能性设计特征？

（2）作为侵权产品制造者，可否援引《最高人民法院关于审理侵犯专利权纠纷案件应用法律若干问题的解释》第12条第2款？

裁判结果与理由

产品的外观形态是否属于功能性设计特征，应结合该类产品的现有设计样式综合判断，如果产品在实现相关功能时可采用多种设计方案，各组成部分及整体均可呈现多种多样的外观形态，则不属于功能性设计特征。《最高人民法院关于审理侵犯专利权纠纷案件应用法律若干问题的解释》第12条第2款规范的是一种特殊的不构成侵权的销售行为，即使用他人生产的被诉侵权产品作为仅具有技术性功能的零部件制造另一产品后所实施的销售行为。该案中，葆德公司、久益公司作为被诉侵权产品的制造者，并不具备援引上述司法解释的前提条件。

杭州市中级人民法院经审理认为，被诉侵权产品外观与涉案专利的相同点对产品整体视觉效果的影响更为显著，二者存在的区别点相对于产品的整体形状而言属于局部的设计变化，不足以对整体视觉效果产生明显影响，故被诉侵权产品落入涉案外观设计专利保护范围，构成侵权。现有空气压缩机产品的设计样式具有多样性，实现空气压缩机的相关功能可以有多种设计方案，久益公司主张被诉侵权产品的外观属于功能性设计特征，理由不能成立。根据《专利法》相关司法解释的规定，仅具有技术性功能的产品不认定构成外观设计专利侵权，系适用于使用该产品作为零部件制造另一产品进行销售的场合，而久益公司实施的系制造侵权产品的行为，显然不符合上述情形。

被诉侵权产品上印有久益公司的注册商标，久益公司也认可生产了被诉侵权产品并销售给葆德公司，久益公司还在其网站宣传展示侵权产品，故构成制造、销售及许诺销售侵权。被诉侵权产品上标注有葆德公司的商标，结合葆德公司的宣传，表明其对被诉侵权产品外观设计方案的确定有实质性贡献，故法院认定葆德公司与久益公司共同实施了制造侵权产品的行为。另外，葆德公司在其经营的天猫网店展示被诉侵权产品，被诉侵权链接下也显示产品已有销量，故构成许诺销售、销售侵权。倍盛公司未经许可，以生产经营为目的销售被诉侵权产品，构成销售侵权。三被告的行为均侵害了阿特拉斯公司享有的涉案外观设计专利权，应当承担停止侵权、赔偿损失的责任。

综上，法院判决葆德公司、久益公司立即停止制造、销售、许诺销售侵权行为，并销毁库存侵权产品及侵权专用模具；倍盛公司立即停止销售侵权行为；葆德公司、久益公司共同赔偿阿特拉斯公司经济损失及合理维权费用共计60万元，葆德公司另外赔偿阿特拉斯公司经济损失及合理维权费用20万元，久益公司另外赔偿阿特拉斯公司经济损失及合理维权费用15万元，倍盛公司赔偿阿特拉斯公司经济损失及合理维权费用5万元。

一审宣判后，各被告不服一审判决提起上诉。

二审法院对一审查明的事实予以确认。另查明：截至2022年2月24日，葆德公司仍在其开设的天猫店铺和官网销售、许诺销售被诉侵权产品。二审中，葆德公司、倍盛公司、久益公司提出被诉侵权设计与涉案专利的相同点均属于功能性特征的抗辩意见，二审法院认为，从涉案专利权评价报告和无效宣告请求审查决定可见，空气压缩机类产品在实现空气压缩相关功能时，可采用多种设计方案，各组成部分及整体均可呈现多种多样的外观形态，故该项上诉理由不能成立，认定被诉侵权设计落入涉案专利权的保护范围。同时认定葆德公司未经许可以生产经营为目的制造、销售、许诺销售包含被诉侵权产品在内的空气压缩机整机产品，侵害了阿特拉斯公司的涉案专利权。最终二审法院驳回上诉，维持原判。

案件评析

该案经一审、二审，上诉在二审被驳回，可见杭州、浙江两级法院对于该案的观点是比较一致的，特别是两个应重点聚焦的问题：第一是被诉侵权产品是否落入涉案外观设计专利保护范围，第二是被告援引《最高人民法院关于审理侵犯专利权纠纷案件应用法律若干问题的解释》第12条第2款的抗辩可否成立。对于第一个问题，两级法院的判决也明确了一个规则，即产品的外观形态是否属于功能性设计特征，应结合该类产品的现有设计样式综合判断，如果产品在实现相关功能时可采用多种设计方案，各组成部分及整体均可呈现多种多样的外观形态，则不属于功能性设计特征。在第二个问题上，法院强调了一个前置性事实基础，即被告久益公司将自行生产的压缩机部与外购的电机进行组装而形成被诉侵权产品的行为，并不能以电机系外部购得为由否定其专利法意义上的制造行为。而《最高人民法院关于审理侵犯专利权纠纷案件应用法律若干问题的解释》第12条第2款规范的是一种特殊的不构成侵权的销售行为，即使用他人生产的被诉侵权产品作为仅具有技术性功能的零部件制造另一产品后所实施的销售行为。久益公司实施了制造行为，自然不再能适用该款豁免其侵权责任。该案的另一个亮点在于判赔金额上，基于平等保护的司法理念，根据涉案专利权的创新价值、被诉侵权行为的性质及情节、侵权产品的销量及范围，按照当时《专利法》法定赔偿的上限判赔100万元，一体保护了当事人的合法权益，有力震慑了违法行为。

第九章　专利权限制

第一节　禁止滥用专利权

背景资料

　　根据《专利法》第 20 条的规定，专利权人在行使专利权的同时也需要遵守一定的规则和界限，不能损害公共利益或者他人合法权益，并且不可以通过专利权进行排除和限制竞争，否则将构成垄断行为。

　　滥用专利权有其判断标准，目前在实务中，滥用专利权的构成通常包括以下几个条件：（1）行为人存在某种专利权；（2）行为人的行为主观上存在明显违反法律或者损害他人合法权利的目的；（3）行为人的行为侵犯了他人的合法利益或者社会公共利益。当然，在司法实践中，还有一些其他的形式，例如，《最高人民法院关于充分发挥知识产权审判职能作用推动社会主义文化大发展大繁荣和促进经济自主协调发展若干问题的意见》（法发〔2011〕18 号）中，就提出滥发侵权警告或者滥用诉权的行为属于滥用专利权的表现形式。

　　《专利法》对滥用专利权的限制不仅包括违反法律的行为，同时与反垄断相联系，这是一个非常大的突破与进步。

案情介绍

此案[1]中，北京速迈医疗公司拥有专利号为 ZL201010127999.8 的发明专利，北京水木天蓬医疗公司和江苏水木天蓬科技公司分别是涉案专利产品的销售商和生产商，2015 年 9 月 11 日，北京速迈医疗公司向北京水木天蓬医疗公司和江苏水木天蓬科技公司发送了律师函，内容为警告其侵犯了上述的专利，给其造成了严重的经济损失，要求两公司停止涉案产品的生产和销售，并积极采取措施消除因侵权行为造成的影响，赔偿经济损失、赔礼道歉。北京速迈公司还向多家医院发出警告函。2015 年 12 月 3 日，北京水木天蓬医疗有限公司、苏州水木天蓬科技公司向法院提出了确认不侵权的诉讼。

一审法院经过审理，最终判决：（1）确认江苏水木天蓬科技公司、北京水木天蓬医疗公司生产销售的 XD860A 骨科超声手术仪不侵害涉案专利权。（2）北京速迈医疗公司在其官方网站上登载声明，声明内容需要表明江苏水木天蓬科技公司、北京水木天蓬医疗公司生产销售的 XD860A 骨科超声手术仪不侵害涉案专利权，声明持续登载 15 日。逾期不登载或者登载时间不足 15 日，江苏水木天蓬科技公司、北京水木天蓬医疗公司可将该判决书主要内容及主文第一项在其选定的一份刊物上连续刊登 15 天，费用由北京速迈医疗公司承担。

一审法院判决后，北京速迈医疗公司不服，提出上诉，二审期间上诉人及被上诉人并没有提供新的事实和证据。

争议焦点

（1）原告是否侵权？

（2）发出律师函及警告函是否属于滥用专利权的行为？

---

[1] 北京市高级人民法院（2017）京民终第 6 号。

裁判结果与理由

一审法院认为被告的产品并不侵犯涉案的专利；北京水木天蓬医疗公司、江苏水木天蓬科技公司要求消除影响，应予支持。二审法院判决驳回起诉、维持原判。

根据《专利法》第20条的规定，该案中一审被告的行为显然存在过错，其在没有充分调查的情况下，发出律师函和警告函，对一审原告的商誉造成影响，属于滥用专利权的行为，应该消除影响。目前我国对于专利权滥用的表现形式没有具体的规定，只是笼统地规定不得损害公共利益和他人合法权益，在实务操作中，该案中的警告函及律师函的使用造成了专利权滥用的问题。二审法院在裁判文书中阐述：北京速迈医疗公司在未对涉案产品的结构进行充分了解的情况下，仅凭拍摄的产品外观图片即向北京水木天蓬医疗公司、江苏水木天蓬科技公司发出警告函，并且向北京水木天蓬医疗公司、江苏水木天蓬科技公司多家客户发出函件，必然会降低北京水木天蓬医疗公司、江苏水木天蓬科技公司在客户群体中的信誉，北京速迈医疗公司存在过错，应当承担相应的法律责任，北京水木天蓬医疗公司、江苏水木天蓬科技公司关于消除影响的诉讼请求应当予以支持。

案件评析

该案中存在两个争议的焦点：（1）对是否侵权的认定，法院根据侵权产品的技术特征以及涉案专利的权利要求进行对比，最终认定是不侵权的；（2）对发出律师函的行为是否属于滥用专利权行为的认定，该案中一审被告在证据不充分的情况下，贸然发送律师函、警告函，对一审原告的商誉造成了巨大的影响，属于损害了他人的合法权益。该案中的关键在于对专利权滥用的具体情形的认定，在司法实务中起到了一个导向作用。

第二节　保　护　期

一、标准保护期

背景资料

　　我国《专利法》制定于 1984 年，之后分别于 1992 年、2000 年、2008 年、2020 年进行过四次修正，2021 年 6 月 1 日施行的是第四次修改过后的《专利法》，虽然 2008 年与 2021 年相隔甚远，但实际上《专利法》第四次修改的工作早已进行。《专利法》第 42 条关于专利权期限的规定的变化是第四次修改的一项重大变化。关于专利权的期限规定我国之前甚少有学者提及，但是纵观国外，尤其是发达国家，它们关于专利权期限的规定要比我国第四次修改以前的《专利法》规定的专利权期限更灵活一些。专利权期限应当如何规定涉及我国的经济发展现状以及对专利权属性的认知。第四次修改《专利法》关于专利权期限的修改与以前相比有很大的进步，但是与国外所规定的专利权期限补偿仍有一定的差别，由于我国目前并非发达国家，所以在专利法的完善上仍有一定空间，故而这种差别我们认为是合理的。

　　有的学者认为专利权属于禁用权，有的学者认为专利权属于一种工具，即工具论。我们支持专利权属于私权的学说。有的学者认为专利权如果属于私权，就应当像物权一样不受期限的限制，但是专利权保护期限的存在并不影响专利权私权的属性。首先私权并非完全不受限制，即使是物权也会受到善意取得制度的限制；其次专利权的长期存在会对社会进步造成阻碍，故而专利权期限制度有存在的正当理由。如何规定专利权的保护期限才是合理的？我国第四次《专利法》修改对专利权的保护期限作了调整，这是对国民经济发展的客观反映。《专利法》第 42 条第 1 款规定：发明专利权的期限为 20 年，实用新型专利权的期限为 10 年，外观设计专利权的期限为 15 年，均自申请日起计算。与之前相比，外观设计的保护期增加了 5 年。

专利权的保护期均自申请日起计算，所以每一类别专利的实际保护期并不完全一样。专利权的保护期涉及专利权是否仍应当受保护，这在侵权认定时有很重要的作用。

案情介绍

此案❶涉及格力公司所有的专利号为 ZL200820047012.×、名称为"一种空调机的室内机"实用新型专利。该专利申请日是 2008 年 4 月 25 日，授权公告日是 2009 年 5 月 20 日。

2015 年 7 月和 9 月，奥胜公司分别向原专利复审委员会申请宣告格力公司该案专利权无效。在无效审查过程中，格力公司将该案专利权利要求书修改如下：

1. 一种空调机的室内机，包括由面板、外壳及底壳组成的主体，位于所述主体内的通风机、位于所述主体内、半环绕在所述通风机的周向方向的热交换器，所述热交换器包括邻近所述面板的前侧热交换器和远离所述面板的后侧热交换器，还包括位于所述前侧热交换器的下方、具有凹槽的前接水槽，位于所述后侧热交换器的下方、具有凹槽的后接水槽，所述后接水槽呈倾斜设置，且所述后接水槽的低端通过具有凹槽的第一引水槽与所述前接水槽的对应端连接，在所述前接水槽底部的至少一端设有排水孔，所述底壳、所述前接水槽、所述后接水槽、所述第一引水槽一体成型；其特征在于，所述通风机包括贯流风叶、与所述贯流风叶一端连接的驱动电机，以及与所述贯流风叶的另一端连接的支承装置，所述支承装置包括带空心圆柱结构且内侧带有突部的轴承胶圈座以及位于所述轴承胶圈座内侧、与所述轴承胶圈座相配套的轴承胶圈。

2—6（略）

7. 根据权利要求 1 所述的室内机，其特征在于，还包括：位于所述支承装置上方、所述轴承胶圈座外侧的换热器支架，所述换热器支架按压热交换器，将所述热交换器一端固定在底壳上。

---

❶ 广东省高级人民法院（2018）粤民终 1132 号。

8. 根据权利要求 7 所述的室内机，其特征在于，所述换热器支架与热交换器端部相接的部位设有至少一个第三凹部，在所述第三凹部下方设有带凹槽且可与所述第三凹部相接的第二引水槽，所述第二引水槽与所述前接水槽或者所述后接水槽相通。

9. 根据权利要求 1 所述的室内机，其特征在于，在所述支承装置上，设有向下突出的插条和卡扣，所述底壳还包括第一支承部，所述第一支承部上设有与该插条相适应的插槽及与所述卡扣相配合的扣孔，所述第一引水槽位于所述支承装置的下方，与所述插槽一体设计。

10—11（略）

12. 根据权利要求 1 至 11 任意一项所述的室内机，其特征在于，所述前侧热交换器的下端位置低于所述后侧热交换器的下端位置，所述前接水槽的位置低于所述后接水槽的位置。

13. 根据权利要求 1 至 11 任意一项所述的室内机，其特征在于，还包括：位于所述前接水槽的凹槽内、带有至少一个向上开口的第一凹部的第一密封件。

14. 根据权利要求 1 至 11 任意一项所述的室内机，其特征在于，还包括：位于所述后接水槽的凹槽内、带有至少一个向上开口的第二凹部的第二密封件。

15 略。

16. 根据权利要求 1 至 11 任意一项所述的室内机，其特征在于，还包括：固定在所述底壳上的蜗舌，所述蜗舌通过卡扣的方式固定在所述底壳上。

17. 根据权利要求 1 至 11 任意一项所述的室内机，其特征在于，所述外壳通过卡扣或者螺钉的方式固定在所述底壳上。

该专利说明书记载的背景技术：在空调器的室内机中，接排水系统是一个重要的组成部分……现有技术中的一种空调机的室内机……包括前接水槽、后接水槽、引水槽、排水口等各零件或组件，且这些零件或者组件均为分开设计，从而，在进行生产工艺操作时，需要分别开制多套模具……导致生产成本的增加、生产效率的低下。此外，由于零件或者组件的装备工序较多、装配关系较为复杂，从而容易发生各种装配问题，例如，当各零件或者组件之间装配不严时，容易产生漏水问题，由于装配不严密，密封效果也不好，也容易产生漏风导致的凝露问题，另外……各零件的热胀冷缩程度不尽相同，在空调运转时，也容易产生因热胀冷缩而导致的异响。

该专利说明书记载的发明目的：在于提供一种空调机的室内机，其可以减少零件数量，减少装配工序，提高生产效率。

2016 年 4 月 22 日，原专利复审委针对上述修改后的权利要求作出审查决定，宣告该专利部分无效，但在权利要求 5、8、9 以及引用这些权利要求的权利要求 12—14 和 16—17 基础上维持该专利有效。格力公司不服该决定，提起行政诉讼。但在该案中，格力公司主张以权利要求 8、9 以及在引用权利要求 8、9 基础上的权利要求 12—14、16、17 确定该案专利权保护范围。

该案审理中，奥胜公司再次针对格力公司该案专利权提起无效宣告请求。2017 年 10 月 18 日，原专利复审委通知格力公司称该无效宣告请求需等待在先作出的无效审查决定生效，故暂时无法审查。

2017 年 1 月 17 日，格力公司登录京东商城的奥克斯空调自营旗舰店，可见 KFR－35GW/BpTYC1＋1 和 KFR－35GW/BpTYC2＋2 两款型号空调在销售展示，还可见奥胜公司给予北京京东世纪贸易有限公司销售奥克斯品牌空调器产品的网络经销商授权书。格力公司在线购买了两款型号产品各一台。1 月 19 日，格力公司收到了上述购买的空调产品，并取得京东公司的销售发票。产品上标注的厂家是奥胜公司。

2 月 10 日，格力公司登录奥胜公司官网，可见 KFR－35GW/BpTYC19＋1、KFR－35GW/BpTYC29＋2、KFR－26GW/BpTYC19＋1、KFR－26GW/BpTYC29＋2 等四款型号空调在销售展示。格力公司询问"在线客服"：KFR－35GW/BpTYC19＋1 和 KFR－35GW/BpTYC29＋2 的产品，分别与京东上销售的 KFR－35GW/BpTYC1＋1 和 KFR－35GW/BpTYC2＋2 的产品有何区别。"在线客服"回答是一样的，为了区分不同销售平台。格力公司接着询问：型号中 C1 和 C2 后面加 9 是什么意思。"在线客服"回答是为了区分平台。

同日，格力公司登录京东商城的奥克斯空调自营旗舰店，可见 KFR－35GW/BpTYC1＋1、KFR－35GW/BpTYC2＋2、KFR－26GW/BpTYC1＋1、KFR－26GW/BpTYC2＋2、KFR－35GW/BpTYC19＋1、KFR－35GW/BpTYC29＋2、KFR－26GW/BpTYC19＋1、KFR－26GW/BpTYC29＋2 等八款型号空调在销售展示。

同日，格力公司还登录天猫商城的百业电器专营店，可见 KFR－35GW/BpTYC19＋1、KFR－26GW/BpTYC19＋1 两款型号奥克斯空调在销售展示。

登录天猫商城的奥克斯百诚专卖店，可见 KFR－35GW/BpTYC29＋2 型号的奥克斯空调在销售展示。登录天猫商城的苏宁易购官方旗舰店，可见 KFR－35GW/BpTYC1＋1、KFR－35GW/BpTYC2＋2、KFR－26GW/BpTYC1＋1、KFR－26GW/BpTYC2＋2 四款型号奥克斯空调在销售展示。登录天猫商城的奥克斯君豪专卖店，可见 KFR－26GW/BpTYC29＋2 型号奥克斯空调在销售展示。

2017 年 9 月 13、15 日，格力公司登录京东商城的奥克斯空调自营旗舰店，在线购买了 KFR－26GW/BpTYC1＋1、KFR－26GW/BpTYC2＋2 两款型号空调各一台。9 月 15 日、18 日，格力公司收到上述购买的空调产品，并取得京东公司的销售发票。产品上标注的厂家分别为奥胜公司和奥克斯空调股份有限公司。

2017 年 9 月 13 日，格力公司登录天猫商城的奥克斯旗舰店（显示的经营者为奥克斯空调股份有限公司），在线购买了 KFR－35GW/BpTYC19＋1、KFR－35GW/BpTYC29＋2 两款型号空调各一台。9 月 15 日，格力公司收到上述购买的空调产品，产品上标注的厂家是奥胜公司。后格力公司取得上述奥克斯旗舰店提供的奥克斯空调股份有限公司销售发票。

格力公司将上述购得的六款型号空调产品实物作为该案被诉侵权产品提交。奥胜公司确认该六款型号被诉侵权产品是其生产、销售，京东公司确认从京东商城购买的四款型号被诉侵权产品是其销售。经当庭核对，格力公司与奥胜公司确认该六款型号被诉侵权产品结构相同。

双方当事人当庭将六款型号被诉侵权产品与该案专利相关权利要求进行了比对。关于权利要求 1，经查被诉侵权产品后接水槽是三个长度均等、表面水平的台阶由一端向引水槽一端逐渐降低。奥胜公司据此认为被诉侵权产品的后接水槽是三段阶梯式设置，没有该案专利后接水槽呈倾斜设置的特征。格力公司则认为被诉侵权产品后接水槽的三段阶梯相连后整体仍呈现倾斜，故两者并无区别。关于权利要求 7 的附加技术特征，经查被诉侵权产品的换热器支架插在底壳上。奥胜公司据此认为被诉侵权产品不存在换热器支架按压热交换器的特征。格力公司则认为两者的手段和效果并无不同。关于权利要求 8 的附件技术特征，奥胜公司认为：该案专利的第二引水槽应当是两边高中间低的结构，被诉侵权产品的第二引水槽没有该结构；该案专利的第三凹部与第二引水槽相接，第二引水槽与接水槽相通，此处的"相接"和"相通"均是物理上的连接,被诉侵权产品对应部件并没有这种连接关系。格力公司不确认该案专利"相接"和"相通"的特征是指物理上的"相接"和"相通",认为被诉侵权产品与该案专利并无区别。关于权利要求9的附加技术特征,奥胜公司认为被诉侵权产品的扣孔是在底壳上,并非在第一支承部。格力公司则认为底壳包括第一支承部,被诉侵权产品扣孔在底壳上的位置刚好就是第一支承部上,故两者并无区别。关于权利要求12的附加技术特征,格力公司认为两者相同,奥胜公司予以确认。关于权利要求13、14的附加技术特征,奥胜公司认为被诉侵权产品对应该案专利密封件的部件,并不起密封作用,只支撑热交换器。格力公司则认为被诉侵权产品该部件就是密封件。关于权利要求16的附加技术特征,经查被诉侵权产品的蜗舌与底壳一体成型。奥胜公司据此认为被诉侵权产品没有该案专利的蜗舌通过卡扣方式固定在底壳上的特征。格力公司则认为卡扣固定与一体成型是本领域普通技术人员不经创造性劳动就能联想到的替代方式,两者构成等同。关于权利要求17的附加技术特征,格力公司认为两者相同,奥胜公司予以确认。

格力公司未购得 KFR – 26GW/BpTYC19 + 1、KFR – 26GW/BpTYC29 + 2 两款型号空调产品实物,但认为根据奥胜公司官网"在线客服"答复,C1 和 C2 后面加 9 只是为了区分不同销售平台,该两款型号产品与上述六款型号产品结构并无区别,故主张该两款型号产品也是被诉侵权产品。奥胜公司则认为其产品型号是根据国家标准 GB/T7725 – 2004 命名,只涉及性能参数不体现具体结构,由于格力公司未购得该两款型号产品实物,故格力公司主张不能成立。

经查,根据上述国家标准,可知被诉侵权产品型号中 K 代表房间空气调节器;F 代表分体;R 代表热泵型;26 或 35 代表制冷量;G 代表室内机组结构是挂壁式;W 代表室外机组;Bp 代表变频;之后的代号是工厂设计序号和特殊功能代号等。奥胜公司并未对其工厂设计序号作出合理说明。

奥胜公司为证明被诉侵权产品使用现有技术,提交以下证据:名称为"空调机的室内单元"的日本发明专利。该专利申请日是 1997 年 4 月 23 日,公开日是 1998 年 11 月 13 日,其权利要求如下:

1. 一种空调机的室内单元,具有横流风扇,该横流风扇大致水平地配置在壳体内,其一端侧支承轴支承于轴承,且该横流风扇由与其另一端侧支承轴联结的驱动马达驱动而旋转,其特征在于,所述轴承具有始终对横流风扇向驱动马达侧施力的施力机构。

2. 一种空调机的室内单元，其轴承和马达支座夹着壳体内的空气流通路而相对设置，横流风扇的一端侧支承轴支承于所述轴承，与该横流风扇的另一端侧支承轴联结的驱动马达卡止于所述马达支座，其特征在于，所述轴承具有能够沿所述横流风扇的轴心方向在一定范围内移动的轴承本体，对该轴承本体向横流风扇施力的弹簧被插入所述轴承内。

该证据用以证明轴承座的轴承胶圈是公知常识。

《机械设计手册单行本轴承》，主编单位是中国有色工程设计研究院，化学工业出版社 2004 年第 1 版，内有橡胶轴承的结构说明及应用示例。该证据用以证明轴承胶圈装在底座上是公知常识。

名称为"空调机的风扇轴承装置"的日本发明专利，该专利申请日是 2006 年 10 月 27 日，公开日是 2008 年 5 月 8 日，申请人是大金工业株式会社。该专利权利要求如下：

1. 一种空调机的风扇轴承装置，该空调机的风扇轴承装置支承室内单元的横流风扇的轴，其特征在于，利用轴承部件和支承部件构成轴承装置，所述轴承部件在内部设有支承所述横流风扇的轴的轴承，所述支承部件支承该轴承部件，所述支承部件由经由铰链部开闭自如的两个半分割体构成。将该两个半分割体形成为大致圆弧状，并且构成为向两个半分割体内组装所述轴承部件并将该半分割体嵌合在一起，并且，使该轴承装置构成为相对于室内单元的底框架可拆装。

该证据用以证明被诉侵权产品使用的是该现有技术。

新浪财经 2009 年 2 月 20 日题为《格力电器：与大金设立合资公司，格力竞争力提升》的报道。该报道称：格力电器公告，2009 年 2 月 18 日在中国珠海与大金签署《珠海格力大金精密模具有限公司合资经营合同》与《珠海格力大金机电设备有限公司合资经营合同》……此次格力与大金合作的两个工厂分别生产变频压缩机和精密模具……该证据用以证明格力公司将大金株式会社的专利在国内进行申请，形成该案专利，属于滥用专利权。

格力公司认为，该案专利涉及空调机一系列结构，而奥胜公司现有技术的证据仅针对空调机的风扇轴承装置，故不能证明奥胜公司现有技术抗辩。

奥胜公司为证明其同一型号项下的产品结构不同，提交了 KFR－35GW/BpTYC2＋2 型号空调产品实物一台。经当庭比对，格力公司确认该产品在轴承胶圈和轴承胶圈座结构上做了改变，将原来轴承胶圈座中部的凸起改到了轴承胶圈的两端。但格力公司认为，该产品并非从公开渠道取证，奥胜公司作为空调生产厂家完全可能为应对该案而进行更改，故不予确认。

2017 年 3 月 28 日，格力公司登录奥克斯官网，里面"小奥播报"栏目刊有标题为《奥克斯转型："价格战鼻祖"到"标杆"》的文章。文章在介绍奥克斯在 2015 年取得骄人业绩时引用了奥维云网的线上零售监测数据。

2017 年 5 月 12 日，格力公司登录奥维云网官网，上面关于奥维云网的介绍称：拥有中国最全面最高效的零售监测体系，其中线下覆盖逾 1018 个县市，6400 多家实体零售门店；线上囊括 10 多家主流电商平台，全网监测总量覆盖行业规模的 90% 以上。奥维云网的数据来源，除零售监测外，还通过大数据平台对产业链上游、商用市场、出口市场以及各市场的消费行为信息进行定期采集，目前每日采集信息条数已超过百万级，是中国家电行业唯一一家贯穿全产业链、覆盖范围最全的大数据采集网络。奥维云网业务范围包括企业大数据应用（零售数据研究、商用数据研究、产业数据研究等）。奥维云网战略合作机构和企业包括中国家用电器协会、京东商城、天猫、国美在线、海尔、美的、TCL 和奥克斯等。

格力公司还提交了落款为北京奥维云网大数据科技股份有限公司的《2016 年主要空调企业产品销售情况》和《2017 年 1—4 月累计主要空调企业产品销售情况》。该报告涉及的主要空调企业包括格力、美的、海尔、奥克斯、志高。该报告还说明，其线上数据监测范围为 9 个主流 B2B 平台，包含天猫商城、国美在线、苏宁易购、京东商城、飞牛网、云猴网、1 号店、当当、新蛋、亚马逊等；线下数据包含大连锁、百货商城、超市、地方连锁等第三方渠道商零售数据，不包含专卖店及工程采购数据。该报告统计数据显示，奥克斯八款型号被诉侵权产品 2016 年线上销售量 102 732 台，销售额 27 598.8 万元；2017 年 1—4 月线上销售量 184 448 台，销售额 46 577.8 万元。格力公司据此主张被诉侵权产品 2016 年全年及 2017 年 1—4 月线上销售额共 74 176.6 万元。另外，该报告未见被诉侵权产品 2016 年线下销售数据；2017 年 1—4 月线下销售仅涉及其中两款型号，销售量 263 台，销售额 71.1 万元。

2017 年 2 月 10 日，京东商城的奥克斯空调自营旗舰店上显示：KFR-35GW/BpTYC2+2 型号空调单价 2499 元，累计评价 9400+；KFR-26GW/

BpTYC2 + 2 型号空调单价 2249 元，累计评价 6300 + ；KFR - 26GW/BpTYC1 + 1 型号空调单价 2499 元，累计评价 5500 + ；KFR - 35GW/BpTYC1 + 1 型号空调单价 2899 元，累计评价 6400 + ；KFR - 35GW/BpTYC29 + 2 型号空调单价 2499 元，累计评价 400 + ；KFR - 26GW/BpTYC29 + 2 型号空调单价 2249 元，累计评价 400 + ；KFR - 35GW/BpTYC19 + 1 型号空调单价 2899 元，累计评价 500 + ；KFR - 26GW/BpTYC19 + 1 型号空调单价 2499 元，累计评价 500 + 。格力公司认为累计评价数可以反映被诉侵权产品最低销售量，故主张截至 2017 年 2 月 10 日，京东商城八款型号被诉侵权产品累计销售额最低是 7458.56 万元。

2017 年 6 月 19 日，京东商城的奥克斯空调自营旗舰店上显示：KFR - 35GW/BpTYC2 + 2 型号空调单价 2699 元，累计评价 2 万 + ；KFR - 26GW/BpTYC2 + 2 型号空调单价 2449 元，累计评价 1.3 万 + ；KFR - 26GW/BpTYC1 + 1 型号空调单价 2499 元，累计评价 2.5 万 + ；KFR - 35GW/BpTYC1 + 1 型号空调单价 2788 元，累计评价 2.9 万 + ；KFR - 35GW/BpTYC29 + 2 型号空调单价 2699 元，累计评价 900 + ；KFR - 26GW/BpTYC29 + 2 型号空调单价 2449 元，累计评价 900 + 。格力公司据此主张截至 2017 年 6 月 19 日，京东商城该六款型号被诉侵权产品累计销售额最低是 23 377.72 万元。

2017 年 9 月 25 日，京东商城的奥克斯空调自营旗舰店上显示：KFR - 35GW/BpTYC2 + 2 型号空调单价 2599 元，累计评价 2.7 万 + ；KFR - 26GW/BpTYC2 + 2 型号空调单价 2349 元，累计评价 1.9 万 + ；KFR - 26GW/BpTYC1 + 1 型号空调单价 2599 元，累计评价 3.5 万 + ；KFR - 35GW/BpTYC1 + 1 型号空调单价 2849 元，累计评价 5.8 万 + 。格力公司据此主张截至 2017 年 9 月 25 日，京东商城该四款型号被诉侵权产品累计销售额最低是 37 101.1 万元。

综上，格力公司主张被诉侵权产品销售额 = 奥维云网统计的被诉侵权产品 2016 年全年及 2017 年 1—4 月线上销售额 + 京东商城被诉侵权产品 2017 年 5 月 1 日至 6 月 19 日销售额 + 京东商城被诉侵权产品 2017 年 6 月 20 日至 9 月 25 日销售额。其中，奥维云网统计的被诉侵权产品 2016 年全年及 2017 年 1—4 月线上销售额 = 74 176.6 万元。京东商城被诉侵权产品 2017 年 5 月 1 日至 6 月 19 日销售额 = （京东商城六款型号被诉侵权产品 6 月 19 日销售额 - 京东商城相应型号被诉侵权产品 2 月 10 日销售额）× 5 月 1 日至 6 月 19 日的天数 ÷ 2 月 10 日至 6 月 19 日的天数 = 6301.53 万元。京东商城被诉侵权产品

2017 年 6 月 20 日至 9 月 25 日销售额 = 京东商城四款型号被诉侵权产品 9 月 25 日销售额 - 京东商城相应型号被诉侵权产品 6 月 19 日销售额 = 14 186.7 万元。上述数据相加共计 9.47 亿元。

格力公司还提交了巨潮资讯网（www.cninfo.com.cn）公布的其 2016 年度报告及美的集团股份有限公司 2016 年度报告。报告显示，格力公司 2015 年度和 2016 年度净利润率分别为 12.82% 和 14.23%，其中空调的毛利率分别为 36% 和 38.54%；美的集团股份有限公司 2015 年度和 2016 年度净利润率分别为 9.18% 和 9.23%，其中空调及零部件的毛利率分别为 28.25% 和 30.56%。

2016 年，格力公司曾以奥胜公司生产、销售的 KFR - 26GW/BPLA800（A2）、KFR - 35GW/BPLA800（A2）两款型号空调室内机产品侵犯该案专利权，向广州知识产权法院（该案一审法院）起诉。2016 年 8 月 28 日，广州知识产权法院认定该两款型号产品构成侵权，并作出一审判决：奥胜公司立即停止侵权并赔偿损失 80 万元。奥胜公司不服上诉。2017 年 5 月 11 日，广东省高级人民法院作出二审判决：驳回上诉，维持原判。奥胜公司仍不服申请再审。2017 年 9 月 29 日，最高人民法院裁定驳回奥胜公司再审申请。

奥胜公司认为，其从未与奥维云网进行合作；京东评价数不能排除未购买而进行评论以及一次购买多次评论的可能，也不能排除刷单的可能，故评价数不能作为赔偿依据；奥维云网的数据来源于京东等平台，故也不能作为赔偿依据；不认可格力公司与美的集团股份有限公司的净利润率。

2017 年 11 月 3 日，奥胜公司登录奥维云网官网，首页的"合作客户"中未见奥胜公司名称及奥克斯品牌。同日，奥胜公司登录百度官网，分别以"清华大学王兴军奥维云网""复旦大学奥维云网""北京邮电大学曾剑秋奥维云网"为关键词进行搜索，搜索结果未显示上述大学和专家与奥维云网存在合作关系。该证据用以证明奥维云网存在虚假宣传及统计数据不真实性。格力公司认为，奥维云网公司是上市公司，不可能存在虚假宣传；奥维云网统计的数据能与京东商城的评价数相互印证，且奥胜公司自己也引用奥维云网的数据，足以证明该数据是可信的。

奥胜公司还提交了被诉侵权产品《物料成本核算清单》，清单上列明底座单价 26.2 元、轴承组合件单价 0.65 元。该证据用以证明该案专利对空调的贡献率极低。格力公司认为，该证据由奥胜公司单方制作，且没有相关证据佐证，故不能证明其主张。

另查明，京东公司当庭表示，如果在京东商城没有购买某一产品不能在该产品项下发表评价；已经购买的同一客户可以进行多次评价，但只计入一个评价记录中；京东商城不存在刷单情形。

奥胜公司成立于1993年9月18日，注册资本12亿元，登记的经营范围包括空调器及配件、制冷机械配件、暖风机及配件的制造、加工、销售、安装、维修等。

格力公司已经为该案支出律师费、购买被诉侵权产品费用、公证费共计80 294元。

再查明，格力公司明确以奥胜公司侵权获利作为计算赔偿的依据。根据格力公司申请和举证并结合案件审理具体情况，一审法院责令奥胜公司、京东公司限期提交八款型号被诉侵权产品自2015年1月1日至今能够反映其获利情况的数据和财务账册资料。

奥胜公司在期限内提交了2016年、2017年度其销售给京东公司负责范围的统计表及其明细。该统计表显示，涉及的产品型号是 KFR – 26GW/BpTYC1 + 1、KFR – 35GW/BpTYC1 + 1、KFR – 26GW/BpTYC2 + 2 和 KFR – 35GW/BpTYC2 + 2；涉及的地域范围是广州、深圳、东莞、广西和福州；累计销售量是6.59万台，销售额共1.31亿元，净利润率3.7%，净利润额共485万元。奥胜公司表示，该案中由京东公司销售的被诉侵权产品只有上述四款型号，故其只提供该四款型号被诉侵权产品的统计数据；数据所对应的原始凭证已经入账封存，不可能提交给法院。

京东公司也在期限内提交了2016年4月8日至2017年11月15日的销售数据统计表。该统计表涉及的产品型号同奥胜公司的统计表；涉及的地域范围是广东、广西、福建、海南和江西赣州；累计销售量是4.83万台，销售额共1.42亿元。京东公司表示，京东商城是从2016年4月开始销售被诉侵权产品，内部管理分为华南、西南、华中、华东、华北、东北6个区域，其只负责华南区域的销售；根据公司财务管理要求，账册资料原件不能外借，故不能提交给法院。

格力公司认为，奥胜公司与京东公司提交的均是自行统计的数据，没有原始财务凭证核对，故无法确认。

一审法院依照《中华人民共和国侵权责任法》（已废止）第15条第1款

第1项、第6项、第2款,《专利法》(2008)第11条第1款、第65条,《最高人民法院关于审理专利纠纷案件适用法律问题的若干规定》第20条第3款、第22条,《最高人民法院关于审理侵犯专利权纠纷案件应用法律若干问题的解释》第16条第1款、第2款,《最高人民法院关于审理侵犯专利权纠纷案件应用法律若干问题的解释(二)》第27条的规定,判决:(1)奥胜公司于判决发生法律效力之日起立即停止制造、销售、许诺销售侵害格力公司案"一种空调机的室内机"实用新型专利权的产品,并立即销毁库存侵权产品及制造侵权产品的专用模具;(2)奥胜公司于判决发生法律效力之日起10日内赔偿格力公司经济损失及维权合理费用共4000万元;(3)京东公司于判决发生法律效力之日起立即停止销售、许诺销售侵害格力公司该案"一种空调机的室内机"实用新型专利权的产品。如果奥胜公司未按判决指定的期间履行给付金钱义务,应当依照《中华人民共和国民事诉讼法》第253条规定,加倍支付迟延履行期间的债务利息。案件受理费241 800元,由奥胜公司负担。该费用已由格力公司预交,经其同意一审法院不予退回,由奥胜公司在履行上述第二判项时一并支付给格力公司。

后奥胜公司不服一审判决提起上诉。

争议焦点

2017年9月至2018年4月被诉侵权产品销售额计算结果是否合理?

裁判结果与理由

二审法院认为:格力公司一审提交的(2017)粤广广州第021456号公证书所示 KFR – 26GW/BpTYC29 + 2、KFR – 35GW/BpTYC29 + 2、KFR – 26GW/BpTYC19 + 1上市时间分别为2016年4月、4月、5月。京东公司提交的被诉侵权产品销售时间最早记录为2016年4月。由奥胜公司官网宣称的被诉侵权产品的上市时间以及京东公司一审提交的销售数据统计表及陈述,可合理推算被诉侵权产品上市时间为2016年4月,该案格力公司购买的被诉侵权产品最早的生产日期为2016年3月,也可与之印证。据此,应以2016年4月至2017年4月期间共计12个月来计算月平均销售额。奥维云网统计2016

年至 2017 年 4 月被诉侵权产品销售额约为 7.4 亿元，计算在内的 2016 年 1—4 月并无销售，应予剔除。据此，2017 年 9 月底至 2018 年 4 月底期间共计 7 个月被诉侵权产品线上销售额约为 7.4÷12×7＝4.3 亿元，2016 年至 2018 年 4 月被诉侵权产品线上销售额合计约为 9.46＋4.3＝13.76 亿元，较一审法院从 2016 年 1 月起计算的销售额多 1.1 亿元（9.47 亿元＋3.2 亿元＝12.67 亿元）。

虽然上述计算过程未能准确反映空调销售淡旺季、京东商城在全国六大片区销售情况的差异等客观因素，采用月平均销售额计算 2017 年 9 月至 2018 年 4 月被诉侵权产品销售额，存在一定的推算成分。但是，其一，被诉侵权产品的准确销售数据由奥胜公司掌握，如果奥胜公司认为销售额不实，其完全有能力提交八款型号被诉侵权产品完整销售数据以供验证或反驳上述计算结果，但其直至该案终审判决作出之日仍未提交相应证据。其二，上述 9.46 亿元线上销售额的计算过程中，尚未计入 2017 年 5 月 1 日至 2017 年 9 月 25 日京东商城以外的其他线上平台（如天猫商城、奥克斯官网）的销售额。其三，根据日常经验常识，必然有部分购买产品的客户没有进行评价，京东商城评价数量只能代表相关产品最低销售数量，上述京东商城销售额的计算结果与实际情况相比偏低。此外，二审中格力公司还提交证据证明了该案专利到期之后京东商城仍旧销售型号为 KFR－26GW/BpTYC1＋1、KFR－35GW/BpTYC1＋1、KFR－26GW/BpTYC2＋2、KFR－35GW/BpTYC2＋2 四款被诉侵权产品，在 2018 年 4 月 28 日至 2018 年 7 月 18 日，以上型号被诉侵权产品销售额增加了 4.148 亿元，奥胜公司对该销售情况并无异议。该销售行为发生在该案专利权到期后 3 个月之内。根据产品制造到上市销售的正常周期，结合该案证据所示奥胜公司产品制造到上市销售存在后延的情况，可以合理推断以上型号被诉侵权产品大部分均于专利权有效期内制造，其所反映的产品销售状况可以佐证前述被诉侵权产品销售情况的真实性。综上，奥胜公司关于一审法院被诉侵权产品线上销售额计算结果不合理的上诉主张依据不足，法院不予支持。

案件评析

该案中出现了一种情况，那就是一些侵权产品在专利权没有到期时就已经在制造了，当专利权到期后，这些专利权到期前制造的产品就开始进行销售。产品的生产需要生产周期，如果一项专利权产品刚刚到期，其他仿制的产品就立即出现在市场上，这样看似没有侵犯专利权，但是将产品的生产周期计算进去就可以很容易地知道该仿制产品在专利权的有效期内就已经开始制造，这样同样是侵犯了专利权。如果不将此种行为加以规制，势必会影响专利权人的权利。在该案中，二审法院并没有纵容此种情况，在计算赔偿数额时将此种情况加以合理考虑，这种做法值得赞同。

二、特殊制度

背景资料

专利权期限制度是专利权制度中很重要的一项，但是因为种种原因，专利权的期限制度不能很好地发挥作用，所以就要对符合一定条件的某些专利的保护期进行适当的补偿，增加该专利权总体的有效保护期。

专利权的期限是从专利申请日起算的，包括国家知识产权局审查、授权的期间。如果审查、授权耗费太多时间，专利权实际享受的保护期就缩短了。[1] 为解决这一问题，美国在 1994 年修改专利法时引入专利权期限调整（Patent Term Adjustment，PTA）制度，规定在专利申请、审查、授权等相关程序中，一旦出现某些非由于申请人原因造成的延迟，美国专利和商标局必须将拖延的天数补偿至专利期限中。[2] 2020 年 1 月签署的中美第一阶段经贸协议对专利有效期的延长（Effective Patent Term Extension）提出了要求。[3]

专利权期限制度有其存在的合理基础，只有在专利权期限合理存在的前提下才能讨论专利权期限补偿的问题。专利权期限补偿制度是第四次《专利法》修改的内容之一，为什么要对专利权期限进行补偿？如何对专利权期限进行补偿？

---

[1]　陈扬跃，马正平. 专利法第四次修改的主要内容与价值取向 [J]. 知识产权，2020（12）：6 – 19.

[2]　《美国专利法》第 154 条 b 款，国家知识产权局条法司. 外国专利法选译 [M]. 北京：知识产权出版社，2015：1610.

[3]　中美第一阶段经贸协议第 1. 12 条 [EB/OL]. [2023 – 11 – 07]. http：//www. gov. cn/xin-wen/2020 – 01/16/5469650/files/0637e57d99ea4f968454206af8782dd7. pdf.

专利权期限补偿制度虽然在我国是新修订的，在国外却早有立法例。美国法律规定，2000 年 5 月 29 日之后申请发明专利的申请案，美国专利局将依照专利局或者发明人延误的时间，适当调整专利权的期限。除此之外，美国还专门制定了药品专利权期限补偿制度。总之，美国早就规定了专利权期限补偿制度，并且保护的期限也不统一。英国在专利权保护期限方面有补充保证书的规定，自基本专利有效期届满之日起最长 5 年。根据《法国知识产权法典》的规定，外观设计的保护期经权利人申请可以获得延长保护；法国也有补充保证书制度。德国也有补充保证书制度，并且在德国，实用新型专利可以续展。日本也可以申请延长发明专利的有效期。各国专利权有效期的不同也是各自经济发展水平的反映。发达国家希望获得更长的专利权保护期以期在其他国家获得更多利益，而发展中国家则希望专利权保护期短一点以期尽快获得免费的知识。

推动专利权期限补偿制度发展的是药品行业。药品行业不同于其他的产品行业，首先药品前期研发的时间成本和经济成本巨大，其次药品研发出来后的临床试验或者毒性检验的时间也很漫长，最后就是一个药品上市需要审批，而药品事关人类生命健康，审批很严格，程序可能也很烦琐，所以药品审批上市的时间很长。这样一来，药品有效的专利权保护期限实际上比很多专利的有效保护期都要短，但是药品的研发成本巨大，所以药品实际有效的专利保护期很可能不能使研发者收回成本。我国《专利法》第 42 条第 3 款规定："为补偿新药上市审评审批占用的时间，对在中国获得上市许可的新药相关发明专利，国务院专利行政部门应专利权人的请求给予专利权期限补偿。补偿期限不超过五年，新药批准上市后总有效专利权期限不超过十四年。"通过该款规定，我国在药品专利方面确立了专利权期限补偿制度。我国《专利法》第 42 条第 2 款规定了给予发明专利专利权期限补偿，不过如果授权过程中发生的不合理的迟延是由申请人自己引起的，则不能给予专利权期限补偿，这与国外的规定还是有差距的。图 9-1 直观展示了药品专利在美国经批准上市的过程，可以作为认识我国药品专利上市审批的一个参考。❶

---

❶ 刘立春，漆苏. 药品专利权期限补偿研究 ——兼议《中华人民共和国专利法修正案（草案）》第 42 条第 2 款 [J]. 科技管理研究，2019（23）：169-175.

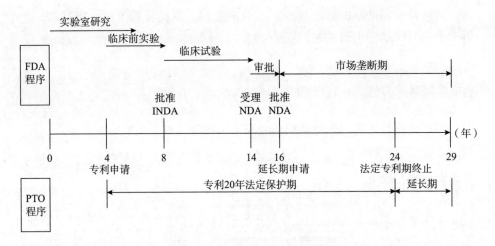

图 9 - 1　美国药品专利权的延长期

从图 9 - 1 中可以看出，药品专利从授权到上市的过程十分漫长，所以在其专利权有效期内研发者可能无法收回研发成本。对此，美国出台了《药品价格竞争与专利期补偿法》（Hatch - Waxman 法案），它是由美国国会议员海彻（Hatch）与维克斯曼（Waxman）于 1984 年提出的，所以人们经常习惯于用他们的名字来称呼该法案，即《海彻 - 维克斯曼法案》。该法案的出现主要是解决美国原研药和大众对仿制药的需要的矛盾。原研药开发成本高，如果没有一定期限的市场占有权，那么开发成本可能无法获得补偿，挫伤原研药行业的开发热情；但是原研药价格过高，患者需要支出的医疗费用巨大，所以需要仿制药尽快上市控制药价，以满足医疗需求。而这二者矛盾主要的体现之一在 1983 年罗氏公司（Roche）诉宝莱公司（Bolar）侵权案中。

> **案情介绍**

罗氏公司拥有一种安眠药的有效成分盐酸氟氨定的专利，该专利有效期到 1984 年届满。

1983 年，宝莱公司为了尽早上市仿制罗氏公司的安眠药盐酸氟西而在该产品专利期届满前进口了该药物的原料化合物，开展了生物等效性实验并且向美国 FDA 申请仿制药物上市许可所需要的研究。罗氏公司认为宝莱公司的行为侵犯了其专利权，于是罗氏公司于 1983 年 7 月 28 日向纽约联邦地区法院起诉宝莱公司的行为侵权。一审法院认为，宝莱公司的行为是研究实验行为，且涉及专利产品的数量较少，不构成侵权。罗氏公司不服一审判决，上诉至美国联邦巡回上诉法院。

争议焦点

为药品进行生物等效性实验是否属于不视为侵权的实验研究？

裁判结果与理由

美国联邦巡回上诉法院认为为药品进行生物等效性实验具有商业目的，不属于专利法规定的不视为侵权的实验研究，最终宝莱公司因侵权而败诉。

案件评析

宝莱公司虽然因为侵权而败诉，但是法院也同时说明了在专利权保护期届满前禁止仿制药的实验研究实际上是在变相延长原产品的专利保护期，并认为这样的问题应当尽早立法解决。宝莱公司的败诉也推动了美国专利制度的修改，主要体现在上述提及的《海彻－维克斯曼法案》，该法案的主要目的就是通过延长药品专利保护期来弥补药品研发以及上市审批所耗费的时间，以此使研发者有充足的时间收回研发成本；同时也促进仿制药尽快上市，以实现药品行业有价格竞争的目的。

我国《专利法》关于保护期的规定虽然仍有进步的空间，但是《专利法》第42条的修改仍然具有很重要的意义。

第三节　开放许可

背景资料

1919年，英国为了促进专利的实施，制定了开放许可制度（License of

Right，LOR），该制度于 1977 年定型。2020 年，英国对 1977 年版《专利法》进行修改，开放许可制度被规定在第 46～47 条，在相应的专利实务手册中也进行了规定。❶ 之后随着世界各国专利申请量的提高，为了提高专利实施率，各国也都相继引进了开放许可制度，德国于 1936 年引进该制度（Willingness to License），并规定在《德国专利法》第 23 条；俄罗斯将该制度（Open License）规定在《俄罗斯联邦民法典》（专利法部分）第 1368 条；《法国知识产权法》曾规定该制度（Licence d'office），但由于实施效果欠佳，于 2005 年废除。❷ 美国立法中虽然没有相关规定，但是在实践中类似制度也得到了运行。日本也未引进该制度，但是一直关注开放许可制度的实施，日本财团法人知识产权研究所也发布《关于产业财产权收费政策应有状态的调查研究报告书》等研究报告对该制度相关问题进行分析。❸

　　在我国是否需要引入该制度的讨论中，有学者提出尽管理论上该制度能促进专利的实施，但是在实际操作中达成的许可数量有限，同时较高的交易成本会使得该制度在提升专利转化率上存在一定的局限性，因此我国不应引入该制度。❹ 多数学者认为我国有必要引入该制度，但是在制度设计上需要进一步完善。

　　对于该制度讨论最多的内容，当属开放许可使用费。对于开放许可使用费标准，有学者指出没有必要将明确许可使用费的支付方式和标准作为开放许可声明成立的要件之一，其不仅不符合专利开放许可声明的法律性质，与国外实践经验也不相符。❺ 有学者认为该定价机制是没有效率的。虽然该定价机制确实降低了许可费定价的交易成本，但是从许可合同市场特性来看，这一交易成本的降低是没有意义的，而且在特定的情况下甚至可能引发更高

❶　The Patents Act 1977（as amended）.

❷　十二国专利法［M］.《十二国专利法》翻译组，译. 北京：清华大学出版社，2013：86 - 87.

❸　［日］财团法人知的财产研究所，《「アンチコモンズの悲劇」に関する諸問題の分析報告書》［EB/OL］.［2023 - 11 - 08］. https：//dl. ndl. go. jp/view/download/digidepo _ 1246955 _ po _ 17anti. pdf? contentNo = 1&alternativeNo = ；［日］财团法人知的财产研究所，《産業財産権に係る料金施策の在り方に関する調査研究報告書》［EB/OL］.［2023 - 11 - 08］. https：//dl. ndl. go. jp/view/download/digidepo_1248010_po_200700all. pdf? contentNo = 1&alternativeNo = .

❹　李慧阳. 当然许可制度在实践中的局限性——对我国引入当然许可制度的批判［J］. 电子知识产权，2018（12）：68 - 75.

❺　丁文，邓宏光. 论专利开放许可制度中的使用费问题——兼评《专利法修正案（草案）》第 16 条［J］. 知识产权与市场竞争研究，2021（1）：67 - 83.

的许可费定价成本，总体而言，该机制无效率，不能在降低交易成本的同时保证许可使用费的合理定价。[1]

对于许可使用费的定价方式，有学者认为相较于专利权人单方定价，应当允许专利权人与被许可人对许可使用费进行协商。[2] 还有学者提出了不同观点，其认为不论是"许可使用费"抑或"许可使用条件"，在本质上都不能包含实际操作中可能出现的多种状况，既然立法层面对该问题无法解决，那就将许可费事项交由市场决定，由许可方与被许可方根据市场实际状况进行交易。[3]

由于我国目前尚未有专利开放许可案例出现，此处选择类似制度案例进行分析。

案情介绍

此案[4]涉及浙江龙盛集团股份有限公司（以下简称"龙盛集团"）专利号为 ZL99104477.1、名称为"分散偶氮染料混合物"的发明专利。2014 年 7 月 14 日，该公司以绍兴县滨海飞翔化工有限公司（以下简称"飞翔公司"）生产和销售的分散液黑 ECO 染料产品的组分落入涉案专利权保护范围为由诉至法院，请求以专利许可使用费的合理倍数作为赔偿额的计算依据，判令飞翔公司停止侵权并赔偿经济损失 500 万元。

绍兴市中级人民法院经审理认为：经比对，可以认定飞翔公司生产的被诉侵权产品落入涉案专利权的保护范围。飞翔公司在收到龙盛集团的侵权警告函后，仍继续生产被诉侵权产品。考虑到涉案专利产品在染料领域用途广泛，产量大；涉案专利价值较高，龙盛集团与多家专利许可使用单位的专利许可使用费均在 500 万元以上；龙盛集团在起诉半年以前已经向飞翔公司发

---

[1] 张扬欢. 责任规则视角下的专利开放许可制度 [J]. 清华法学, 2019, 13（5）：186-208.

[2] 刘琳, 詹映. 论专利法第四次修订背景下的专利开放许可制度 [J]. 创新科技, 2020, 20（8）：39-44；罗莉. 我国《专利法》修改草案中开放许可制度设计之完善 [J]. 政治与法律, 2019（5）：29-37.

[3] 吴艳. 专利当然许可制度构建中的相关问题研究——兼评《专利法修订草案（送审稿）》[J]. 中国发明与专利, 2016（5）：65-67；郭伟亭, 吴广海. 专利当然许可制度研究——兼评我国《专利法修正案（草案）》[J]. 南京理工大学学报（社会科学版）, 2019, 32（4）：16-21.

[4] 浙江省高级人民法院（2015）浙知终字第 91 号。

出了侵权警告，飞翔公司主观过错明显；飞翔公司于 2012 年到 2014 年开具增值税发票载明的销售额逾 7000 万元等因素，龙盛集团主张的 500 万元赔偿请求合理，应予支持。遂于 2015 年 4 月 2 判决：飞翔公司立即停止侵权并赔偿龙盛集团经济损失 500 万元。

一审判决后，飞翔公司不服，向浙江省高级人民法院提出上诉。

争议焦点

一审判决确定的赔偿数额是否存有不当？

裁判结果与理由

在许可使用费较为可信的前提下，结合涉案发明的创新高度、侵权人主观过错、涉案产品市场状况等因素，认定在有多名专利被许可人的情况下，确定专利侵权赔偿数额时，侵权人所支付的代价不应低于正常交易情境下的专利被许可人的获益。

《专利法》第 71 条规定，侵犯专利权的赔偿数额按照权利人因被侵权所受到的实际损失或者侵权人因侵权所获得的利益确定；权利人的损失或者侵权人获得的利益难以确定的，参照该专利许可使用费的倍数合理确定。对故意侵犯专利权，情节严重的，可以在按照上述方法确定数额的 1 倍以上 5 倍以下确定赔偿数额。权利人的损失、侵权人获得的利益和专利许可使用费均难以确定的，人民法院可以根据专利权的类型、侵权行为的性质和情节等因素，确定给予 3 万元以上 500 万元以下的赔偿。

二审中，飞翔公司认为，按照其提供的审计报告、财务凭证及鉴证报告记载，其在 2012 年至 2014 年间所销售液黑产品的总额仅为 1 435 452.98 元，按 10% 的利润率计算侵权获益仅为 143 545.2 元，按照前述《专利法》的规定，其仅应按照侵权人因侵权所获得的利益来确定应承担的赔偿数额。对此，法院认为，首先，飞翔公司提供的诸多财务资料仅能证明其公司曾开具了品名为"液黑"、总额为 1 435 452.98 元的销售发票，并不足以证明该品名是否与涉案被诉侵权产品存在唯一对应关系，也不能有效证明其公司是否即实际生产、销售了相应数额的液黑产品，故该案中飞翔公司的侵权获益额尚难以认定。其次，涉案专利具有巨大的经济价值，并存在广泛的专利许可，且被许可人大多已支付高额的专利许可费，正吉公司按约应支付的专利许可使用费亦高达300万元，在现时权利人的损失或者侵权人获得的利益难以确定的情况下，可以该许可费的合理倍数来确定赔偿额。再次，飞翔公司在收取龙盛公司发送的侵权警告函后，仍继续侵权行为，存在较为明显的侵权主观故意。最后，龙盛公司为制止侵权支出的律师代理费、公证费等合理维权费用，亦应一并予以考量。综上，一审判决确定的500万元赔偿数额较为合理，应予确认。

案件评析

损害赔偿数额的计算一直是知识产权司法保护发展的瓶颈，绝大多数案件均以法定赔偿方式认定赔偿数额。司法实践中，由于原告提供的专利许可使用费证据缺乏关联证据佐证而鲜有被法院采信，故参照许可使用费合理倍数认定赔偿数额的案件也较为少见。

该案中，法院在许可使用费较为可信的前提下，结合涉案发明的创新高度、侵权人主观过错、涉案产品市场状况等因素，认定在有多名专利被许可人的情况下，确定专利侵权赔偿数额时，侵权人所支付的代价不应低于正常交易情境下的专利被许可人的获益，否则无异于鼓励侵权。法院最终全额支持了原告500万元的赔偿诉请，为专利许可使用费合理倍数的确定提供了有益的司法经验。

第四节　强制许可

背景资料

强制许可是指为了防止专利权人滥用专利权阻碍技术进步和损害公共利

益，国家专利行政主管部门可以根据申请而给予实施专利的许可。[1] 专利制度的核心便在于让权利人以公开换取独占权，这与"专利制度是给天才之火浇上利益之油"这一基本原则息息相关。专利中的强制许可制度看似打破了这一平衡，实际上却是在公众利益与专利权人利益之间的鸿沟进行了填补，既防止利益向专利权人倾斜，也防止技术发展停滞。

我国的强制许可制度在实践中分为防止专利权滥用的强制许可、为公共利益目的的强制许可、为防止限制竞争行为授予的强制许可和从属专利的强制许可等。[2]

强制许可制度具有经济合理性，在强制许可制度中，知识产权人的许可权在一定程度上被剥夺，但是获得报酬权被保留，这对其来说有"支出"也有"收益"。同时，使用人对知识产品利用的数量和方式的需要得到了满足，对其而言是"收益"，但其应当支付强制许可补偿费，这就是"支出"。[3]

强制许可制度还有利于降低交易成本，实现资源的优化配置。由国家机关授权给申请者使用相关技术，并规定使用者必须支付相应的补偿费用，这能减少双方在交易谈判环节中的种种烦琐步骤。

专利许可制度既保证了专利权人一定程度上的利益，同时也保证了使用人对专利技术利用的数量和方式的需要。

公共健康与专利强制许可之间的关系已成为许多国家和地区关注的问题，这是因为新药的研发需要极高的成本，并伴随着失败的风险。如果不对该药品进行专利保护，必然会降低市场上新药研发企业的积极性和创造性，新药研发技术如果一直停滞下去，必然不利于公共健康。如果对新药过分进行保护，会导致民众尤其是最不发达国家的人民在高昂的垄断价格面前却步。

因此，强制许可制度是一道解决二者难题的桥梁，TRIPs 协定和多哈宣言对此都有所规定。

---

[1] 王迁. 知识产权法教程 [M]. 6 版. 北京：中国人民大学出版社，2019：366.
[2] 郝敏. 药品专利强制许可制度在发展中国家的应用——从"抗癌药代购第一人"陆勇事件谈起 [J]. 知识产权，2015（8）：95－101.
[3] 黄丽萍. 知识产权强制许可制度研究 [M]. 北京：知识产权出版社，2012：26.

案情介绍

印度专利、外观设计和商标局局长库里安（Kurian）颁布了印度首个药品强制许可——允许本国仿制药厂商 Natco 生产索拉非尼（拜耳公司拥有专利权的一种抗癌药物）。根据《印度专利法》规定，在某一专利授权三年后，国内公司可以向该专利的原始权利公司提出许可请求。如果未能达成一致，国内公司可以向印度专利、外观设计和商标局申请强制许可。2011 年 7 月，Natco 公司据此提出针对拜耳公司关于复合索拉非尼的专利的强制许可申请。Natco 公司声称其申请符合《印度专利法》中规定的强制许可适用的所有情形："（a）公众对于该专利发明的合理需求未得到满足，或者（b）公众不能以合理的可支付价格获取该专利发明，或者（c）该专利发明未在印度领土范围内使用。"基于以上三个理由，印度专利、外观设计和商标局局长签署了此项强制许可。

该案涉案药物为"甲苯磺酸索拉非尼"（sorafenib tosylate），是专利号为 215715 的专利中的一种化合物，专利权人使用"多吉美"（NEXAVAR）这一品牌名称进行产品贩卖，该药物用于治疗晚期肾癌和肝癌，能阻止新的血管生长并抑制其他重要细胞生长因素。此药物并不能救命，只能延续生命。

2011 年 7 月 29 日，申请人依据《印度专利法》（1970）的第 84 条（1）提交了关于专利号为 215758 专利的强制许可申请。申请人作为印度各种药品制造商和分销商的领先者之一，向专利权人提出生产制造并销售此药物的自愿许可请求，但未得到对方同意。申请人拟以 8800 卢比（一个月疗程）（1 卢比≈0.0865 元人民币）的价格销售该药物，与此相对，专利权人当时对该药物的定价为 280 428 卢比（一个月疗程）。该申请提交时，距该专利授权日已经过 3 年。根据法律含义，该申请人亦是"相关人士"。强制许可申请的官方公开日为 2011 年 8 月 12 日。专利权人随后提交了一个月的延期申请用以提交反对意见，并得到允许。专利权人于 2011 年 10 月 7 日提交了一份"诉讼期间请求书"期望案件审理能够暂缓，因为其在德里最高法院正在与申请人进行有关同一件专利的侵权诉讼案件尚未判决。但这份请求在 2011 年 10 月 27 日被拒绝。随后专利权人再次提交了一份延期请求书和一份诉讼暂停请求书，这两份请求书于 2011 年 12 月 21 日均被拒绝。

争议焦点

（1）公众对于该专利发明的合理需求是否得到满足？

（2）公众能否以可负担的合理价格获取该专利发明？

（3）该专利发明是否在印度领土范围内被使用？

裁判结果与理由

（一）公众的合理需求

《印度专利法》第 84 条（1）（a）陈述如下："84. 强制许可。（1）在一项专利授权满 3 年之后的任何时间，任意相关利益人均可基于以下原因向专利管理者提出专利强制许可申请，即（a）公众对于该专利发明的合理需求未得到满足……"经过认真阅读相关法律条款，并充分考虑正反双方的口头及书面意见，库里安认为申请人对于印度的肝癌和肾癌发病率的认识依据的是全球癌症流行病学数据库（2008），而专利权人亦大量提到同样的统计数据。由于缺乏这两种癌症发病率的其他证据，库里安接受该数据库的统计数据和其中对发病率的预测。

专利权人根据其自身逻辑推导出符合此药物使用条件的患者数量约为8842 人。申请人指出已有上述数量两倍的患者在印度被确诊为晚期。鉴于印度的医疗基础设施和人民收入水平，库里安赞同申请人的论点，因此认为需要此种药物治疗的患者数量比专利权人推算的数字高出很多。

库里安不同意专利权人的论点，即专利权人与西普拉制药公司销售的药物满足了公众的合理需求。

根据专利权人的观点，西普拉制药公司是一个所谓的侵权人，因此不能履行专利权人的义务。在该案中，专利权人对待西普拉制药公司的态度看起来像是该公司是其被许可人一样。西普拉制药公司有可能随时被印度最高法院禁止其销售。这种由所谓的侵权人提供的不确定供应在决定该案时不能予以考虑，由于关系到癌症患者的生命，更不能委托于法律程序的不确定性。

专利权人根据其自身逻辑推导出了 8842 名癌症患者，并将这一数字与其和西普拉制药公司合计的销售量进行比较。专利权人在提交的材料中称其在2011年销售了593箱药物。经过此种药物的治疗，一名肝癌患者的生命可延长6~8个月，一名肾癌患者的生命可以延长4~5年，这是公认的事实。即使考虑患者所需的平均数为3盒（3个月的量），专利权人在2011年的药物供应量所满足的患者不超过200名。如其自身所述，专利权人提交的符合药物使用条件的患者数量为每年8842人。因此，专利权人仅使略高于2%的适合用药患者能够获取该药物。申请人认为每年该药物的需求量大约为7万盒。

从需要该药的可能患者数量得出结论，该药物每年的需求量在2.7万盒（专利权人声称的数量）和7万盒（申请人声称的数量）之间。从论据来看，即使考虑西普拉制药公司2011年销售的4686箱药物，在印度的供应量依然与需求量相距甚远。

依前文所述，专利权人自专利授权之日起4年内未能使该药物在印度范围内满足公众需求，这一行为完全不合理，尽管存在专利权人已经自2006年起在全球其他国家持续销售该药物这一事实。专利权人在印度市场销售该药物并非需要专门研发或者相应手段。专利权人作为印度市场的老牌著名厂商，拥有相当强的实力和众多经销商。根据申请人的论据，专利权人2009年在印度的销售额为1.6亿卢比似乎是不正确的，因为专利权人提交的2009年表格27中披露的销售额仅有2000万卢比。根据专利权人提交的证据，至少有8842名患者需要该药物，因此并非专利权人声称的对该药物没有需求。3年时间过后，专利权人在印度的进口及销售量也只占对该专利药物合理需求量的很小一部分。

这种情况适用于《印度专利法》第84条（7）的规定，陈述如下："（7）就本章目的而言，公众的合理需求被视为未能满足——（a）如果专利权人拒绝授权许可或在合理期限许可的理由，——……（ii）对于专利物品的需求在合理期限内未能充分得到满足，或……"

该案情形毫无疑问可以援引第84条（7）（a）（ii）。据此，库里安认为该案中公众对专利发明的合理需求未得到满足，因此根据《印度专利法》第84条规定应颁发强制许可。

（二）可负担的合理价格

《印度专利法》第84条（1）（b）陈述如下："公众不能以可负担的合

理价格获取该专利发明……"专利权人基于"可负担的合理价格"进行了强烈的争辩，并建议合理性应由公众和专利权人双方判断。申请人认为"可负担的合理价格"应被理解为对于公众来说是合理的。双方均承认"可负担的合理价格"是理论上的价格，须根据实际情况具体问题具体分析。专利权人亦争辩西普拉制药公司的产品售价为3万卢比，在该案中应予以考虑。同时，专利权人认为对于公众来说可负担的价格应被理解为对于公众的不同阶层来说均可负担的价格。基于这种观点，库里安同意专利权人的意见。但是，库里安质疑专利权人为何不针对印度不同阶层的公众提供不同定价，以此种手段贯彻其观点。另外，专利权人在其证词中称，其在全球范围内以相似的价格（以汇率换算变化为准）提供该药物。

由于库里安已经决定西普拉制药公司的销售并不能在诉讼过程中予以考虑，对于这一论点不再详述。在裁定该案的同时，库里安只需决定公众是否能以可负担的合理价格获取该药物。库里安不完全同意专利权人主张的可负担的合理价格应由公众和专利权人双方判断这一观点。他认为，可负担的合理价格主要应由公众决定。鉴于该案已承认的事实，无须再详细调查就已经充分可以作出决定。

根据第10项中所得结论，在过去4年中，专利权人的药物销售额约28万卢比（一个月疗程的药量），仅为公众需求的极小一部分。按照常理思考，在该案中一种专利药物不被公众购买的唯一原因，即该药物价格对于公众并非"可负担的合理价格"。因此，可以毫无疑问地断定公众不能以可负担的合理价格获取该专利发明，该案情形可以援引《印度专利法》（1970）第84条（1）（b）。据此，库里安认为该案中公众对专利发明的合理需求未得到满足，因此根据《印度专利法》第84条规定应颁发强制许可。

（三）专利发明未在印度领土范围内实施

《印度专利法》第84条（1）（c）陈述如下："该专利发明未在印度领土范围内使用……"

在《印度专利法》中对于"在印度领土范围内使用"并没有详细定义。因此，必须从《印度专利法》（1970）中该概念出现的条款文本、立法历史、各种各样的知识产权相关国际惯例和协议中寻求其含义。

专利权人的论据中提到2002版《印度专利法》修正案中第84条（7）

（a）（ii）中所述"在印度生产制造"这一措辞的删除是不适当的。实际上，这种说法在未修改的《印度专利法》（1970）（以下简称"旧法"）第90条（a）中就已经删除。应注意到现有法律（以下简称"修正法"）中的相应条款是第84条（7）。专利权人争辩，立法机关从旧法第90条（a）中删除"专利权人在合理期限内在印度生产制造专利物达到合乎需要的程度"（后文简称"概念"），是为了使《印度专利法》（1970）与TRIPS协议的第27条保持一致。

提到旧法中第90条关于"公众合理需求"这一争论点出现在不同的语境中。专利权人为自身便利只提出了这一概念的删除，这只是事情的一方面，另一方面则是这一概念从"语境中"转移了，成为第84条（1）（c）强制许可授权的一个独立原因，这是一个巨大的范围修改。一个概念从法律中的一个位置转移至另一个位置这种情况是相当复杂的，因此，并不能直接将立法意图理解为从旧法第90条（a）中删除了这一概念就表示将"在印度生产制造"这一概念彻底删除。实际上，这一修改应被理解为考虑了所有国际惯例和协议以及《印度专利法》（1970）自身而作出的。

专利权人认为《印度专利法》第84条（7）（e）中专利发明的使用意味着商业规模的使用。在确定"公众合理需求"时，其中一个相关考虑就是如第84条（7）（e）中提到的"因专利权人的进口，阻碍了在印度领土范围内以商业规模使用专利发明"。第84条（7）（e）关联的是第84条（1）（a）而非第84条（1）（c）。因此，库里安并不接受专利权人关于专利发明的使用只意味着商业规模的使用这一观点，因为在第84条（1）（c）中并没有这种限制。如果有这种限制，则第84条（1）（c）就无须成为强制许可授权的一个独立原因，否则将不合情理。综上所述，库里安认为"在印度领土范围使用"不能仅仅限制为"在印度以商业规模使用"，而意味着更多的东西。

第83条（b）陈述，专利的授权并不仅仅是让专利权人享受专利产品进口的垄断。阅读以上条款，库里安有充足理由断定单凭进口不能等同于专利发明的使用。

第83条（c）亦支撑了上述解释，认为专利权的授予必须有助于技术创新的提升、促进技术转化与传播。第83条（f）极其清晰地表述出，专利权不应被滥用，专利权人不应无理由地阻止交易或对国际性技术转化施加负面影响。综合第83条（c）和（f），库里安认为专利权人有义务在本国和国际上助力技术转化和传播，以便权利和义务的平衡。专利权人可以通过在印度生产制造产品或授予他人在印度生产制造的许可来达成此目的。除非将构建本地技术能力的机会提供给印度公众，否则在专利权失效后，公众会因没有被授权使用专利发明而不知所措，这显然不是国会的意愿。因此，"在印度领土范围内使用"的深层含义即在印度的生产制造达到合理程度以便第83条中列举的原则得以实现。若缺失了在印度的生产制造，则第83条将是一纸空文。

在《印度专利法》第84条（6）和第90条（2）中亦提供了其他表述，陈述如下：第84条（6）规定"考量依据本条款提交的申请时，专利管理者应考虑……（ii）申请人针对公众利益实施使用发明的能力；（iii）若申请得到授权，申请人在提供资金和实施使用发明方面的承担风险能力"；第90条（2）规定"……专利管理者授权的许可不能准许被许可人进口专利物或一件物品或国外的专利方法制作的东西……"

"使用发明"这一术语不包括进口，因为强制许可持有者必须通过在印度生产制造专利发明来使用专利。若被许可人不能在许可条款下向印度进口该产品以使用发明，除非是在《印度专利法》第90条（3）中提到的例外情形，这意味着进口不能等同于被许可人使用专利发明。阅读以上条款可以发现，同样的逻辑亦适用于专利权人。

综上所述，《巴黎公约》、TRIPS协议和《印度专利法》（1970）均没有以任何形式表明使用意味着进口。因此，库里安确信"在印度领土范围内使用"表示"在印度生产制造达到合理程度"。

在该案中，授予专利权的年份是2008年。实际上，专利权人在印度拥有生产制造药物的专利，还拥有生产肿瘤药物的工厂。然而，专利授权后4年时间已过，专利权人却没有这样做。专利权人亦没有向包括申请人在内的任何人授予"自愿许可"以便在印度领土范围内使用该发明且无正当理由。因此，第84条（1）（c）适用于该案，根据《印度专利法》第84条规定，应向申请人颁发强制许可。

案件评析

对于公众的合理需求，库里安认为该案中公众对专利发明的合理需求未得到满足，因此根据《印度专利法》第84条规定应颁发强制许可。

对于可负担的合理价格，库里安认为该案中公众对专利发明的合理需求未得到满足，因此根据《印度专利法》第84条规定应颁发强制许可。

对于专利发明未在印度领土范围内实施，在该案中，授予专利权的年份是2008年。实际上，专利权人在印度拥有生产制造药物包括肿瘤药物的工厂。然而，专利授权后4年时间已过，专利权人却没有这样做。专利权人亦没有向包括申请人在内的任何人授予"自愿许可"以便在印度领土范围内使用该发明且无正当理由。因此，第84条（1）（c）条款适用于该案，根据《印度专利法》第84条规定，应向申请人颁发强制许可。

这个强制许可决定被患者称赞为"开创性举动"，但被药品权利公司称为"令人失望的行为"。专利权人拜耳公司的发言人称，公司对于这项决定非常失望，并正在寻求各种途径以维护其专利权。拜耳公司在2012年5月发给印度"知识产权观察"网站的一份电子邮件中声称："强烈反对印度专利管理局作出的上述结论，并且于2012年5月4日就强制许可令向印度知识产权上诉委员会提起了上诉。我们将继续捍卫我们的知识产权，因为知识产权是带给患者创新药物的先决条件。"印度药品生产商组织称，强制许可只能适用于特殊情况，如国民健康危机时期。如果滥用强制许可，将破坏药品行业的创新能力，从长远看，将危害到患者。基于研究的药品行业支持明智而审慎地使用这项法律条款。

印度知识产权法学者在接受采访时表示，这一判决给印度仿制药业提供了更大程度的法律确定性，强制许可在世界各地正逐渐兴起，因为强制许可是介于极端专利保护主义和极端专利废除主义之间的中间道路。在印度，无论是官方还是民间舆论，对于该案的结果大都持非常积极的态度，认为本国在这一领域已经走到了发展中国家的前列。

第十章　专利无效

第一节　专利无效理由

专利权被授予后并不会一直稳定的存在，因为种种原因，专利权可能会被宣告无效，专利从而不再受到保护。尤其是实用新型专利和外观设计专利，因为授权时对其并没有进行实质性审查，所以它们很可能不符合专利授予的条件；即使是经过实质性审查的发明专利也存在被宣告无效的可能性，这是因为审查人员本身认识存在局限性，例如，他们不可能实质上知晓所有的现有技术。专利制度中设置无效程序就是给社会大众以监督权，以此来对专利的错误授权进行再次的审查。

我国现行的专利无效宣告制度肇始于 1984 年颁布的《专利法》，定型于 2000 年《专利法》的第二次修改。其主要包含两方面的内容：一是国务院专利行政部门负责的专利无效审查；二是具有专利行政案件管辖权的法院负责不服无效审查决定的行政诉讼。因为造成涉案专利有效性长期处于不稳定状态，甚至形成权利纠纷"无限循环"的尴尬境地，该制度在《专利法》第三次修改时已成为讨论的热点❶。但因其牵涉面广、意见分歧大，以至 2020 年

---

❶ 胡海平. 关于专利无效宣告案件相关法律问题的探讨［J］. 情报杂志，2004（10）：66－67，70.

10 月 17 日第十三届全国人民代表大会常务委员会第二十二次会议审议通过的《关于修改〈中华人民共和国专利法〉的决定》，仍未体现对相关条文的实质性改动。❶

《专利法实施细则》第六十九条第二款规定："前款所称无效宣告请求的理由，是指被授予专利的发明创造不符合专利法第二条、第十九条第一款、第二十二条、第二十三条、第二十六条第三款、第二十六条第四款、第二十七条第二款、第三十三条或者本细则第十一条、第二十三条第二款、第四十九条第一款的规定，或者属于专利法第五条、第二十五条规定的情形，或者依照专利法第九条规定不能取得专利权。"

无效宣告请求的理由，具体包括以下方面：

（1）不符合专利条件的新颖性、创造性、实用性标准的；

（2）说明书公开不充分，权利要求书得不到说明书支持的；

（3）权利要求书没有说明发明创造的技术特征，独立权利要求没有从整体上反映发明或者实用新型的技术方案，没有记载解决技术问题的必要技术特征；

（4）申请文件的修改超出原说明书和权利要求书记载的范围或原图片、照片表示范围的；

（5）不属于专利法所称的发明创造的；

（6）不符合在先申请原则的；

（7）不符合单一性原则的；

（8）属于《专利法》第 5 条、第 25 条规定的不授予专利权的范围的。

案情介绍

此案❷涉及张某某所有的专利号为 ZL200630128900.0 的外观设计专利。2009 年 5 月 31 日，鑫隆公司以该专利不符合《专利法》（2000）第 23 条的规定为由，向原专利复审委员会提出无效宣告请求，并提交了 9 份证据。其中证据 7 系授权公告日为 2000 年 10 月 25 日的第 ZL00302321.4 号中国外观

---

❶ 李晓鸣. 我国专利无效宣告制度的不足及其完善［J］. 法律科学（西北政法大学学报），2021（39）：149 - 159.

❷ 最高人民法院（2012）行提字第 14 号。

设计专利。附件 7 公开了一款旋转式开关的外观设计，其上部基本形状为上细下粗的近似阶梯状圆柱体，细柱上部一侧剖切，粗柱一侧有矩形凹槽；下部为近似扁方柱体，两对侧各有两只卡脚，另两对侧分别有三只引脚和两只引脚（在先设计）。

2009 年 9 月 2 日，原专利复审委员会就鑫隆公司的无效宣告请求进行了口头审理。在口头审理过程中，张某某（涉案专利的专利权人）认可附件 7 的真实性。原专利复审委员会经审查认为：该专利与在先设计均为开关的外观设计，用途相同，属于相同类别的产品，具有可比性。二者的主要不同点为：在先设计上部的粗柱多了矩形凹槽设计，且二者下部的引脚位置不同。由于该专利较在先设计简化的凹槽设计相对于整体形状而言仅属于局部的细微变化，且二者引脚位置的差别属于由连接功能所限定的局部位置变化，均对二者的整体外观设计不具有显著影响。同时，二者其他更为细微的差别也明显不足以对整体视觉效果产生显著的影响。两者主要形状构成的具体设计及其结合方式均是相同或者相近似的，属于相近似的外观设计。由于在该专利申请日以前已有与其相近似的外观设计在出版物上公开发表过，该专利不符合《专利法》（2000 年）第 23 条的规定。2009 年 9 月 15 日，原专利复审委员会作出第 13912 号决定，宣告该专利全部无效。

张某某不服原专利复审委员会于 2009 年 9 月 15 日作出的第 13912 号专利无效宣告请求审查决定（以下简称"第 13912 号决定"），于 2009 年 12 月 21 日向北京市第一中级人民法院提起行政诉讼。张某某诉称，其是名称为"逻辑编程开关（SRl4）"外观设计专利的专利权人，原专利复审委员会第 13912 号决定宣告其专利权无效是错误的，该专利与在先设计既不相同，也不相近似。该专利是逻辑编程开关的外观设计，在先设计是家电制品的旋转式开关的外观设计。对于该两类产品而言，引脚的数量和位置分布直接影响该产品是否能够与相应电子产品的 PCB 板相适配，引脚的数量和位置分布的区别对于该类产品的整体视觉效果具有显著影响。该专利与在先设计虽然都有五只引脚，但该专利的引脚均设置在底座的一个侧面上，在先设计只有三只引脚设置在底座的一个侧面上，另外两只引脚设置在底座的另一个相对的侧面上，一般消费者会注意到二者引脚位置分布的不同，不会发生混淆误认。

原专利复审委员会辩称，该专利与在先设计是相近似的外观设计，第

13912 号决定认定事实清楚，适用法律适当，程序合法，原告的诉讼理由不能成立，请求维持第 13912 号决定。

鑫隆公司提交意见称，主要由技术功能决定的设计特征及对整体视觉效果不产生影响的材料、内部结构等特征，不应作为认定整体视觉效果是否近似的考虑因素。第 13912 号决定正确，请求予以维持，驳回原告的诉讼请求。

北京市第一中级人民法院审理查明，该专利系名称为"逻辑编程开关（SRl4）"、专利号为 ZL200630128900.0 的外观设计专利，其申请日为 2006 年 8 月 4 日，授权公告日为 2007 年 6 月 6 日，专利权人是张某某。该专利授权公告的六幅视图包括：主视图、左、右视图、俯、仰视图和后视图，其上部基本形状为上细下粗的近似阶梯状圆柱体，细柱上部一侧剖切；下部为近似扁方柱体，两对侧各有两只卡脚，另两对侧中一侧有五只引脚，一侧无引脚。

在一审庭审中，张某某认可原专利复审委员会认定的在先设计的上部粗柱有矩形凹槽，该专利没有；两者下部的引脚位置不同，并提出该专利与在先设计虽然都设有五只引脚，但该专利的五只引脚均设置在底座的一个侧面上，在先设计只有三只引脚设置在底座的一个侧面上，另外两只引脚设置在底座的另一个相对的侧面上。原专利复审委员会认可张某某提出的其他区别，但认为该区别是细微的，同时引脚的不同是由功能性决定的，在张某某没有提交证据的情况下，不能从设计空间的角度予以考虑。

一审法院认为，判断外观设计是否构成相同或近似，相关领域的判断主体对判断结论的客观认定具有重要作用。该专利与在先设计均系电器设备元件，其相关消费者应为电器产品专业生产和采购人员。该专利与在先设计相比较，在先设计的上部粗柱有矩形凹槽，该专利没有；两者下部的引脚位置不同，该专利五只引脚均在底座的一个侧面上，在先设计只有三只引脚设置在底座的一个侧面上，另外两只引脚设置在底座的另一个相对的侧面上。本领域的相关消费者在选择此类产品时，会施以较大注意力关注该产品的上述部位。因此，上述部位的差别对整体视觉效果产生了显著的影响，不会造成对两者的混淆误认。第 13912 号决定的主要证据不足，依法应予撤销。北京市第一中级人民法院依照《行政诉讼法》（1989）第 54 条第 2 项第 1 目之规定，作出（2010）一中知行初字第 533 号行政判决：（1）撤销原专利复审委员会于 2009 年 12 月 21 日作出的第 13912 号无效宣告请求审查决定；（2）原专利复审委员会就鑫隆公司针对"逻辑编程开关（SRl4）"的外观设计专利提出的无效宣告请求重新作出审查决定。案件受理费100元，由原专利复审委员会负担。

原专利复审委员会与鑫隆公司均不服一审判决，向北京市高级人民法院提出上诉。原专利复审委员会请求撤销一审判决并维持第13912号决定，其主要上诉理由为：一审判决对判断主体及该专利与在先设计的差别判断有误，该专利与在先设计在引脚方面的差异属于由连接功能限定的局部位置变化。鑫隆公司请求撤销一审判决，改判驳回张某某全部诉讼请求，其主要上诉理由为：该专利与在先设计的差别属于细微差别，两者在引脚方面的差异属于技术性设置，容易导致一般消费者的混淆，该专利与在先设计已构成相似设计。

二审法院经审理查明，一审查明的事实属实。

北京市高级人民法院在二审中认为，在判断外观设计是否相近似时，首先要确定判断主体。不同的判断主体，由于对被比设计产品的知识水平和认知能力存在差异，在判断两项外观设计是否相近似时，可能得出不同的结论。根据《专利审查指南》的规定，在判断外观设计是否相近似时，应当基于被比设计产品的一般消费者的知识水平和认知能力进行评价。所述的"一般消费者"是具体的，不同类别的被比设计产品具有不同的消费者群体。该案在先设计的公开日早于该专利的申请日，且二者属于同一类别产品，可以用于评判该专利是否符合《专利法》（2000）第23条的规定。该专利与在先设计均系电器设备元件，相关产品的生产和采购人员对此类电器元件产品具有一定的认知能力，客观上熟知此类产品的外观功能，一审法院将其作为该类产品的"一般消费者"并无不当。原专利复审委员会有关原审法院确定"一般消费者"的判定主体错误的上诉理由不能成立，不予支持。将该专利与在先设计进行比较，在先设计的上部粗柱有矩形凹槽，该专利没有；该专利五只引脚均在底座的一个侧面上，在先设计只有三只引脚设置在底座的一个侧面上，另外两只引脚设置在底座的另一个相对的侧面上。在一般消费者看来，该专利与在先设计的上述差别能够对二者的整体视觉效果产生显著影响，一般消费者在选择此类产品时也会施以较大注意力关注该产品的上述部位，通常不会造成一般消费者对二者的混淆误认。一审法院有关二者不构成相同或类似外观设计的认定并无不当，原专利复审委员会及鑫隆公司的上诉理由不能成立，其上诉请求均不予支持。一审判决认定事实基本清楚，适用法律正确，依法应予维持。依据《行政诉讼法》第61条第1项之规定，北京市高级人民法院于2011年3月17日作出（2010）高行终字第1459号行政判决：驳回上诉，维持原判。一审案件受理费100元，由原专利复审委员会负担；二审案件受理费100元，由原专利复审委员会与鑫隆公司各负担50元。

原专利复审委员会不服二审判决，遂向最高人民法院申请再审。

争议焦点

（1）二审判决是否违背了整体观察、综合判断的判断方法？

（2）技术性设计特征和装饰性设计特征是否可分及其区分条件和作用？

（3）该专利与在先设计的区别设计特征是否属于功能性设计特征？

（4）该专利与在先设计是否相同或者相近似？

裁判结果与理由

原专利复审委员会向法院申请再审称，二审判决对该专利和在先设计是否相同相近似的认定方法不当，结论错误，该专利和在先设计应当属于相近似的外观设计，请求撤销二审判决，维持原专利复审委员会第13912号决定。其主要理由为：（1）二审判决关于判断方法的适用存在错误。二审判决并非基于整体观察、综合判断的方法作出结论，而是仅观察了不同点对整体带来的视觉效果，对相同点对整体视觉效果的影响视而不见。（2）该专利产品的"一般消费者"应当是电子元器件的采购者和使用者，应当了解这类产品各部分的功能、使用环境，能够分辨哪些设计是受功能限定的特定形状。相对于惯常设计，只有可变内容和对整体视觉效果具有显著影响的设计内容才为一般消费者所关注。从一般消费者的角度来看，该专利与在先设计的区别均为功能性和技术性的，对整体视觉效果不具有显著的影响，两者的整体视觉效果相近似。①该专利和在先技术的区别是技术性的。一般而言，当某一区别的作用是基于对产品功能、性能、经济性、便利性、安全性等方面的技术性要求而设计时，则该区别应该被认定为功能性的；当某一区别的作用是为了使产品达到视觉效果美观、特别、引人注目时，则该区别应该被认为是装饰性的。该专利和在先设计的引脚都是插入电路板中，与其他电子元件相连，引脚的不同设置方式是基于电路板上不同的电路布局需要，也是基于对产品功能、便利性的要求而设定。本专利不具有在先设计中部环形轴的缺口，是单轴结构，只有上部具有缺口的圆柱形轴可旋转，调节信号输出；而在先设计是双轴结构，上部和中间轴都可以进行旋转，进行信号输出。两者只是信号控制方式不同，该专利只能通过上部轴对脉冲相位进行控制，在先设计既能通过上部轴对脉冲相位进行控制，又能通过中部轴对脉冲幅值进行调节，这是基于产品功能和性能的不同需要而设计的。②该专利和在先设计的区别所达到的效果是客观的。技术性特征实现的效果是技术性的，可以通过实验、推理等客观手段进行验证或预测；装饰性特征实现的效果是审美的，不同主体因不同的审美取向、社会文化等因素得到不同的主观感受。该专利与在先设计不同的引脚布置方式，其实现的效果是为不同的电路提供线路布局，满足电子配件的标准化应用；是否在中间环形轴上设置缺口，是为了实现不同的信号控制功能。上述区别实现的效果都是客观的，不受主体的审美取向、社会文化感受的影响。③从设计特征的可选择性看，该专利和在先设计的可选择性被功能或技术所限定。装饰性特征不受功能或技术的制约，由于审美的不确定性而具有可选择性；功能性设计则受到产品功能或技术条件的限制，不具有可选择性或者选择性受到功能需求或技术规格的限定。作为标准化生产的电子配件，该专利和在先设计的引脚设置方式是由技术规格限定的，中部环形柱上的凹槽是为了和开关的驱动装置啮合，凹槽的形状和大小也由技术规格所限定。（3）外观设计专利保护的客体是装饰性（富有美感）的设计，排除了对功能性、技术性特征的保护。对于电子元器件等在产品最终使用中不可见的零部件的形状设计均出于配合关系的考虑，而非美感的考虑，不应受到外观设计专利的保护。如果一项功能性的设计不符合发明或者实用新型专利授权标准，而获得了外观设计专利保护，则权利人实质上是通过外观设计专利制度实现了对没有创新性的功能性形状的垄断，偏离了专利保护的立法宗旨。

张某某提交意见认为，二审判决判断方法正确，关于一般消费者认知水平的认定正确。原专利复审委员会关于该专利和在先技术的区别属于功能性、技术性的考虑缺乏依据。该专利产品的设计空间很小，现有技术均将引脚设置在底座相对的两侧，该专利将引脚全部设置在底座的一侧，起到了显著改变产品整体视觉效果的作用。对于中部环形柱上的凹槽，有的产品有，有的产品没有，说明凹槽不是由产品的功能所唯一限定的，不能将其视为由产品功能所决定。由于在先设计的凹槽占据了中部环形柱体的 3/4 左右，不能将该专利中部环形柱上缺乏凹槽视为微小变化。

鑫隆公司提交意见认为，认可原专利复审委员会的再审请求和理由。二审判决认定事实和适用法律均有错误，本专利和在先技术的区别属于局部的细微差别，并且明显属于功能性设计。

法院审理查明，二审法院查明的事实属实。

再审过程中，原专利复审委员会提交了鑫隆公司在专利无效宣告过程中提交的日本 ALPS 公司的《2006 开关/编码器》产品样本图册以及名称为"一种双轴编码器"、专利号为 ZL200920220081.0 的中国实用新型专利的权利要求书、说明书及附图，供法庭参考但不作为该案证据使用。原专利复审委员会主张，参考上述文件可知，在先设计所涉产品是一种双轴可旋转的逻辑编程开关，其上部粗柱的矩形凹槽的功能在于方便与外部电器连接。日本 ALPS 公司《2006 开关/编码器》产品样本图册封底右下方标注印刷时间为 2006 年 1 月。该图册第 171～235 页载有多种类型的编码器图片，其中多种编码器上部粗柱上无矩形凹槽，少数编码器上部粗柱上有矩形凹槽。张某某对日本 ALPS 公司的《2006 开关/编码器》产品样本图册的来源、真实性和出版时间提出质疑。名称为"一种双轴编码器"的中国实用新型专利的申请日是 2009 年 10 月 23 日，授权公告日是 2010 年 8 月 4 日，其权利要求书中的权利要求 6 记载："根据权利要求 1 所述的一种双轴编码器，其特征在于：所述的外轴芯（2）的尾端开设有便于与外部电器连接安装的槽（21）。"张某某认为，上述专利的申请日晚于该专利申请日，同时该案在先设计专利文件本身没有对凹槽的功能作出描述，因此该案现有证据不能证明在先设计中凹槽的作用和功能。

再审庭审中，原专利复审委员会、张某某和鑫隆公司均认可该专利是一种通过旋转实现编码输出功能的编码开关，用于电饭锅、电烤箱等需要调节输出信号的场合。在使用中，编码开关端部套有与之啮合的旋钮：编码开关的引脚数量是特定的，其分布需要与电路板节点相适配。

法院认为，该专利申请日在 2009 年 10 月 1 日前，应该适用 2000 年修改的《专利法》及其实施细则的规定。结合申请再审人的再审申请、被申请人的答辩以及庭审情况，该案的争议焦点在于：二审判决是否违背了整体观察、综合判断的判断方法；技术性设计特征和装饰性设计特征是否可分及其区分条件和作用；该专利与在先设计的区别设计特征是否属于功能性设计特征；该专利与在先设计是否相同或者相近似。

（一）关于二审判决是否违背了整体观察、综合判断的判断方法

所谓整体观察、综合判断的方法，是指在判断外观设计专利与在先设计是否相同或者相近似时，应该从外观设计专利产品的一般消费者的知识水平和认知能力出发，综合评估两者的相同点和区别点对整体视觉效果的影响，在此基础上对两者的整体视觉效果是否相同或者相近似作出判断。在这个过程中，既要注意二者的相同点对整体视觉效果的影响，又要注意二者的区别点对整体视觉效果的影响。实际上，只要把外观设计专利与在先设计是否相同或者相近似的判断落脚到二者整体视觉形象的相同或者相近似上，就必然需要对两者的相同点和不同点对整体视觉形象的影响程度进行综合考量。该案中，二审判决在对比该专利与在先设计的基础上，认定了二者存在两点设计区别，并进而认定上述区别能够对二者的整体视觉效果产生显著影响。可见，虽然二审判决将重点放在了两者的区别对整体视觉效果的影响上，但是并非没有注意二者的相同点对整体视觉效果的影响。原专利复审委员会主张，二审判决仅观察了不同点给整体带来的视觉效果，而对相同点对整体视觉效果的影响却视而不见。这一主张不能成立，法院不予支持。

（二）关于技术性设计特征和装饰性设计特征是否可分及其区分条件和作用

原专利复审委员会认为，设计特征可以区分为功能性特征和装饰性特征。功能性特征基于对产品功能、性能、经济性、便利性、安全性等方面的技术性要求而设计；装饰性特征则基于产品的视觉效果美观而设计。功能性特征所达到的效果是客观的，不受主体的审美取向、社会文化感受影响；装饰性特征实现的效果是审美的，不同主体因不同的审美取向、社会文化等因素得到不同的主观感受。功能性特征则受到产品功能或技术条件的限制，不具有可选择性或者选择性受到功能需求或技术规格的限定；装饰性特征不受功能或技术的制约，由于审美的不确定性而具有可选择性。这就涉及功能性设计

特征和装饰性设计特征是否可分及其区分条件和作用等问题。对此，法院评述如下：

首先，关于功能性设计特征与装饰性设计特征的区分。任何产品的外观设计通常都需要考虑两个基本要素：功能因素和美学因素。即，产品必须首先要实现其功能，其次要在视觉上具有美感。可以说，大多数产品都是功能性和装饰性的结合。就某一外观设计产品的具体某一设计特征而言，同样需要考虑技术和美感的双重需求，是功能性与装饰性妥协和平衡的产物。因此，产品的设计特征的功能性或者装饰性通常是相对而言的，绝对地区分功能性设计特征和装饰性设计特征在大多数情况下是不现实的。只有在特殊的情形下，某种产品的某项设计特征才可能完全由装饰性或者功能性所决定。因此，至少存在三种不同类型的设计特征：功能性设计特征、装饰性设计特征以及功能性与装饰性兼具的设计特征。

其次，关于功能性设计特征的区分条件。功能性设计特征是指那些在该外观设计产品的一般消费者看来，由所要实现的特定功能所唯一决定而并不考虑美学因素的设计特征。功能性设计特征与该设计特征的可选择性存在一定的关联性。如果某种设计特征是由某种特定功能所决定的唯一设计，则该种设计特征不存在考虑美学因素的空间，显然属于功能性设计特征。如果某种设计特征是实现特定功能的有限的设计方式之一，则这一事实是证明该设计特征属于功能性特征的有力证据。不过，即使某种设计特征仅仅是实现某种特定功能的多种设计方式之一，只要该设计特征仅仅由所要实现的特定功能所决定而与美学因素上的考虑无关，仍可认定其属于功能性设计特征。如果把功能性设计特征仅仅理解为实现某种功能的唯一设计，则会过分限制功能性设计特征的范围，把具有两种或者两种以上替代设计的设计特征排除在外，进而使得外观设计申请人可以通过对有限的替代设计另申请外观设计专利的方式实现对特定功能的垄断，不符合外观设计专利保护具有美感的创新性设计方案的立法目的。从这个角度而言，功能性设计特征的判断标准并不在于该设计特征是否因功能或技术条件的限制而不具有可选择性，而在于在一般消费者看来，该设计特征是否仅仅由特定功能所决定，而不需要考虑该设计特征是否具有美感。

最后，关于区分不同类型设计特征的作用。不同类型设计特征对于外观设计产品整体视觉效果的影响存在差异。功能性设计特征对于外观设计的整体视觉效果通常不具有显著影响；装饰性特征对于外观设计的整体视觉效果一般具有影响；功能性与装饰性兼具的设计特征对整体视觉效果的影响则需要考虑其装饰性的强弱程度，其装饰性越强，对于整体视觉效果的影响可能相对大一些，反之则相对小。当然，以上所述仅仅是一般原则，一种设计特征对于外观设计产品整体视觉效果的影响最终需要结合案件具体情况进行综合评判。

（三）关于该专利与在先设计的区别设计特征是否属于功能性设计特征

第 13912 号决定和一审、二审判决均认定，该专利与在先设计相比，存在两点区别：在先设计的上部粗柱有矩形凹槽，该专利没有（区别特征一）；两者下部的引脚位置不同，该专利五只引脚均在底座的一个侧面上，在先设计只有三只引脚设置在底座的一个侧面上，另外两只引脚设置在底座的另一个相对的侧面上（区别特征二）。该案各方当事人对上述区别无异议，法院对此予以确认。

关于区别特征一，该专利上部粗柱无矩形凹槽，而在先设计的上部粗柱存在矩形凹槽。首先，由于在先设计的专利文件本身并未对专利产品是单轴还是双轴结构、是否能够双轴旋转、矩形凹槽具有何种作用等进行任何说明，在此情况下，难以判断在先设计专利产品的结构以及矩形凹槽的功能。其次，第 13912 号决定本身并未认定在先设计的上部粗柱的矩形凹槽属于功能性设计，原专利复审委员会仅仅在该案申请再审阶段才提出该矩形凹槽属于功能性设计的主张。对此，原专利复审委员会应该提供充分的证据予以证明。最后，原专利复审委员会提交法院作为参考的、名称为"一种双轴编码器"的中国实用新型专利的申请日晚于该专利，且其权利要求 6 记载的外轴芯上的槽的功能系便于与外部电器连接安装，与原专利复审委员会的主张不尽一致，难以据此判断在先设计上部粗柱上的矩形凹槽的功能。因此，基于该案现有证据，无法确定在先设计产品是双轴可旋转的编程开关，亦无法确定其矩形凹槽用于与旋钮配合实现调节信号输出。原专利复审委员会关于在先设计在中间环形轴上设置缺口是为了实现不同的信号控制功能，区别特征一是功能性设计特征的主张依据不足，法院不予支持。

关于区别特征二，该专利和在先设计两者下部的引脚位置不同。该案各方当事人均确认，该专利产品涉及的编码开关的引脚数量是特定的，其分布需要与电路板节点相适配。可见，引脚的数量与位置分布是由与之相配合的电路板所决定的，以便实现与不同电路板上节点相适配。在该专利产品的一般消费者看来，无论是引脚的位置是分布在底座的一个侧面上还是分布在两个相对的侧面上，都是基于与之相配合的电路板布局的需要，以便实现两者的适配与连接，其中并不涉及对美学因素的考虑。因此，区别特征二是功能性设计特征，其对该专利产品的整体视觉效果并不产生显著影响。原专利复审委员会关于区别特征二是功能性设计特征的申请再审理由成立，法院予以支持。

（四）关于该专利与在先设计是否相同或者相近似

前已述及，该专利与在先设计相比，存在两项区别特征。其中区别特征二是功能性设计特征，对于该专利与在先设计的整体视觉效果不具有显著影响。对于区别特征一而言，现有证据不能充分证明在先设计上部粗柱具有矩形凹槽属于功能性设计特征。同时，该矩形凹槽比较明显，与整体设计相比并不属于细微变化。尽管如此，结合法院查明的事实，编码开关上部粗柱无矩形凹槽是一种普通的、常见的设计。日本 ALPS 公司《2006 开关/编码器》产品样本图册第 171—194 页的编码器图片也辅助印证了这一点。作为一种普通的、常见的设计，该专利上部粗柱无矩形凹槽对于整体视觉效果不具有显著影响，不足以导致本专利与在先设计在整体视觉效果上出现明确差异。在两项区别设计特征对于该专利的整体视觉效果均无显著影响的情况下，该专利与在先设计的相同之处对于整体视觉效果的影响更大，二者构成相近似的外观设计。一审、二审判决认定二者不构成相同或相近似外观设计，适用法律错误，应予纠正。原专利复审委员会的相应申请再审理由成立，应予支持。原专利复审委员会第 13912 号决定认为该专利与在先设计的区别特征一相对于整体形状而言属于局部的细微变化，认定事实虽有所失当，但关于本专利与在先设计构成相近似的外观设计的结论正确，应予维持。

综上，一审、二审判决认定该专利与在先设计不相同亦不相近似，适用法律错误，依法应予撤销。原专利复审委员会第 13912 号决定适用法律、法规正确，程序合法，应予维持。依据《专利法》（2000）第 23 条，《行政诉讼法》（1989）第 54 条第 1 项、第 63 条第 2 款和《最高人民法院关于执行

〈中华人民共和国行政诉讼法〉若干问题的解释》第 76 条第 1 款、第 78 条
之规定，判决如下：（1）撤销北京市高级人民法院（2010）高行终字第 1459
号行政判决和北京市第一中级人民法院（2010）一中知行初字第 533 号行政
判决；（2）维持原专利复审委员会第 13912 号无效宣告请求审查决定。该案
一审案件受理费和二审案件受理费各 100 元，均由张某某负担。

案件评析

　　一审和二审法院均认为该专利的相关领域的判断主体是电器产品专业生
产和采购人员。再审法院则认为"判断外观设计专利与在先设计是否相同或
者相近似时，应该从外观设计专利产品的一般消费者的知识水平和认知能力
出发……"可见再审法院并没有直接给出该案的判断主体具体是哪类。我们
认为应当结合具体的案件从"一般消费者"的视角出发去评价两项设计是否
相同或相似，该案中，一审法院和二审法院认定的判断主体太过"专业化"，
没有从非电器行业的一般消费者的角度出发考虑。除此以外，一审法院和二
审法院没有考虑到涉案外观设计的引脚所在的位置是为了实现一定的功能而
设计的，而仅仅看到了涉案外观设计专利的引脚位置与在先设计的引脚位置
不同；并且一审法院和二审法院将目光局限在在先设计上，认为在先设计有
矩形凹槽而涉案外观设计专利没有矩形凹槽，所以涉案外观设计与在先设计
具有显著的区别，但是其忽略了矩形凹槽的设计属于本产品普通的、常见的
设计。而事实上，作为一种普通的、常见的设计，矩形凹槽对于整体视觉效
果不具有显著影响，不足以导致该专利与在先设计在整体视觉效果上出现明
确差异。

　　再审法院准确地把握住了该案的争议焦点，不仅仅避开了一审法院和二
审法院的误区，并且评述了产品外观设计的功能性设计特征与装饰性设计特
征。再审法院指出"功能性设计特征的判断标准并不在于该设计特征是否因
功能或技术条件的限制而不具有可选择性，而在于在一般消费者看来，该设
计特征是否仅仅由特定功能所决定，而不需要考虑该设计特征是否具有美
感"，再审法院这样的认定对于我们在判定一项设计特征是否属于功能性设
计特征以及如何处置具有重大的指导意义。

第二节　专利无效程序及结果

自国务院专利行政部门公告授予专利权之日起，任何单位或者个人认为该专利权的授予不符合专利法有关规定的，可以请求专利局复审和无效审理部（原专利复审委员会）宣告该专利权无效。提出无效请求的法定时间是自国务院专利行政部门公告授予专利权之日起的任何时间，即使专利权终止后，也可以提出无效宣告请求。国务院专利行政部门对宣告专利权无效的请求应当及时审查和作出决定，并通知请求人和专利权人。宣告专利权无效的决定，由国务院专利行政部门登记和公告。对国务院专利行政部门宣告专利权无效或者维持专利权的决定不服的，可以自收到通知之日起3个月内向人民法院起诉。人民法院应当通知无效宣告请求程序的对方当事人作为第三人参加诉讼。

《专利法》第47条规定了专利权被宣告无效后，应当如何处理其他相关事项："宣告无效的专利权视为自始即不存在。宣告专利权无效的决定，对在宣告专利权无效前人民法院作出并已执行的专利侵权的判决、调解书，已经履行或者强制执行的专利侵权纠纷处理决定，以及已经履行的专利实施许可合同和专利权转让合同，不具有追溯力。但是因专利权人的恶意给他人造成的损失，应当给予赔偿。依照前款规定不返还专利侵权赔偿金、专利使用费、专利权转让费，明显违反公平原则的，应当全部或者部分返还。"

从该条可以看出，一般情况下专利权被宣告无效后对以前基于专利权而产生的法律关系不具有追溯力。例如，已经履行的专利实施许可合同不受追溯，但是需要说明的是，如果合同中还有尚未履行的部分则要分情况对待。如果尚未履行的部分的利益基础是专利权本身，例如制造专利产品的权利，那么可不再履行（因为专利权本身已经被宣告无效，没有履行的基础）；如果尚未履行的部分的利益并非基于专利权本身，例如在专利权未被宣告无效前，一方当事人实施了违反合同约定的行为，那么在专利权被宣告无效后，其仍然要承担违约责任。

审理机构根据请求人的请求理由、范围和提供的证据进行审理，一般情况下不承担全面审查专利有效性的义务，但这并不是绝对的，必要的时候，其可以依职权对请求人未提及的理由进行审理。在听取双方当事人的陈述意见后，可以作出审理决定。审理决定有三种：（1）宣告专利权全部无效；（2）宣告专利权部分无效；（3）维持专利权有效。

请求人在无效宣告请求的审查程序中是可以撤回其请求的。无效宣告请求人对专利局复审和无效审理部发出的口头审理通知书在指定的期限内未作答复，并且不参加口头审理的，其无效宣告请求视为撤回。专利局复审和无效审理部作出决定之前，无效宣告请求人请求撤回其请求的或者其无效宣告请求被视为撤回的，无效宣告请求审查程序终止。但是专利局复审和无效审理部认为根据已经进行的审查工作能够作出宣告专利权无效或者部分无效的决定的，不终止审查程序。这符合设立无效宣告程序的立法本意，也维护了公众的合法利益。

案情介绍

此案❶涉及王某某所有的名称为"隐形磁力儿童安全锁"、专利号为ZL201320659095.9 的实用新型专利。该实用新型专利于 2013 年 10 月 24 日向国家知识产权局提出申请，并于 2014 年 4 月 2 日获得授权，其第 8 年年费已于 2019 年 4 月 12 日缴纳。王某某在该案中请求保护的专利权范围为权利要求 3。权利要求书记载如下：

1. 一种隐性磁力儿童安全锁，包括锁体和锁扣，其特征在于：所述锁体由锁座、锁壳、锁钩、大锁磁和小锁磁组装而成，所述锁座安装在锁壳的一侧，锁座和锁壳形成一个中部安装锁钩、大锁磁和小锁磁的腔体结构，所述锁壳包括底面板和两块侧面板，两块侧面板相对设置，底面板为一块内凹的弧形面板，锁壳的顶面开口，所述锁座封盖在与锁壳的顶面相邻且相互垂直的侧面上；所述锁壳的底面板内侧设有一个容纳小锁磁的锁壳内锁磁槽，所

---

❶ 最高人民法院（2019）最高法知民终 785 号。

述锁钩为 7 字形，锁钩一端的外侧向上延伸形成倒钩，锁钩的另一端的外侧设有一个容纳大锁磁的锁钩内锁磁槽，锁钩的中部转折处通过锁钩转轴可旋转安装在锁壳上；带有倒钩的锁钩一端从锁壳的顶面伸出，锁扣安装在锁壳的上方位置，锁钩上带有倒钩的一端能够旋转到倒钩与锁扣扣合的位置。

2. 根据权利要求 1 所述的隐形磁力儿童安全锁，其特征在于：还包括安装在锁壳内的锁阀，所述锁阀安装在靠近锁钩内侧的一边，锁阀通过锁阀转轴可旋转安装在锁壳上，锁阀的顶部设有一个限位凸块，所述锁钩的内侧设有一个与锁阀顶部的限位凸块配合的限位凹槽，锁阀的末端从底面板伸出锁壳之外，底面板上开设有供锁阀伸出和摆动的弧形限位孔。

3. 根据权利要求 2 所述的隐形磁力儿童安全锁，其特征在于：锁阀受外力扳动使之位于弧形限位孔的最高位时，锁阀顶部的限位凸块卡设在锁钩内侧的限位凹槽内，隐形磁力儿童安全锁处于常开状态；锁阀位于弧形限位孔的最低位时，锁钩内的大锁磁受锁壳内小锁磁的磁力影响被吸引导致锁钩摆动倒钩向上运动与锁扣抵接，隐形磁力儿童安全锁处于上锁位置。

涉案专利获得授权后，经历了四次无效宣告程序，其中：

2018 年 6 月 8 日，案外人深圳市可赢科技有限公司申请宣告涉案专利权无效，提交的对比文件包括 US5485733A 美国专利文献及其中文译本、CN2856316Y "磁锁" 实用新型专利说明书、CN202299757U 实用新型专利说明书、CN203239080U 实用新型专利文献、WO2009/065984A1PCT 专利申请、CN86210959U 实用新型专利说明书。国家知识产权局于 2018 年 12 月 25 日作出第 38264 号审查决定，维持涉案专利权有效。

2018 年 8 月 22 日，案外人佛山市南海区康垣五金制品厂申请宣告涉案专利权无效，提交的对比文件包括 CN2856316Y "磁锁" 实用新型专利说明书。国家知识产权局于 2019 年 1 月 28 日作出第 38596 号审查决定，维持涉案专利权有效。

2018 年 11 月 14 日，案外人利某某向国家知识产权局申请宣告涉案专利权无效，提交的对比文件包括 US5485733A 美国专利文献及其中文译本、EP1293629A2 欧洲专利文献及其中文译本、GB2173850A 英国专利文献及其中文译本、US5188405A 美国专利文献及其中文译本、CN2856316Y "磁锁" 实用新型专利说明书、WO2009/065984A1PCT 专利申请、《理论力学》杂志、电子工业出版社 2011 年 5 月出版的《机械制造技术基础》、人民邮电出版社

2013 年 3 月出版的《机械制造技术基础》《机械加工夹具及选用》、华中科技大学出版社 2008 年 6 月出版的《机械原理创新设计》。国家知识产权局于 2019 年 3 月 15 日作出第 39253 号审查决定，宣告涉案专利权权利要求 1、权利要求 6 引用权利要求 1 的技术方案以及权利要求 7 引用权利要求 6 进而引用权利要求 1 的技术方案无效，在权利要求 2—5 以及权利要求 6、7 直接或间接引用权利要求 2—5 之一的技术方案的基础上继续维持涉案专利权有效。关于维持权利要求 2 有效的理由，国家知识产权局认为，权利要求 2 进一步限定了锁阀的结构以及安装方式，US5188405A 美国专利文献并没有公开其所述采用限位凸块和限位凹槽的锁阀结构，也无证据表明该结构是本领域常规技术手段；CN2856316Y "磁锁" 实用新型专利说明书仅公开了锁体 2 具有保险扣 4，但未说明该保险扣的具体结构，附图中也无法清晰辨认其结构，则该专利说明书也未公开锁阀结构；电子工业出版社 2011 年 5 月出版的《机械制造技术基础》、人民邮电出版社 2013 年 3 月出版的《机械制造技术基础》《机械加工夹具及选用》、华中科技大学出版社 2008 年 6 月出版的《机械原理创新设计》均涉及机床夹具的偏心夹紧机构或凸轮夹紧机构，未公开权利要求 2 所述的锁阀结构，也无法应用于涉案专利或 WO2009/065984A1PCT 专利申请所述的磁力锁，因此以上出版物无法证明该锁阀结构是本领域公知常识，也没有其他证据表明其为本领域常规技术手段。王某某不服上述审查决定，于 2019 年 6 月 14 日向北京知识产权法院提起 （2019） 京 73 行初 6981 号行政诉讼，请求撤销上述审查决定，该行政案件一审已审结，判决驳回王某某的诉讼请求。

2019 年 3 月 25 日，觉晓公司向国家知识产权局申请宣告涉案专利权无效，提交的对比文件包括 CN87201302U 号 "自动闭锁闩锁" 实用新型专利文件、CN2856316Y "磁锁" 实用新型专利文件和华中科技大学出版社出版的《机械原理创新设计》一书。国家知识产权局受理该申请后已于 2019 年 7 月 8 日进行了口审，尚未作出审查决定。

与该案有关的便是第四次的专利权无效宣告程序。因为觉晓公司与明宇帆公司的制造和销售被诉侵权产品（明宇帆公司为一人公司，唯一的股东是朱某某），王某某认为二者的行为侵犯了其专利权，故向一审法院提起诉讼。一审法院于 2018 年 6 月 28 日立案。王某某起诉请求判令：（1）觉晓公司、明宇帆公司停止侵害涉案专利权的行为，销毁库存侵权产品，销毁制造侵权产品的专用模具；（2）觉晓公司、明宇帆公司连带赔偿经济损失（含维权支出）50 万元，朱某某对明宇帆公司的债务承担连带责任。

经过审理，一审法院支持了王某某的请求。一审法院判决如下：（1）觉晓公司、明宇帆公司停止侵害涉案专利权，销毁库存侵权产品，销毁侵权模具；（2）觉晓公司、明宇帆公司连带赔偿王某某经济损失及合理开支 50 万元，朱某某对明宇帆公司的债务承担连带责任。一审案件受理费 8800 元由觉晓公司、明宇帆公司连带负担，朱某某对明宇帆公司承担费用负连带责任。

觉晓公司与明宇帆公司不服一审法院判决提起上诉，并且觉晓公司于2019 年 3 月 25 日向国家知识产权局申请宣告涉案专利权无效。在二审进行的过程中，国家知识产权局还未作出关于涉案专利是否有效的审理决定。所以在二审中觉晓公司辩称：诉争专利权已被宣告部分无效，且暂时维持有效部分也是本领域的常规技术手段，任何人实施都不构成侵权，觉晓公司已收集到足以宣告涉案专利权全部无效的证据，该案应中止审理。觉晓公司的此项辩称也是二审的争议焦点，应当属于法官说理的内容。

争议焦点

是否应当因涉案专利权目前仍处于无效宣告程序而中止诉讼？

裁判结果与理由

二审法院认为：该案中，涉案专利权经多次无效宣告请求，至今仍被维持有效，且王某某在该案中请求保护的权利要求 2 和权利要求 3 被包含在了维持有效的权利要求当中。虽然针对涉案专利权的行政诉讼和新一轮无效宣告程序尚未结束，但该行政诉讼是王某某作为专利权人针对仅维持涉案专利权部分有效的审查决定而提起，可见目前没有证据显示涉案专利权处于不稳定状态或存在被宣告无效的较大可能。在王某某提起该案诉讼所依据的涉案专利权至今合法有效的情况下，该案不存在《民事诉讼法》第 153 条第 1 款第 5 项规定的"本案必须以另一案的审理结果为依据，而另一案尚未审结"的情形，故觉晓公司关于该案应当中止诉讼的上诉主张缺乏事实依据和法律依据，法院不予支持。

案件评析

　　在专利权进入无效宣告程序，但是并未产生最终审理决定时，如果该专利权又进入司法审理的过程中，那么此司法程序是否应当中止并等待无效宣告程序的结果呢？我国目前并没有关于此种情况的明确规定。但是我国《民事诉讼法》第153条❶规定了诉讼中止的情形，所以是否应当中止要具体问题具体分析。如果根据个案的情形，其属于我国《民事诉讼法》第153条规定的诉讼中止情形的，那么应当中止，否则不予中止。所以在类似的情形下，应当结合个案情况具体分析专利权稳定性和被宣告无效的可能性后再行决定，不能单纯地因为专利权进入无效宣告程序就中止诉讼。

---

　　❶ 《民事诉讼法》第153条规定："有下列情形之一的，中止诉讼：（一）一方当事人死亡，需要等待继承人表明是否参加诉讼的；（二）一方当事人丧失诉讼行为能力，尚未确定法定代理人的；（三）作为一方当事人的法人或者其他组织终止，尚未确定权利义务承受人的；（四）一方当事人因不可抗拒的事由，不能参加诉讼的；（五）本案必须以另一案的审理结果为依据，而另一案尚未审结的；（六）其他应当中止诉讼的情形。中止诉讼的原因消除后，恢复诉讼。"

第十一章　专利侵权判定及专利侵权抗辩

第一节　发明和实用新型侵权判定原则和方法

一、全面覆盖原则

背景资料

全面覆盖原则，最早起源于《美国专利法》，随后被德国、法国、日本等国家所借鉴，具体可见《美国专利法》第 112 条规定，其最早被称为字面侵权原则。字面侵权原则的定义是指，被控侵权物将专利要求中记载的技术方案的必要技术特征全部再现，被控侵权物与专利独立权利要求记载的全部必要技术特征一一对应，并且相同。

具体来看，假设独立权利要求包括 A、B、C、D 四个技术特征，如果被控侵权技术方案也有 A、B、C、D 四个技术特征，这意味着被控侵权产品或方法的技术特征与权利要求的全部技术特征完全一致，构成字面侵权。如果被控侵权的技术方案有 A、B、C、D、E 五个技术特征，这意味着被控侵权产品或方法的技术特征包含了权利要求的全部技术特征，也构成字面侵权。但如果被控侵权的技术方案只有 A、B、C 三个技术特征，这意味着被控侵权

的产品或方法的技术特征没有覆盖权利要求的所有全部技术特征，不构成侵权。❶

此案❷涉及直连公司拥有的"高层建筑无水箱直连供暖的排气断流装置"和"高层建筑无水箱直连供暖系统的阻旋器"两项实用新型专利的独占使用权（见图 11 - 1）。

张某某曾在直连公司工作，参与断流器、阻旋器的安装维修，离开直连公司后随即成立高联公司。2002 年 8 月，直连公司以张某某、高联公司生产、销售的缓冲器和分气器（见图 11 - 2）侵犯其涉案两项专利权为由，向辽宁省沈阳市中级人民法院提起诉讼。经对比，断流器专利与被控侵权的缓冲器技术特征有如下不同：被控侵权产品没有涉案专利中提到的环绕螺纹导向板；被控侵权产品的呼吸装置为逆止排气阀，只能呼气不能吸气。阻旋器专利与被控侵权的分气器技术特征的不同在于，被控侵权产品没有阻隔板和止旋板，但设有集气罩。沈阳市中级人民法院一审认为，断流器专利设有环绕螺纹导向板，使水流强化成膜流状态，实现气水分离。被控侵权的缓冲器由于缺少环绕螺纹导向板，不能强化膜流运动的形成，造成减压、减速的效果降低，相对断流器专利技术方案而言，是变劣的技术方案。断流器专利通过呼吸装置进行有规律的吸气和呼气，以保持系统内正常的大气压，并采用水封的方式实现系统密封，减轻系统氧蚀。被控侵权的缓冲器内设有逆止排气阀，因逆止排气阀只能呼气，不能吸气，在系统运行不平稳，尤其是缓冲器内压力小于大气压时，外部空气无法进入，在缓冲器内会形成真空，不但不能形成膜流运动，系统也将无法运行。逆止排气阀与断流器专利的呼吸装置相比，是变劣的技术特征。被控侵权的分气器没有止旋板，仅靠水流与回水管管壁摩擦阻旋的效果不如止旋板的阻旋效果好，同样是对阻旋器专利相应技术特征的变劣。

❶ 曹阳. 专利实务指南与司法审查［M］. 北京：法律出版社，2019：481.

❷ 最高人民法院（2009）民提字第 83 号。

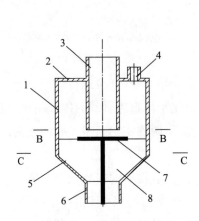

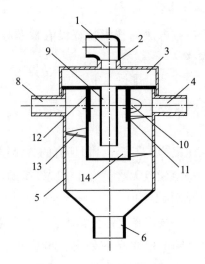

图 11 - 1　直连公司涉案　　　　图 11 - 2　高联公司被诉侵权
　　专利保护范围　　　　　　　　　专利保护范围

由于专利技术已为社会公知，张某某又曾在直连公司工作，其很容易省略专利中的必要技术特征，而正是由于其省略了这些必要技术特征，导致被控侵权技术方案的性能、效果变劣，故被控侵权技术方案落入专利权保护范围，张某某和高联公司构成专利侵权。遂判令高联公司、张某某承担侵权责任。张某某不服一审判决，提出上诉。辽宁省高级人民法院在二审时认同一审法院有关被控侵权产品属于改劣方案并构成等同侵权的认定，遂判决驳回上诉，维持原判。张某某不服二审判决，向最高人民法院申请再审。最高人民法院于 2009 年 7 月 24 日裁定提审该案，并于 2009 年 10 月 30 日再审判决撤销一审、二审民事判决，驳回直连公司的诉讼请求。

争议焦点

（1）被告的被诉侵权专利技术是否落入原告的专利保护范围？
（2）应当根据何种原则和判定方式来确定被告的专利技术是否进入原告的专利技术保护范围？

裁判结果与理由

一审法院通过对两者进行对比，认为高联公司被诉侵权专利技术不如直连公司涉案专利技术，故被诉侵权专利是变劣技术，落入涉案专利权保护范围。

二审法院维持一审判决，也是运用改劣实施论，认为被诉侵权产品不如涉案专利，故被诉侵权产品是一种变劣产品，落入涉案专利保护范围。二审法院对比涉案专利与被诉侵权产品时，对不同的组件部位进行比较，比较的点相对于一审法院而言更加细致，但是依然没有找到正确的比较依据，将全面覆盖原则束之高阁，采用改劣实施论判定侵权。

最高人民法院在再审中，指出应当适用全面覆盖原则，否定一审、二审判决中的改劣实施论原则。

最高人民法院再审认为，在判断被控侵权技术方案是否落入专利权保护范围时，应当将被诉侵权技术方案的技术特征与专利权利要求记载的全部技术特征进行对比。如果被控侵权技术方案缺少权利要求记载的一个或者一个以上的技术特征，或者被控侵权技术方案有一个或者一个以上的技术特征与权利要求记载的相应技术特征不相同也不等同，人民法院应当认定被控侵权技术方案没有落入专利权的保护范围。对被控侵权技术方案是否因缺少某专利技术特征而导致技术功能或效果的变劣，不应考虑。

该案中，被控侵权技术方案缺少"高层建筑无水箱直连供暖的排气断流装置"专利中的"内设有环绕螺纹导向板的杯状水封罐"技术特征，也缺少"高层建筑无水箱直连供暖系统的阻旋器"专利中的"内设有成'十'字直排列的止旋板"技术特征。此外，被控侵权技术为该案中的"上壳体上部设有逆止排气阀"与"高层建筑无水箱直连供暖的排气断流装置"专利中的"一壳体上边有方便可拆的呼吸室兼盖板"相比，在手段、功能、效果上不属于《最高人民法院关于审理专利纠纷案件适用法律问题的若干规定》第17条规定的"基本相同"，不构成等同特征。因此，被控侵权技术方案没有落入专利权的保护范围。

案件评析

上述案例已经清楚地阐明全面覆盖原则在司法实践中是如何适用的。首先，法院要解释专利权利要求，确定权利保护范围。因为专利侵权的本质是判断侵权产品是否落入涉案专利的保护范围，落入保护范围则侵权，反之则不侵权，所以，确定专利保护范围是第一步。依据法律规定，以及该案最高人民法院的判决，已经明确涉案专利保护范围是其在权利要求书中记载的全部技术特征。第二步是将被控侵权产品或者方法的技术特征与权利要求记载的技术方案的技术特征进行比较。第三步是依据比较结果，认定侵权成立与否。

具体来看，全面覆盖原则的适用情形包括以下几种：第一种情形，被诉侵权产品技术特征与涉案专利技术特征相比，从字面上看完全相同，被诉侵权专利的权利要求是对涉案专利权利要求的一种抄袭。此种情形无疑是侵权，但是现实情况中属于此类情形的较少。

第二种情形，涉案专利权利要求中采用的是上位概念，而被诉侵权产品采用的是下位具体概念。尽管字面无法完全相同，但上位概念包含下位概念，故也是一种全面覆盖的情形。

第三种情形，被诉侵权产品的技术特征多于涉案专利技术特征，即被诉侵权产品的技术特征包含涉案专利技术特征时，构成侵权。当然，如果涉案被诉侵权专利的技术特征少于涉案专利的技术特征则不侵权。正如在该案中，被控侵权技术方案缺少"高层建筑无水箱直连供暖的排气断流装置"专利中的"内设有环绕螺纹导向板的杯状水封罐"技术特征，也缺少"高层建筑无水箱直连供暖系统的阻旋器"专利中的"内设有成'十'字直排列的止旋板"技术特征，所以不构成侵权。

该案首先明确专利保护范围。在专利侵权判定中，最基础的问题是确定专利的保护范围。该案中，最高人民法院明确专利保护范围，应当是权利要求中记载的全部技术特征，不是部分，不是整体总结的技术特征。在该案中，一审、二审都没有将权利要求中记载的技术特征一一分解，没有明确权利要求中具体的技术特征，而无法明确专利保护范围，侵权判定也就无从谈起。该案中，最高人民法院明确了在专利技术特征比较时，当被诉专利的技术特征少于涉案专利的技术特征时，不构成侵权。这一点就明确了全面覆盖原则在侵权判定中的适用问题。只有当被诉侵权产品包含涉案专利的全部技术特征时，才符合全面覆盖原则的认定标准，构成侵权。这一点也是对改劣实施论的否定，不能因为被诉侵权产品的性能、功能、效果不如涉案专利，就断定其是一种改劣产品，认定被诉侵权专利与涉案专利相同或相似。也不能因为被诉侵权专利与涉案专利在非必要技术特征上不相同或不相似，但在必要技术特征中具有相同或相似性，就判定被诉侵权产品侵权。而是应当依据全部的技术特征判断，自主区分必要与非必要技术特征。

二、等同原则

背景资料

等同原则是专利侵权判定中比较重要的原则。它的含义是：如果一种技术特征与权利要求书中记载的技术特征相比，在本领域的普通技术人员看来，能够以实质上相同的方式，实现实质上相同的功能，并产生实质上相同的效果，则该技术特征就是权利要求书中技术特征的"等同特征"。[1]

自 1950 年美国联邦最高法院在审理"格雷弗油罐制造公司诉林德航空用品公司"专利侵权案过程中确立了具有现代意义的"等同原则"后，该原则已为各国司法实践所适用。我国《专利法》及其实施细则中虽然没有对"等同原则"进行规定，但在近些年的法院诉讼实践中，等同原则的适用日趋频繁，基本上成为我国法院判定专利侵权的原则之一。

一般来说，适用等同原则有可能扩大专利权的保护范围，覆盖并未完全由权利要求的文字明确限定的特征，这本身对于专利权人是有利的，却为专利侵权的认定增加了一些不确定性。等同侵权的概念一般存在于司法实践中，而不一定直接见诸《专利法》中。[2] 法官要考虑原告和被告以及社会公众的利益平衡，原告想借助等同原则来尽量促使专利侵权成立，而被告在考虑借助禁止反悔和捐献原则等进行抗辩，这就使得等同原则的认定在各方利益的交织下成为难题。

案情介绍

此案[3]涉及富慧达公司是专利号为 ZL20152000×××．8、名称为"一

---

[1] 黄丽萍. 知识产权强制许可制度研究［M］．北京：知识产权出版社，2012：378.

[2] 李明德. 知识产权法［M］．北京：法律出版社，2016：180.

[3] 最高人民法院（2019）最高法知民终 24 号。

种用于制糖工艺的自动蒸汽平衡升温系统"的实用新型专利（见图 11 – 3），该专利申请日为 2015 年 1 月 5 日，授权公告日为 2015 年 7 月 29 日，目前仍在保护期内。富慧达公司主张以涉案专利权利要求 1、2、3、4 确定专利权的保护范围。涉案专利权利要求 1、2、3、4 内容如下：

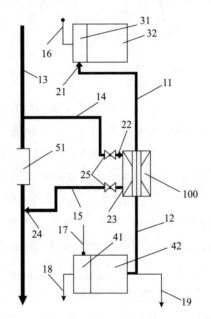

图 11 – 3　一种用于制糖工艺的自动蒸汽平衡升温系统

1. 一种用于制糖工艺的自动蒸汽平衡升温系统，其特征在于，包括：热交换设备，所述的热交换设备设于所有效汁汽管道上或者某一效汁汽管道上，并通过第一连接管道和第二连接管道与锅炉蒸汽管道相连通；蒸汽流量调节阀，所述的蒸汽流量调节阀设于蒸汽流入和流出热交换设备的管道上；PLC，所述的 PLC 控制蒸汽流量调节阀的操作。

2. 根据权利要求 1 所述的自动蒸汽平衡升温系统，其特征在于，所述的某一效汁汽管道指的是Ⅲ效汁汽管道。

3. 根据权利要求 1 或 2 所述的自动蒸汽平衡升温系统，其特征在于，所述的锅炉蒸汽管道包括汽轮机排汽管道。

4. 根据权利要求 3 所述的自动蒸汽平衡升温系统，其特征在于，所述的热交换设备上设有高压端蒸汽进口、高压端蒸汽出口、低压端汁汽进口和低压端汁汽出口，其中，所述的高压端蒸汽进口通过第一连接管道与汽轮机废气流入降温桶的前端管道相连通，且第一连接管道上设有第一蒸汽流量调节阀，所述的高压端蒸汽出口通过第二连接管道与汽轮机废气流出降温桶的后端管道相连通；所述的低压端汁汽进口和低压端汁汽出口设于同一轴线上，且与低压端汁汽出口相连通的第三管道上设有第二蒸汽流量调节阀。

富慧达公司认为小平阳制糖公司所使用的设备侵犯了自己的"一种用于制糖工艺的自动蒸汽平衡升温系统"的实用新型专利的专利权。因此，富慧达公司向一审法院提出诉讼请求：判决小平阳制糖公司立即拆除并停止使用侵权设备，支付赔偿金50万元，承担该案诉讼费及因该案诉讼产生的交通、伙食费用2000元。

争议焦点

被诉侵权产品的技术特征"①一种用于制糖工艺的蒸汽升温系统"和"④手动调节阀控制系统"与涉案专利权利要求1记载的相应技术特征"（1）一种用于制糖工艺的自动蒸汽平衡升温系统"和"（4）PLC，所述的PLC控制蒸汽流量调节阀的操作"是否等同？

裁判结果和理由

富慧达公司主张据以起诉侵权的基础是权利要求1、2、3、4，认为被诉侵权产品落入以上权利要求的保护范围。

根据《专利法》第64条第1款的规定："发明或者实用新型专利权的保护范围以其权利要求的内容为准，说明书及附图可以用于解释权利要求的内容。"当权利要求书包括两项以上权利要求，权利人主张被诉侵权技术方案落入多项权利要求的保护范围时，应当将每一项权利要求单独予以考虑，分别在每一项权利要求记载的全部技术特征基础上确定专利权的保护范围，不能将权利人主张的所有权利要求的技术特征综合在一起，以所有技术特征的总和为基础确定专利权的保护范围。

按照一审判决技术特征的划分方式，涉案专利独立权利要求1的保护范围为由特征（1）~（4）组成的技术方案。从属权利要求2引用权利要求1，采用附加技术特征的方式增加特征（5），其保护范围为由特征（1）～（5）组成的技术方案。由此类推，从属权利要求 3 的保护范围包括两个技术方案：一是由特征（1）～（4）和特征（6）组成的技术方案；二是由特征（1）～（6）组成的技术方案。从属权利要求 4 的保护范围也包括两个技术方案：一是由特征（1）～（4）和特征（6）～（10）组成的技术方案；二是由特征（1）～（10）组成的技术方案。

富慧达公司主张，被诉侵权产品特征①、④与涉案专利特征（1）、（4）等同，被诉侵权产品特征⑩与涉案专利特征（10）的不同不影响被诉侵权产品落入涉案专利权利要求 1 的保护范围。

根据《最高人民法院关于审理侵犯专利权纠纷案件应用法律若干问题的解释》第 7 条的规定："人民法院判定被诉侵权技术方案是否落入专利权的保护范围，应当审查权利人主张的权利要求所记载的全部技术特征。被诉侵权技术方案包含与权利要求记载的全部技术特征相同或者等同的技术特征的，人民法院应当认定其落入专利权的保护范围；被诉侵权技术方案的技术特征与权利要求记载的全部技术特征相比，缺少权利要求记载的一个以上的技术特征，或者有一个以上技术特征不相同也不等同的，人民法院应当认定其没有落入专利权的保护范围。"

涉案专利权利要求 1 保护一种用于制糖工艺的自动蒸汽平衡升温系统［特征（1）］，包括热交换设备、蒸汽流量调节阀和 PLC，所述 PLC 用于控制蒸汽流量控制阀的操作［特征（4）］。特征（1）和（4）是密切关联的特征，正是由于特征（4）采用了 PLC 控制蒸汽流量调节阀的操作，使得特征（1）中用于制糖工艺的蒸汽升温系统成为"自动蒸汽平衡升温系统"。与此相比，被诉侵权产品特征④采用的是手动控制蒸汽流量调节阀的方式，使得特征①中蒸汽升温系统不具有自动平衡蒸汽的功能。因此，可以将被诉侵权产品特征①和④结合起来与涉案专利特征（1）和（4）进行比较，考察二者是否构成等同。

该案中，作为权利要求 1 中必不可少的技术特征，PLC 的存在使涉案专利制糖工艺中的升温系统能够根据程序设定的温度和/或压力，自动调控蒸汽流量控制阀的开度。与此相比，被诉侵权产品采用的是人工手动控制的方式，由操作人员通过观察低压端出口蒸汽温度来决定高压端蒸汽流量调节阀的开度，当温度过高时，利用手操器减少高温蒸汽流量，当温度过低时，利用手操器增加高温蒸汽流量，这一过程依赖的是操作人员的观察和手动调控操作。自动控制相比手动操作调控精确度更高，被诉侵权产品因采用人工肉眼观察温度结合手操器控制阀门开度的方式，使其调控精确度方面的技术效果不同于专利技术，富慧达公司在上诉状中亦认可 PLC 调节阀的功能和效果远优于手动调节阀。被诉侵权产品特征①、④和特征涉案专利（1）、（4）不构成等同的技术特征，被诉侵权产品未落入权利要求 1 的保护范围。

在被诉侵权产品未落入权利要求 1 保护范围的情况下，其也未落入从属权利要求的保护范围内。无论特征⑩与特征（10）是否相同或等同，均不影响被诉侵权产品未落入涉案专利权保护范围的认定。

综上，富慧达公司的上诉请求不能成立，应予驳回。

> [**案件评析**]

根据《最高人民法院关于审理专利纠纷案件适用法律问题的若干规定》第 17 条第 2 款的规定："等同特征，是指与所记载的技术特征以基本相同的手段，实现基本相同的功能，达到基本相同的效果，并且本领域普通技术人员在被诉侵权行为发生时无需经过创造性劳动就能够联想到的特征。"在判断被诉侵权产品的技术特征与专利技术特征是否等同时，不仅要考虑被诉侵权产品的技术特征是否属于本领域普通技术人员无须经过创造性劳动就能够联想到的技术特征，还要考虑被诉侵权产品的技术特征与专利技术特征相比，是否属于以基本相同的技术手段，实现基本相同的功能，达到基本相同的效果，只有以上两个方面的条件同时具备，才能够认定二者属于等同的技术特征。若被诉侵权产品采用较专利技术更原始的手段，导致被诉侵权产品的技术效果与专利技术效果不相同，则即使被诉侵权产品采用的手段属于本领域普通技术人员无须经过创造性劳动就能够联想到的技术特征，也因二者达到的效果不同而不能被认定属于等同的技术特征。

如何使得等同原则的适用标准更加明确，使当事人对案件结果都具有可预期性从而尽早定分止争，最高人民法院通过司法解释给出了手段基本相同、功能基本相同、效果基本相同以及"无需创造性劳动即可联想到"等四个要件。只从概念上理解上述判定方法并不困难，但是如何在案件中具体适用就需要具体案情具体分析。以上述判定方法为基础，结合最高人民法院知识产权法庭近年来的判决，可以更好地厘清等同原则的适用情况并合理预测案件的走向。

第二节　外观设计侵权判定原则和方法

背景资料

在外观设计专利侵权纠纷案件的审理中，判断被告的被控产品是否落入原告专利的保护范围，一直是一个难点。我国《专利法》第 11 条第 2 款、第 23 条，对外观设计授予的条件、构成侵权的要件及保护范围作了原则性的规定。那么，如何判断被控产品与原告外观设计专利产品相同或相近似？

一、判断原则

（一）判断相同的原则

物品相同和设计相同，判断为相同。所谓物品相同，是指产品的用途和功能完全相同。如机械手表和电子手表，尽管它们的结构不同，但它们的用途和功能相同，故它们是相同的产品。所谓设计相同，是指形状、图案、色彩（或者结合），三个要素相同。一般产品的设计内容表现为以下几个方面：单纯的形状或图案设计；形状和图案二者结合的设计；图案和色彩二者结合的设计；形状、图案、色彩三者结合的设计。对于两种以上要素结合的设计，必须在两种以上要素完全相同时，才能判断为相同的设计。

（二）判断相近似的原则

物品相同，设计相近似，判断为相近似；物品相近似，设计相同，判断为相近似；物品相近似，设计相近似，判断为相近似。所谓物品相近似，是指同一类的产品，即指用途相同、功能不同的物品。例如，钢笔与圆珠笔都是书写工具，作用相同，但二者的功能不同，故二者属相近似的物品。

二、其他判断方法

判断被控产品与外观设计专利产品是否相同或者相近似，除按照上述原则外，还要注意运用以下几种判断方法。

（一）以市场上一般普通消费者的水平判断

这是因为某些相近似产品的细微差别，一般往往会被购买者忽略，而专家或者专业人员很容易分辨出来。现在许多侵权者在仿他人外观设计专利时，往往会作一些小的改动，故而给人一种似像非像的感觉。以间接对比与直接对比相结合的方式进行判断，对两个外观设计是否相同或者近似，不同的人会得出不同的结论。只有外观设计所属领域的专业技术人员、专业美工设计人员、专利审查员、知识产权审判法官才能对两个外观设计的细微差异作出判别，但是外观设计专利的同类产品或者类似产品的普通消费者并不具备这样的能力，而这些普通消费者才是产品的主要购买者，所以，进行外观设计专利侵权判定，即判断被控侵权产品与外观设计专利产品是否构成相同或相近似时，应当以普通消费者的眼光和审美观察能力为标准，以普通消费者是否容易混淆为判断标准，而不应当以该外观设计专利所属领域的专业设计人员的眼光和审美观察能力为标准，这个判断方法被称为"普通观察者法"。在外观设计专利授权审查时，认定一项外观设计专利申请与已有产品是否构成相同或者相近似，应以专业技术人员或者普通美术人员的眼光与水平为标准，只有这样，才符合专利法规定的授权条件。但是认定外观设计是否侵权，被控侵权的外观设计与具有专利权的外观设计是否相同或相近似，应以公众的眼光进行判断，防止不正当竞争，防止抄袭、仿冒行为的发生，只有用普通消费者的眼光去判断，才是客观公正的，当然，这并不是指让普通消费者去判断每一件专利是否存在侵权，而是将是否侵权的判断以普通消费者的眼光为标准。判断被控产品是否与原告外观设计专利产品相近似，应根据视觉上观察到的方式进行比较判断，对视觉上观察不到的，不能借助仪器或化学手段进行分析比较。

（二）间接对比

在比较时，应注意采用间接对比的方法，即把原告外观设计专利产品与被告的被控产品分别摆放，进行比较，观察时在时间上、空间上要有一定的间隔。对审判人员来讲，此种方法就是让他对两种产品都产生第一眼的感觉，若产生混同，二者就是相近似。此外，审判人员还需要运用直接对比的方法进行判断，进一步直接对比、分析、判断，以描述二者的相同点和不同点，最终得出二者是否相同或相近似的结论。

（三）从产品的外部和易见部位进行观察判断

外观设计专利，顾名思义是为了保护产品的外观。因此，在判断被控产品与外观设计专利是否相同或相近似时，应以产品的外观作为被判断的客体，从视觉对产品的形状、图案、色彩进行观察。观察时应以产品易见部位的异同作为判断的依据。

（四）从整体、综合方面进行观察判断

对外观设计专利是否侵权，应当将组成专利设计的各个外观设计要素视为一个完整的对象，不应单独审查外观设计专利中的某个要素，而应将被控侵权的外观设计与专利外观设计两者的全部构成要素进行对比，特别是对主要的要素（外观设计改进部分）进行分析对比，综合判断时，应当从整体视觉效果上进行比较，不能过于注意局部的细微差别，更不能将产品的各个组成部分分割开来。同时，比较的重点应当是权利人独创的富于美感的主要设计部分与被控侵权产品的对应部分，看是否抄袭、模仿了权利人的外观设计中新颖独创的部分。

整体观察、综合判断是相辅相成的。对被控产品的外观与外观设计专利产品外观是否相同、相近似，不应仅从一件设计的局部出发，或把一件设计的各个部分分割开来，而应从整体出发，从一件设计的整体或主要构成上来比较判断二者是否相同、相近似。

综合判断是在整体观察的基础上，对被控产品、外观设计专利产品的主要构成、重要新颖点进行判断。图案的外观设计，一般是由基地题材、构图方法、花样大小及色彩几个要素变换而成。对变化状态的物品的外观设计来

讲，应以其使用状态作为基本状态进行综合判断。

对于请求色彩保护的外观设计来讲，判断色彩是否相同、相近似，应根据颜色的三重属性，即色相、纯度和明度进行综合判断。形状、图案是外观设计的基础，色彩是附着在形状、图案之上的，没有形状、图案，单纯的色彩不能构成外观设计。从这个意义上讲，色彩保护具有从属性。因此，请求色彩保护的外观设计专利相同、相近似的判断，一般应先对被控产品与外观设计专利产品的形状、图案是否相同、相近似进行判断，如果判断为相同或相近似，再对色彩是否相同、相近似进行判断。与色彩有关可判断为相近似的外观设计，主要有以下几种情况：物品相同，形状、图案、色彩相似；物品相同，图案、色彩相似；物品相同，形状、色彩相似；物品相似，形状、图案、色彩相同；物品相似，形状、色彩相似；物品相似，图案、色彩相似；物品相似，形状、图案、色彩相似。

案情介绍

2016 年 1 月，原告上海晨光文具股份有限公司（以下简称"晨光公司"）至上海知识产权法院起诉与被告得力集团有限公司（以下简称"得力公司"）、济南坤森商贸有限公司（以下简称"坤森公司"）侵害其专利号为 ZL200930231150.3 的外观设计专利权（见图 11 - 4）。[❶] 该外观设计名称为笔（AGP67101），其用途为用于学习、办公等的书写，外观设计洛迦诺分类号为 19 - 06，2010 年 7 月 21 日授权公告，涉案时处于有效状态。2015 年 11 月，原告发现，被告得力公司制造并销售得力思达 A32160 波普风尚中性笔（见图 11 - 5），被告坤森公司亦在天猫商城许诺销售、销售该产品。原告认为，该产品与原告外观设计专利产品属于相同产品，且外观设计近似，两被告的行为构成对原告专利权的侵犯，故提起诉讼。请求判令：（1）两被告立即停止侵犯原告涉案外观设计专利权的行为，即被告得力公司立即停止制造、销售行为，被告坤森公司立即停止销售、许诺销售行为；（2）两被告销毁所有库存侵权产品以及制造侵权产品的专用设备、模具；（3）被告得力公司赔偿原告经济损失 180 万元及为制止侵权所支付的合理费用 20 万元。

---

❶ 上海知识产权法院（2016）沪 73 民初字第 113 号。

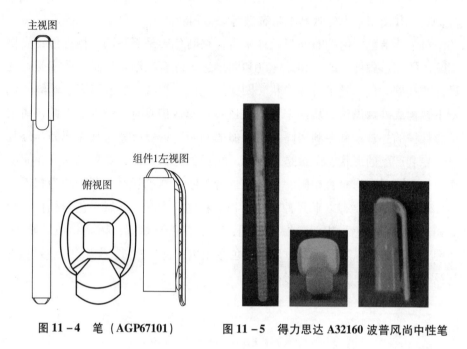

图 11-4　笔（AGP67101）　　　　图 11-5　得力思达 A32160 波普风尚中性笔

　　得力公司辩称，虽然被诉侵权产品是其制造并销售的，但该产品与原告专利外观设计既不相同也不近似，被告行为不构成对原告专利权的侵犯。即使构成侵权，原告诉请的赔偿数额及合理费用也过高。原告诉请缺乏事实与法律依据，故请求法院驳回原告的全部诉讼请求。

　　被告坤森公司未作答辩。

　　法院认定事实如下：该涉案外观设计由笔杆、笔帽组成，笔帽上设有笔夹。笔杆主体呈粗细均匀的细长状四周圆角柱体；顶端有正方形锥台突起，锥台中央有一圆孔；主体靠近笔头处内径略小，四周表面中心位置各有一凸状设计；笔头为圆锥状。笔帽主体呈粗细均匀的四周圆角柱体，长度约为笔杆长度的 1/4；顶端有正方形锥台突起。笔夹主体为扁平长方形片状；内侧面有波浪状突起；上端与笔帽顶端锥台弧形相连；下端为弧形；笔夹略长于笔帽，长出部分约占笔夹总长度的 1/10。专利简要说明记载，设计要点在于整支笔的形状，俯视图是最能反映设计要点的图片。

　　2015 年 8 月 14 日，国家知识产权局依原告请求就涉案专利出具了评价报告，作出"全部外观设计未发现存在不符合授予专利权条件的缺陷"的初步结论。报告记载，基于涉案专利的设计特征，检索到现有设计 11 篇。经比对，涉案专利在笔杆形状、笔帽形状、笔夹形状、笔帽与笔夹的连接方式上与对比设计 1（公告号为 CN×××××× 的中国外观设计专利）有显著差异；此外，"本专利与对比设计 1 – 11 和/或对比设计 1 – 11 的设计特征的组合相比，不具有明显区别的情形"。

2016 年 3 月 18 日，得力公司就涉案专利向原专利复审委员会提出无效宣告请求，认为涉案专利与公告号为 CN××××××××× 的中国外观设计专利近似，不符合授予专利权的条件。2016 年 8 月 8 日，原专利复审委员会作出审查决定，认为授权外观设计与对比设计 1 不构成实质相同，维持涉案专利权有效。

2015 年 11 月 30 日，在淘宝网上"宝贝"栏目中搜索"得力 A32160"，结果页面显示"共 7 件宝贝"，价格由 1.0 元/支到 26.90 元/盒（共 12 支）不等。北京市金杜律师事务所上海分所的委托代理人在标价为 26.90 元/盒的"得力坤森专卖店"中购买了 4 盒得力思达 A32160 波普风尚中性笔。上述过程由上海市黄浦公证处公证。

上述"得力坤森专卖店"由被告坤森公司经营。被告得力公司确认其制造、销售过被诉侵权产品。

被诉侵权产品由笔杆和笔帽组成，笔帽上设有笔夹。笔杆主体呈粗细均匀的四周圆角柱体，靠近笔尖约 1/3 处有一环状凹线设计；顶端有正方形锥台突起，锥台中央有一圆孔；主体靠近笔头处内径略小，四周表面中心位置各有一凸状设计；笔头为圆锥状。笔帽主体呈粗细均匀的四周圆角柱体，长度约为笔杆长度的 1/4；顶端有正方形锥台突起。笔夹主体为长方形；外侧面有长方形锥台突起，内侧面光滑；笔夹上端与笔帽顶端锥台弧形相连；下端平直；笔夹略长于笔帽，长出部分约占笔夹总长度的 1/10。

经比对，被诉侵权设计与涉案外观设计在基本构成、笔杆及笔帽的整体形状、笔杆顶端与笔帽顶端的形状、笔帽相对于笔杆的长度、笔夹与笔帽的连接方式、笔夹长出笔帽的长度等方面基本相同。具体体现在：（1）两者均由笔杆和笔帽组成，笔帽上设有笔夹；（2）笔杆、笔帽整体均呈粗细均匀的四周圆角柱体；（3）笔杆顶部与笔帽顶部均有正方形锥台突起，笔杆顶部锥台中央有圆孔；（4）笔帽长度约为笔杆长度的 1/4；（5）笔夹上端与笔帽顶端锥台弧形相连；（6）笔夹略长于笔帽，长出部分约占笔夹总长度的 1/10；（7）主体靠近笔头处内径略小，四周表面中心位置各有一凸状设计，笔头为圆锥状。区别点主要在于：（1）被诉侵权设计的笔杆靠近笔尖约 1/3 处有一环状凹线设计，而涉案外观设计没有凹线设计；（2）被诉侵权设计的笔夹外侧有长方形锥台突起，而涉案外观设计的笔夹外侧没有突起；（3）被诉侵权设计的笔夹内侧为光滑平面，而涉案外观设计的笔夹内侧有波浪状突起；（4）被诉侵权设计的笔夹下端是平直的，而涉案外观设计的笔夹下端为弧形。

争议焦点

被诉侵权设计与涉案外观设计是否构成近似，即两者在整体视觉效果上是否存在实质性差异？

裁判结果与理由

根据《最高人民法院关于审理侵犯专利权纠纷案件应用法律若干问题的解释》第 8 条、第 11 条的规定，在与外观设计专利产品相同或者相近种类产品上，采用与授权外观设计相同或者近似的外观设计的，人民法院应当认定被诉侵权设计落入外观设计专利权的保护范围。被诉侵权设计与授权外观设计在整体视觉效果上无差异的，人民法院应当认定两者相同；在整体视觉效果上无实质性差异的，应当认定两者相近似。该案中，被诉侵权产品与原告专利产品均为笔，系相同种类产品。两者在整体视觉效果上存在一定差异，外观设计并不相同。

该解释还在第 10 条、第 11 条规定，外观设计近似的判断应以外观设计专利产品的一般消费者的知识水平和认知能力，根据授权外观设计、被诉侵权设计的设计特征，以外观设计的整体视觉效果进行综合判断。产品正常使用时容易被直接观察到的部位相对于其他部位、授权外观设计区别于现有设计的设计特征相对于授权外观设计的其他设计特征通常对外观设计的整体视觉效果更具有影响。根据上述规定，在判断被诉侵权设计与授权外观设计在整体视觉效果上是否存在实质性差异时，既应考虑被诉侵权设计与授权外观设计的相似性，也应考虑其差异性。应分别考察被诉侵权设计与授权外观设计的相同设计特征与区别设计特征对整体视觉效果的影响，根据整体观察，综合判断的原则进行判定。

该案中，就相同设计特征来说，涉案外观设计的笔杆主体形状、笔杆顶端形状、笔帽主体形状、笔帽顶端形状、笔帽相对于笔杆的长度、笔夹与笔帽的连接方式、笔夹长出笔帽的长度等方面的设计特征，在整体上确定了授权外观设计的设计风格，而这些设计特征在被诉侵权设计中均具备，可以认定两者在整体设计风格及主要设计特征上构成近似。

对于两者所存在的区别点对整体视觉效果的影响，法院认为：（1）笔夹内侧的平滑设计系惯常设计，且处于一般消费者不易观察到的部位，对整体视觉效果的影响极其有限；（2）笔夹下端的弧形区别，仅是整支笔乃至笔夹的细微局部差别，不足以影响整体视觉效果；（3）笔夹外侧的长方形锥台突起虽然在笔夹上占据了较大面积，但笔夹对于笔的整体视觉效果的影响首先在于它的整体形状、大小，与笔帽的连接方式及长出笔帽的长度比例等，在这些因素均相同的情况下，笔夹外侧的锥台突起对于整支笔的整体视觉效果影响有限，不足以构成实质性差异；（4）笔杆上的凹线设计位于笔杆靠近笔尖约1/3处，只是横向环绕在笔杆上，面积很小，属于局部设计特征，对整体视觉效果的影响亦有限。综上，被诉侵权设计与涉案外观设计所存在的上述四点区别设计特征，不足以构成对整体视觉效果的实质性差异。

得力公司认为，被诉侵权设计采用了与涉案外观设计不同的色彩和图案，这种色彩和图案对整体视觉效果会产生重要的影响，因此与涉案外观设计不构成近似。对此，法院认为，外观设计专利权的保护范围以表示在图片或者照片中的该产品的外观设计为准。形状、图案、色彩是构成产品外观设计的三项基本设计要素。根据《专利法实施细则》（2002）第28条的规定，外观设计请求保护色彩的，应当在简要说明中写明。该案涉案外观设计的简要说明中并未明确要求保护色彩，因此，在确定其保护范围及侵权判定时，不应将色彩考虑在内。此外，从图片或照片中显示的涉案外观设计来看，其并不存在因形状产生的明暗、深浅变化等所形成的图案，故在侵权判定时，图案要素亦不应考虑在内。被诉侵权设计在采用与涉案外观设计近似的形状之余所附加的色彩、图案等要素，属于额外增加的设计要素，对侵权判断不具有实质性影响。否则，他人即可通过在涉案外观设计上简单添加图案、色彩等方式，轻易规避专利侵权，这无疑有悖于《专利法》鼓励发明创造、促进科技进步和创新的立法本意。

综上，法院认为，根据整体观察、综合判断的原则，被诉侵权设计采用了与涉案外观设计近似的设计风格，使用了影响涉案外观设计整体视觉效果的设计特征，其与涉案外观设计的区别点不足以对整体视觉效果产生实质性影响，即不构成实质性差异。因此，被诉侵权设计与涉案外观设计构成近似，被诉侵权设计落入原告外观设计专利权的保护范围。得力公司未经原告许可制造、销售被诉侵权产品的行为，以及坤森公司未经原告许可销售、许诺销售被诉侵权产品的行为，构成对原告外观设计专利权的侵犯。

案件评析

在实践中，外观设计专利侵权的判定一般采取以下三个步骤。

（1）确定外观设计的保护范围。根据《专利法》第 64 条第 2 款之规定，其保护范围以表示在图片或者照片中的该产品的外观设计为准。在该案中，法院在查明事实阶段，以涉案外观设计的图片确定其保护范围，对其基本构成，即笔杆主体、笔帽主体和笔夹主体进行了描述。

（2）确定涉案外观设计专利产品与侵权产品是否属于相同或者类似产品。通常是以产品的功能、用途作为标准，同时参考国际外观设计分类表（《洛迦诺条约》）有关商品的分类。如果外观设计专利产品与被控侵权产品在功能、用途上是相同的，就可以确定二者是相同或者类似商品。如果二者在功能、用途上不相同，可以认定二者既不是相同商品，也不是类似商品，从而认定专利侵权不成立。涉案外观设计的产品与被诉侵权产品都是笔类，用途为用于学习、办公等的书写，属于相同产品。

（3）将涉案外观设计与被控侵权产品的外观设计进行对比，判断是否相同或者相近似。外观设计相同是指构成外观设计的产品的形状、图案和颜色及其组合完全一致；外观设计相近似是指使用该外观设计有可能引起混淆，使人们误认为使用该外观设计的产品是专利产品。这一判断通常以普通消费者的眼光，对被授予专利的外观设计与被控侵权产品的外观设计进行要部观察，整体判断，根据对比结果确定是构成相同侵权、等同侵权还是不侵权。在该案中，首先，法院通过对比，确定了涉案专利产品与被控侵权产品的 7 点相同设计特征和 4 点区别设计特征。其次，遵循"整体观察，综合判断"原则，从一般消费者的角度分别对相同设计特征和区别设计特征进行判断。

就相同设计特征而言，在整体上，涉案外观设计与被诉侵权设计在笔杆主体形状、笔杆顶端形状、笔帽主体形状、笔帽顶端形状、笔帽相对于笔杆的长度、笔夹与笔帽的连接方式、笔夹长出笔帽的长度等方面具有近似的设计特征，可以认定两者在整体设计风格及主要设计特征上构成近似。

基于对4点区别设计特征的比较，认定涉案专利产品与被控侵权产品二者的区别设计特征不足以构成对整体视觉效果的实质性差异，即二者不存在实质性差异。

第三节　专利侵权抗辩

一、现有技术抗辩和现有设计抗辩

背景资料

现有技术抗辩，是指被诉侵权技术方案落入专利保护范围的全部技术特征，与一项现有技术方案中的相应技术特征相同或者等同，或者所属技术领域的普通技术人员认为被诉技术方案是一项现有技术与所属领域公知常识的简单组合的，应当认定被诉侵权人实施的技术属于现有技术，被诉侵权人的行为不构成侵犯专利权。在审查现有技术抗辩时，比较时应是将被诉侵权技术方案与现有技术进行对比，而不是将现有技术与专利技术方案进行对比。审查时则是以专利权利要求为参照，确定被诉侵权技术方案中被指控落入专利权保护范围的技术特征，并判断现有技术中是否公开了相同或者等同的技术特征。

现有设计抗辩，是指被诉侵权外观设计与一项现有设计相同或者相近似，或者被诉侵权产品的外观设计是一项现有外观设计与该产品的惯常设计的简单组合，则被诉侵权外观设计构成现有设计，被诉侵权人的行为不构成侵犯外观设计专利。审查现有设计抗辩是否成立，应当判断被诉侵权设计是否与现有设计相同或近似，而不应当将专利外观设计与现有设计比对。

在我国，实用新型和外观设计在进行专利权授予审查时，只进行初步的形式审查，很可能会出现不符合专利法实质条件的技术或设计被授予专利的情形；即使是经过实质审查的发明专利，也会由于种种原因出现错误授权。一项已经被授予专利权的技术或者设计如果属于现有技术或现有设计，那么它可能会因不具备"新颖性"而被认定为无效专利。任何单位和个人均有权向国务院专利行政部门提出请求将专利宣告为无效，而这一程序往往复杂漫长。

在司法实践中，一项专利侵权案件中的被告会以被诉技术或设计属于现有技术或设计从而不构成侵权进行抗辩。而若此刻将正在进行的侵权诉讼程序中止来等待"无效程序"的结果进而对被控技术或设计是否构成侵权进行判断，必将给涉诉双方带来巨大的诉累，同时也会造成司法、行政资源的浪费。

无效程序与专利侵权诉讼中现有技术抗辩制度相互独立，各自发挥着作用。二者相互协调、配合，有利于避免专利权的保护范围覆盖现有技术，侵入公共领域，从而更好地实现专利制度鼓励创新、激励创新的立法宗旨。

案情介绍

此案❶涉及徐某所有的专利号为 ZL200420077923.9、名称为"一种带硬质加强层的轻质发泡材料填充件"（见图 11 - 7）的实用新型专利，涉案专利申请日为 2004 年 7 月 16 日，授权日为 2005 年 8 月 10 日。涉案专利权利要求书主要内容如下：

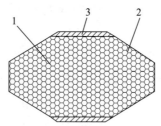

图 11 - 7　一种带硬质加强层的轻质发泡材料填充件

---

❶　最高人民法院（2014）民提字第 87 号。

1. 一种带硬质加强层的轻质发泡材料填充件，包括一个本体（1），其特征在于本体四周具有一个密封层（2），密封层与本体之间具有加强层（3）。2. 根据权利要求1所述的一种带硬质加强层的轻质发泡材料填充件，其特征在于本体的截面形状为多边形及直线与弧线的组合图形。3. 根据权利要求1所述的一种带硬质加强层的轻质发泡材料填充件，其特征在于加强层位于本体的主要受力平面上。4. 根据权利要求1所述的一种带硬质加强层的轻质发泡材料填充件，其特征在于密封层为涂胶层。5. 根据权利要求1所述的一种带硬质加强层的轻质发泡材料填充件，其特征在于涂胶层由胶带缠绕而成。

2007年1月1日，徐某授权京宁公司在宁夏地区独占使用涉案专利技术。

2012年3月5日，京宁公司和徐某以宁煤公司、保兴公司侵害其"一种带硬质加强层的轻质发泡材料填充件"的实用新型专利权为由，向宁夏回族自治区银川市中级人民法院（以下简称"一审法院"）提起诉讼，请求判令宁煤公司和保兴公司立即停止侵权行为。

宁煤公司辩称：其所使用的填充体系通过天津熙贝众合预应力工程有限公司（以下简称"熙贝公司"）向保兴公司购买所得，有合法来源，属于善意使用，不应当承担赔偿责任。

保兴公司辩称：其没有实施涉案专利，所使用的技术源自名称为"具有多种截面形状用于混凝土中的轻质多孔材料填充体"的实用新型专利现有技术，不构成侵权。

一审法院认为：涉案专利要求保护的填充件必须具备以下4个必要技术特征：A. 轻质发泡材料本体；B. 本体四周具有一个密封层；C. 密封层与本体之间具有加强层；D. 加强层位于本体的主要受力平面上。被诉填充体特征是：a. 主材为聚苯泡沫的本体；b. 在聚苯泡沫的一面有水泥砂浆和网格状纤维布的组合体，且该组合体在施工过程中位于本体的上表面；c. 整个产品外面裹了一层塑料胶带。故被诉填充体具备涉案专利所要求保护的全部4个必要技术特征。

专利号为ZL0229××××.5、名称为"具有多种截面形状用于混凝土中的轻质多孔材料填充体"的实用新型专利（以下简称"在先专利"）（见图11-8）申请日早于涉案专利，可以作为涉案专利的公知技术。在先专利说明书明确记载"当轻质多孔材料强度较高或施工现场能对填充管采取良好的保护措施时，加强层可以取消"；"隔离层的做法是涂刷或缠绕一层或数层隔离材料"；"隔离材料可以是灰浆类材料（如水泥浆）、纤维类（如纤维布）……胶带类（如塑料胶带）其中一种或几种的组合"。本领域普通技术人员在阅读在先专利的权利要求书及说明书后，无须付出创造性劳动就可以直接得出没有加强层，只有本体及隔离层，且该隔离层可以是灰浆类材料（如水泥浆）、纤维类（如纤维布）、胶带类（如塑料胶带）的一种或几种的组合的技术方案。该方案的技术特征为：A. 本体即轻质多孔材料；B. 由灰浆类材料（如水泥浆）、纤维类（如纤维布）、胶带类（如塑料胶带）或其组合共同构成的隔离层。但是在先专利没有公开只有一面有水泥砂浆和网格状纤维布的组合体隔离层，且该隔离层位于本体上表面的技术特征。因此，被控填充体不属于公知技术。

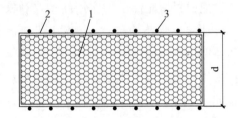

图 11 - 8 具有多种截面形状用于混凝土中的轻质多孔材料填充体

宁煤公司所使用的填充体有合法来源，系由保兴公司生产的，宁煤公司为此支付了相应对价；且保兴公司宣传册上有涉案专利证书，宁煤公司有理由相信保兴公司获得了该专利的授权。宁煤公司属于善意使用方，不构成对涉案专利权的侵犯。

一审法院判令：（1）保兴公司立即停止侵犯涉案专利权的行为，即停止使用侵权产品；（2）保兴公司赔偿京宁公司、徐某经济损失 2 万元；（3）驳回京宁公司、徐某的其他诉讼请求。一审案件受理费 1550 元，由京宁公司、徐某负担 550 元，保兴公司负担 1000 元。

保兴公司不服一审判决，向宁夏回族自治区高级人民法院（以下简称"二审法院"）提出上诉，认为被诉填充体属于现有技术。

二审法院认为：在先专利分别公开了被诉填充体中 a 主材为聚苯泡沫、b 主材外面裹了塑料胶带、c 主材外面有水泥砂浆和网格布组合物的 3 项技术特征，但是没有公开 d 水泥砂浆和网格布组合物位于聚苯泡沫的上表面的特征，故被诉填充体不属于公知技术。被诉填充体具备涉案专利所要求保护的全部 4 个必要技术特征，因此侵权成立。保兴公司印制宣传册宣传涉案专利，并称其获得涉案专利的授权，具有一定的侵权过错，应相应承担侵权的民事责任。综上，二审法院判决驳回上诉，维持原判。二审案件受理费 1550 元，由保兴公司负担。

保兴公司不服二审判决，申请再审。在再审庭审中，京宁公司和徐某明确表示只主张涉案专利的权利要求 3。保兴公司对被诉填充体落入涉案专利权利要求 3 的保护范围没有异议。

争议焦点

（1）被诉技术方案是否落入涉案专利的保护范围？
（2）现有技术抗辩是否成立？

裁判结果与理由

再审法院依照《专利法》（2008）第 62 条、《民事诉讼法》（2012）第 207 条第 1 款、第 170 条第 1 款第 2 项的规定，判决如下：（1）撤销宁夏回族自治区银川市中级人民法院（2012）银民初字第 89 号民事判决和宁夏回族自治区高级人民法院（2013）宁民终字第 6 号民事判决；（2）驳回银川东方京宁建材科技有限公司和徐某的所有诉讼请求。

由于保兴公司对被诉填充体落入涉案专利权利要求 3 的保护范围没有异议，故该案的争议焦点在于保兴公司主张的现有技术抗辩是否成立。《专利法》（2008）第 62 条规定："在专利侵权纠纷中，被控侵权人有证据证明其实施的技术或者设计属于现有技术或者现有设计的，不构成侵犯专利权。"《最高人民法院关于审理侵犯专利权纠纷案件应用法律若干问题的解释》第 14 条规定："被诉落入专利权保护范围的全部技术特征，与一项现有技术方案中的相应技术特征相同或者无实质性差异的，人民法院应当认定被诉侵权人实施的技术属于专利法第六十二条规定的现有技术。"该案中，涉案专利权利要求 3 限定的技术方案包括如下四个特征：A 轻质发泡材料本体；B 本体四周具有一个密封层；C 密封层与本体之间具有加强层；D 加强层位于本体的主要受力平面上。被诉落入涉案专利权利要求 3 保护范围的被诉填充体包括如下特征：a 主材为聚苯泡沫、b 主材外面裹了塑料胶带、c 主材与塑料胶带之间有水泥砂浆和网格布组成的加强物、d 加强物位于聚苯泡沫的上表面。在先专利的权利要求虽然限定填充体由轻质多孔材料、隔离层和加强层组成，但说明书中明确加强层可以取消；轻质多孔材料可以是聚苯乙烯泡沫塑料；同时，在先专利说明书提出主材外壁涂刷或缠绕一层或数层隔离材料，隔离材料可以是灰浆类材料（如水泥浆）、纤维类（如纤维布）……胶带类（如塑料胶带）其中一种或几种的组合。综合上述内容，可以认定在先专利公开了一种主材是聚苯乙烯泡沫塑料，在主材外壁涂刷一层由水泥浆和纤维布组合而成的隔离层，再缠绕一层塑料胶带的填充体的技术方案。显然，现有技术公开了特征 a 和特征 b。被诉填充体设置特征 c 加强物的目的是防止踩踏、碎裂，现有技术中已经公开了可以用水泥浆和纤维布组合作为隔离材料的技术方案，且明确提到"隔离层能够抵御施工中的一般碰撞、踩踏"，虽然水泥砂浆的强度可能略强于水泥浆，但并无实质性差异，因此现有技术公开了被诉填充体中的技术特征 c。对于特征 d，现有技术公开的是在多孔材料外涂刷水泥浆和纤维布，考虑到现有技术中设置隔离层的目的主要是起到隔离作用，因此通常理解为在本体的周身涂刷，但如前所述，现有技术明确提到由水泥浆和纤维布组成的隔离层可起到加强、防止碰撞踩踏的效果，而实际施工中这些外力主要来自上表面，本领域普通技术人员容易想到只在主体上表面设置加强物的技术方案，因此被诉填充体的特征 d 与现有技术公开的相应技术特征无实质性差异。一审、二审判决关于现有技术没有公开特征 d 的认定错误。

综上所述，被诉落入涉案专利权利要求 3 的全部技术特征，与在先专利公开的现有技术方案中的相应技术特征相同或者无实质性差异，保兴公司提出的现有技术抗辩成立，被诉填充体不构成侵害涉案专利权。

案件评析

该案的一审、二审法院均以"在先专利分别公开了被诉填充体中 a、b、c 3 项技术特征，但是没有公开 d，故被诉填充体不属于公知技术"为由判定侵权成立。而再审法院则认为一审、二审判决关于现有技术没有公开特征 d

的认定错误。对于特征 d，虽然不是与现有技术完全相同，却是本领域人员容易联想到的技术方案，与在先专利技术也无实质性差异。与现有技术等同抗辩，并不意味着被控侵权的技术特征与现有技术完全相同，而是二者虽存在一定的差异，但技术手段、功能与效果基本相同，无须创造性劳动即可获得。

二、禁止反悔原则

背景资料

禁止反悔原则，是指专利申请人、专利权人在专利授权或者无效宣告程序中，通过对权利要求、说明书的修改或者意见陈述而放弃的技术方案，在侵犯专利权纠纷案件中又将其纳入专利权保护范围的，人民法院不予支持。也就是说，专利申请时已经明确排除的技术方案，不能以技术特征等同为由在侵权判断时重新纳入专利权的保护范围。

诚实信用原则作为民法基本原则之一，要求民事主体信守承诺，不得损害善意第三人对其的合理信赖或正当期待，以衡平权利自由行使所可能带来的失衡。在专利授权实践中，专利申请人往往通过对权利要求或说明书的限缩以便快速获得授权，但在侵权纠纷中又试图通过等同侵权将已放弃的技术方案重新纳入专利权的保护范围。为确保专利权保护范围的安定性，维护社会公众的信赖利益，专利制度通过禁止反悔原则防止专利权人上述"两头得利"情形的发生。在司法实践中，即使被诉侵权人没有主张适用禁止反悔原则，人民法院也可以根据业已查明的事实，主动适用禁止反悔原则合理地确定专利权的保护范围。

案情介绍

此案❶为二审案件。2008 年 2 月 13 日，田某、江某某就"一种舵机"获得国家知识产权局实用新型专利的授权，专利号为 ZL200720069025.2

---

❶ 最高人民法院（2011）民提字第 306 号。

（见图 11-9）。

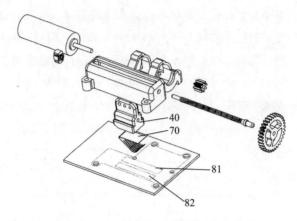

图 11-9　一种舵机

2009 年 2 月 10 日，中誉公司与专利权人（田某、江某某）签订《专利实施许可合同》，合同约定：中誉公司经专利权人授权享有独占使用该实用新型专利的权利，独占许可有效期至 2017 年 4 月 17 日止。

2009 年 2 月，中誉公司在德国纽伦堡国际春季玩具展览会上发现九鹰公司正在该展会上宣传一种型号为"Free Spirit Micro NE R/C 210A"的航模，该航模中所用舵机落入涉案专利保护范围。中誉公司委托律师发函给九鹰公司要求其立即停止侵权行为，九鹰公司置之不理。

2009 年 6 月，九鹰公司在第六届上海航模展会上展出专利侵权产品，并以远低于专利产品成本的价格批量销售该产品。此外，九鹰公司还通过其公司网站、产品目录等多种途径对侵权产品进行宣传推广。

2009 年 8 月，中誉公司向人民法院提起诉讼，请求法院判令九鹰公司：（1）立即停止销售侵权产品，回收全部侵权产品并予以销毁；（2）销毁全部侵权产品的模具、书面宣传材料并删除网站中侵权产品的信息；（3）赔偿中誉公司包括合理费用在内的经济损失 500 万元。

九鹰公司辩称，其产品所使用的技术与现有技术和公知常识相同或无实质性差异，不构成对"一种舵机"实用新型专利的侵犯。请求法院驳回中誉公司的诉讼请求。

一审法院查明：2009 年 2 月 10 日，田某、江某某与中誉公司签订《专利实施许可合同》，授予中誉公司涉案专利在中国境内的独占实施许可权，该许可合同于 2009 年 3 月 24 日在国家知识产权局备案。涉案专利授权公告的权利要求 1—3 为：

1. 一种模型舵机，其特征在于，包括支架、电机、丝杆和滑块，所述支架包括电机座和滑块座……

2. 略。

3. 在所述舵机驱动电路板上，印制有一条形的碳膜和银膜，所述支架通过其上的固定孔固定到所述舵机驱动电路板上，且所述滑块底面上的电刷与该碳膜和银膜相接触。

九鹰公司于 2009 年 4 月 20 日就涉案专利向原专利复审委员会提出无效宣告请求。原专利复审委员会于 2009 年 7 月 22 日作出第 13717 号无效宣告请求审查决定（以下简称"第 13717 号无效决定"），宣告涉案专利的权利要求 1—2、4—6 无效，在权利要求 3 的基础上维持涉案专利权有效。

专利权人田某、江某某不服该决定，向北京市第一中级人民法院提起行政诉讼，该院于 2010 年 3 月 10 日作出（2009）一中知行初字第 2726 号行政判决，维持第 13717 号无效决定。

一审法院认为，九鹰公司提供的德国 WES - Technik 生产的 LS 系列比例控制舵机在 2005 年第 4 期《航空模型》上已公开发表，早于涉案专利申请日期 2007 年 4 月 17 日，故九鹰公司可以据此进行现有技术抗辩；对被诉侵权产品的技术特征与现有技术进行比较，应限于一项现有技术方案，可以结合所属领域技术人员公知的技术常识。根据知产事务中心《司法鉴定意见书》，被诉侵权产品的技术特征 a、d、e 分别与现有技术方案的技术特征 A′、D′、E′相同，被诉侵权产品的技术特征 b、c、f 分别与现有技术方案的技术特征 B′、C′、F′无实质性差异，被诉侵权产品的技术特征 g 与公知常识无实质性差异。因此，被诉侵权产品的技术方案是一项现有技术与公知常识的简单组合，九鹰公司的现有技术抗辩成立，被诉侵权产品不构成对涉案专利权的侵权。依照《专利法》（2000 年）第 56 条第 1 款的规定判决：驳回中誉公司的诉讼请求。

中誉公司不服该一审判决，向上海市高级人民法院提起上诉。

二审法院认为，涉案专利权利要求 1、2 被宣告无效，在权利要求 3 的基础上专利权被维持有效。从属权利要求 3 被维持有效的原因在于在权利要求 1 中增加了从属权利要求 2 以及从属权利要求 3 记载的附加技术特征，这实质上是修改权利要求 1，在权利要求 1 记载的技术方案中增加了从属权利要求 2 和 3 记载的附加技术特征。因此，在界定权利要求 3 保护范围的技术特征中，"在所述支架上，设置有固定到一舵机驱动电路板上的固定孔"与"在所述舵机驱动电路板上，印制有一条形的碳膜和银膜，所述支架通过其上的固定孔固定到所述舵机驱动电路板上，且所述滑块底面上的电刷与该碳膜和银膜相接触"，属于为维持专利权有效限制性修改权利要求而增加的技术特征。由此，可以认定涉案专利权利要求 3 中技术特征 G（在所述舵机驱动电路板上，印制有一条形的碳膜和银膜，且所述滑块底面上的电刷与该碳膜和银膜相接触）属于为维持专利权有效限制性修改权利要求而增加的技术特征。根据《最高人民法院关于审理侵犯专利权纠纷案件应用法律若干问题的解释》第 6 条的规定，专利权人在无效宣告程序中，通过对权利要求的修改而放弃的技术方案，权利人在侵犯专利权纠纷案件中又将其纳入专利权保护范围的，人民法院不予支持。

该案中，涉案专利的技术特征 G 将舵机驱动电路板上作为直线型电位器的导流条明确限定为"银膜"，该具体的限定应视为专利权人放弃了除"银膜"外以其他导电材料作为导流条的技术方案。被诉侵权产品的技术特征 g 为"在所述含有舵机驱动电路的电路板上，印制有一条形碳膜和镀金铜条，且所述滑块底面上的电刷与该碳膜和镀金铜条相接触"，根据知产事务中心的鉴定意见，被诉侵权产品的技术特征 g 与涉案专利的技术特征 G 等同，知产事务中心的该项认定双方当事人均予认可，且无足以推翻该项认定的事实与理由，应予采信。尽管技术特征 g 与技术特征 G 等同，但依据禁止反悔原则，由于除"银膜"外以其他导电材料作为导流条的技术方案被视为专利权人放弃了的技术方案，因此，以技术特征 g 与技术特征 G 等同为由，认为被诉侵权产品构成等同侵权的结论不能成立。二审判决：驳回上诉，维持原判。

中誉公司不服二审判决，申请再审。

争议焦点

（1）原专利复审委员会决定在权利要求 3 的基础上维持涉案专利权有效，是否导致禁止反悔原则的适用？

（2）九鹰公司的现有技术抗辩是否成立？

裁判结果与理由

再审法院判决如下：（1）撤销上海市高级人民法院（2010）沪高民三（知）终字第 53 号民事判决和上海市第二中级人民法院（2009）沪二中民五（知）初字第 167 号民事判决；（2）上海九鹰电子科技有限公司于本判决送达之日起十五日内赔偿中誉电子（上海）有限公司经济损失 20 万元；（3）驳回中誉公司的其他诉讼请求。

该案中，独立权利要求 1 及其从属权利要求 2 均被宣告无效，在权利要求 2 的从属权利要求 3 的基础上维持涉案专利有效。权利要求 3 是否仅仅因此构成对其所从属的权利要求 1—2 的限制性修改。独立权利要求被宣告无效，在其从属权利要求的基础上维持专利权有效，该从属权利要求即实际取代了原独立权利要求的地位。但是，该从属权利要求的内容或者所确定的保护范围并没有因为原独立权利要求的无效而改变。因为，每一项权利要求都是单独的、完整的技术方案，每一项权利要求都应准确、完整地概括申请人在原始申请中各自要求的保护范围，而不论其是否以独立权利要求的形式出现。正基于此，每一项权利要求都可以被单独地维持有效或宣告无效。每一项权利要求的效力应当被推定为独立于其他权利要求项的效力。即使从属权利要求所从属的权利要求被宣告无效，该从属权利要求也并不能因此被认定无效。所以，不应当以从属权利要求所从属的权利要求被无效而简单地认为该从属权利要求所确定的保护范围受到限制。

该案中，九鹰公司称，因为权利要求 1—2 被宣告无效，而权利要求 3 是对其进一步限定，故权利要求 1—2 与权利要求 3 之间的"领地"被推定已放弃。法院认为，权利要求 3 中的"银膜"并没有被权利要求 1—2 所提及，而且，中誉公司在专利授权和无效宣告程序中没有修改权利要求和说明书，在意见陈述中也没有放弃除"银膜"外其他导电材料作为导流条的技术方案。因此，不应当基于权利要求 1—2 被宣告无效，而认为权利要求 3 的附加技术特征"银膜"不能再适用等同原则。

将被诉侵权技术方案与《航空模型》杂志 2005 年第 4 期所刊载的"LS 系列比例控制舵机"技术方案相比对。对于区别技术特征（4），现有技术没有公开这一具体电路板结构，虽然《电位器基础及其应用》一书的

图 2-7（a）公开了一种电位器结构，包括导流条、条形电阻元件、陶瓷基体，但从图片来看，导流条不能对应被诉侵权技术方案中的镀金铜条，且其电阻元件和导流条是固定在陶瓷基体上的。然而被诉侵权产品没有独立的电位器，而是将碳膜和镀金铜条直接印制在驱动电路板上，其作用是提高舵机的集成度，简化舵机结构，从而减轻舵机重量，实现模型飞机的小型化。由此可见，该技术特征没有被对比技术公开，也不是本领域的普通技术人员基于公知常识能够从现有技术中直接或者毫无疑义得出的技术特征。因此，被诉侵权技术方案与现有技术方案具有实质性的不同，二审判决依据知产事务中心的鉴定意见认定九鹰公司的现有技术抗辩成立，存在错误，应予纠正。

由于对被诉侵权技术方案技术特征 g 与涉案专利技术特征 G，双方当事人均认可属于等同的技术特征，故被诉侵权技术方案已落入专利权的保护范围。又因九鹰公司的现有技术抗辩不能成立，故九鹰公司构成对涉案专利的侵犯，依法应当承担停止侵权的民事责任。

因中誉公司未举证证明其所受损失以及九鹰公司因侵权所获利益，亦无专利许可费可以参照，故法院在综合考虑涉案专利系实用新型专利权、侵权行为持续时间有限、涉案专利在产品中的作用以及中誉公司为调查、制止侵权所支付的合理费用等因素的基础上，酌定本案的赔偿数额为 20 万元。因中誉公司未举证证明被诉侵权产品的库存、生产专用模具以及书面、网站宣传材料等情况，故对其相关诉讼请求，不予支持。

案件评析

禁止反悔原则适用于导致专利权保护范围缩小的修改或者陈述，亦即由此所放弃的技术方案。专利申请人或者专利权人对权利要求保护范围所作的限缩性修改或者陈述必须是明示的，而且已经被记录在书面陈述、专利审查档案、生效法律文书中。

该案中，原专利复审委员会认定独立权利要求无效，在其从属权利要求的基础上维持专利权有效，且专利权人未曾作自我放弃，那么在判断是否构成禁止反悔原则中的"放弃"时，应充分注意专利权人未自我放弃的情形，严格把握放弃的认定条件。如果该从属权利要求中的附加技术特征未被该独立权利要求所概括，则因该附加技术特征没有原始的参照，不能推定该附加技术特征之外的技术方案已被全部放弃。

三、合法来源抗辩

合法来源，是指通过合法销售渠道、通常购买行为等正常的商业方式取得被诉侵权产品。合法来源抗辩，是指被诉侵权产品的使用者、许诺销售者或者销售者提供符合交易习惯的票据作为证据，以证明自己所使用或者所销售的被诉侵权产品具有合法来源而不构成侵权的抗辩行为。

我国《专利法》第 77 条便是对合法来源抗辩的直接规定："为生产经营目的使用、许诺销售或者销售不知道是未经专利权人许可而制造并售出的专利侵权产品，能证明该产品合法来源的，不承担赔偿责任。"由此可以看出，合法来源抗辩的成立需要同时满足两个要件：（1）侵权产品使用者、销售者的主观为善意，即"不知道其为侵权产品"；（2）被诉侵权产品具有合法来源。为维护正常的市场经营秩序和鼓励对侵权源头进行打击，一旦被诉侵权的使用者或销售者的合法来源抗辩成立，则可以免除其赔偿责任，只用承担停止侵权的民事责任，这种责任是一种严格责任，不以当事人主观过错为要件。

案情介绍

此案❶涉及丽得公司所有的专利号为 ZL200410032066.5、名称为"一种软管灯改良结构"的发明专利（见图 11–10），该专利处于有效状态。丽得公司指控洲明公司制造、销售、许诺销售侵犯其专利的产品，并针对侵权情况作了公证。公证材料证明：洲明公司生产、销售侵犯其专利权的产品；在网页上对侵权产品进行了宣传、销售宣传、许诺销售；丽得公司在公证购买

---

❶　广东省高级人民法院〔2012〕粤高法民三终字第 114 号。

该案被诉侵权产品之前，曾通过邮件向洲明公司刘某某询问购买 LED 随形霓虹灯事宜，洲明公司在回邮中提供了 LED 随形霓虹灯的报价单和图片；洲明公司许诺对外销售侵权产品。另外，经对比，被诉侵权产品与涉案专利的技术特征完全相同。

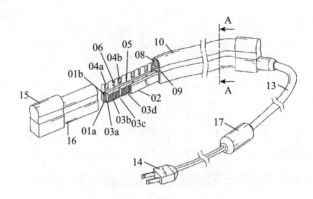

图 11－10　一种软管灯改良结构

洲明公司认为其销售的被诉侵权产品具有合法来源，系江门市江海区金鑫辉光电厂（以下简称"金鑫辉光电厂"）向其提供。金鑫辉光电厂是专利号为 ZL200620061681.3、名称为"软体 LED 霓虹灯"发明专利（见图 11－11）的专利权人，该厂系个体经营，经营者为曾某某。洲明公司提交了其与金鑫辉光电厂签订的采购合同、金鑫辉光电厂送货单、金鑫辉光电厂盖章的《授权书》等证据。丽得公司申请曾某某到庭作证。曾某某确认采购合同、送货单、《授权书》的真实性，确认公证购买的被诉侵权产品系证人曾某某销售。

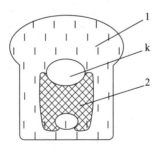

图 11－11　软体 LED 霓虹灯

丽得公司于 2008 年 8 月 5 日向广东省深圳市中级人民法院提起诉讼，请求判令：（1）洲明公司立即停止侵犯丽得公司专利权的生产、销售及许诺销售行为，销毁所有侵权产品和制造侵权产品的专用设备；（2）赔偿丽得公司经济损失人民币50万元；（3）承担该案诉讼费。

洲明公司辩称：其未生产侵犯丽得公司涉案专利产品，其销售的被诉侵权产品具有合法来源，请求法院驳回原告全部诉讼请求。

一审法院认为，涉案专利权依法授权且处于有效状态，其专利权受法律保护。涉案被诉侵权产品"随形霓虹灯"与专利产品"软管灯"为同类产品，且被诉侵权产品的技术特征与丽得公司相对应的技术特征相同，构成了对涉案专利权的侵害。根据洲明公司提供的采购合同、送货单、《授权书》以及金鑫辉光电厂提供的实用新型专利证书，金鑫辉光电厂负责人曾某某确认侵权产品系其销售给洲明公司的证人证言，认定洲明公司销售的侵权产品具有合法来源，故判决洲明公司立即停止销售侵犯丽得公司 ZL200410032066.5 号专利权的侵权产品行为，驳回丽得公司其他诉讼请求。

丽得公司不服一审判决，上诉至广东省高级人民法院。

争议焦点

（1）合法来源抗辩是否成立？
（2）如何认定相关证据？

裁判结果与理由

二审法院改判洲明科技有限公司立即停止侵权，并赔偿丽得公司经济损失人民币12万元。

侵权产品的使用者或销售者为生产经营目的，主观上须为善意，且能证明其产品合法来源的，方可免除侵犯专利权的赔偿责任。该案中，洲明公司没有提供相应的付款凭证，其与金鑫辉光电厂之间的采购合同是否实际履行难以认定。金鑫辉光电厂的经营者曾某某虽当庭指认该案被诉侵权产品为其制造，但由于被诉侵权产品上没有标明制造者的信息，其所作的证人证言应结合其他证据综合判断。在现有证据不足以证明曾某某经营的金鑫辉光电厂与洲明公司之间存在长期稳定的交易关系、双方仅有一次交易及购销的产品就是被诉侵权产品。综合分析双方当事人的举证，丽得公司指控洲明公司侵犯其发明专利权，提供的证据形成了完整的证据链且具有较高的证明力；而洲明公司以被诉侵权产品有合法来源为由提出了免除赔偿责任的抗辩理由，但其提交的采购合同、送货单及证人证言等证据不能相互印证，没有形成完整的证据链，不足以证明被诉侵权产品来源于金鑫辉光电厂。

案件评析

专利法规定合法来源抗辩的目的，在于保护专利权的同时维护交易安全、保护善意使用者或销售者的合法权益，引导产品的使用、销售者举证证明产品的制造者，从而达到从源头上制止侵犯专利权的行为并获得相应的赔偿。

（一）关于证据的审核认定，应当从严把握

在诉讼中，被诉侵权人通常会提供购销合同、正式发票、付款凭证、供货方的主体资格或者收款收据、出库单、入库单、证人证言等证据，证明其销售或使用的产品有合法来源。除了证据"三性"，法院还应当审查证据有无证明力、有无形成完整证据链等。对于购销合同、正式发票、付款凭证、供货方的主体资格等证明力较高的证据，经过审查产品名称、型号、价格与被诉侵权产品吻合，能形成一个完整的证据链的，可以直接采纳被诉侵权人的合法来源抗辩。对于收款收据、出库单、入库单、证人证言等单方出具的证据，证明力较低，不宜直接、单独采信，而应综合案件的具体情况审查证据之间能否相互印证、被诉侵权产品与购自供货方的产品是否具备一致性、是否形成完整证据链等。该案中，洲明公司提交了采购合同、送货单、《授权书》、专利证书及金鑫辉光电厂负责人曾某某的证人证言等书证，看似周密的证据，实则缺少了一个关键的、证明采购合同实际履行的证据——发票或付款凭证。作为一家颇具规模的制造者，洲明公司对是否开具发票或付款凭证具有较高的注意义务，二审法院据此认为，被诉侵权方提供的证据没有形成一个完整的证据链。

（二）关于被诉侵权人的责任认定

权利人同时起诉制造者、销售者，在确认制造者的侵权行为后，销售者是否仍需承担责任？有观点认为，合法来源的目的是找出侵权产品的制造者，

在同一案件中确认被诉侵权产品的制造者，而销售者等中间环节的主体可以免除赔偿责任。也有观点认为，合法来源的目的是保护善意的销售者、使用者等中间环节的主体，其能证明被诉侵权产品有合法来源的，免除赔偿责任，否则不能因被诉侵权产品的制造者已被认定而免除赔偿责任。

《专利法》中有关合法来源的规定提出，对于主观上为善意的销售者、使用者等中间环节的主体，能提供被诉侵权产品的合法来源的，方可免除赔偿责任，从而引导中间环节的主体通过正常、合法的流通渠道交易产品，在交易过程中对其经销产品的来源要施加一定的注意义务。如果以制造者的侵权责任最终被认定而免除销售者等中间环节主体的赔偿责任，会导致销售者等中间环节的主体怠于对产品来源施加注意义务，甚至为牟取更多利润有意采取不正当进货渠道，不利于产品正常、合法流通。

除此之外，销售者系直接从制造者处进货，如制造者认可销售者购买被诉侵权产品，在权利人没有提出异议或提供相反证据的情况下，对于销售者举证的审查可以采取较为宽松的态度，可以认定被诉侵权产品有合法来源。

四、权利穷尽抗辩

> 背景资料

权利穷尽抗辩规定在《专利法》第75条第1款中，在专利侵权案件中，这也是被诉侵权方使用的一种常见的抗辩理由。其具体是指，专利产品或者依照专利方法直接获得的产品，由专利权人或者经许可的单位、个人售出后，使用、许诺销售、销售、进口该产品的，不视为侵犯专利权。

与其相关的理论是"专利权用尽"。专利权用尽也被称为首次销售原则，是针对每一件合法投放市场的具体专利产品而言的，并不会导致该项专利权本身效力的终止。因此，专利权用尽的准确含义应当是：专利权人对合法投放市场的专利产品，不再具有销售或者使用的控制权或支配权。❶

"专利权用尽"与著作权法中"发行权用尽"的原理是相同的，即专利

---

❶　张冬，范桂荣. 评述专利权用尽原则适用范围的发展问题［J］. 学术交流，2010（9）：63－65.

产品本身是普通的有体物，合法购得产品者对其享有物权法上的所有权，有权加以使用或以销售或许诺销售的方式对其加以处分。❶

《专利法》赋予专利权人使用权、销售权和许诺销售权，是为了使专利权人能从他人对专利产品的使用和销售中获得应有的报酬。如果专利产品本身就是经过专利权人许可或其他合法途径在市场上流通的，则专利权人在通常情况下已经从许可制造和销售的专利产品中获得了报酬。此时如果再允许专利权人限制买受人使用或转售其购得的专利产品，就偏离了《专利法》的立法目的，而演变为允许专利权人对他人的所有权和有形财产的合法流通加以干涉了。因此，需要对专利权加以限制。

案情介绍

此案❷中黄某于 2017 年 12 月 20 日向国家知识产权局申请名称为"餐桌（663#）"的外观设计专利，并于 2018 年 6 月 8 日获得授权，专利号为 ZL20173065×××.8。专利简要说明记载："2. 本外观设计产品的用途：用于家具；3. 本外观设计的设计要点：产品形状；4. 最能表明设计要点的图片或者照片：立体图；5. 省略视图：左视图与右视图对称，省略左视图。后视与主视图对称，省略后视图。俯视图与仰视图无设计要点，省略俯视图与仰视图。"该专利最新缴费时间为 2018 年 12 月 14 日，目前仍在保护期内。

2019 年 3 月 29 日，黄某的委托代理人张某在广东省佛山市公证处公证人员的监督陪同下，来到佛山市顺德区的建筑物内，向其工作人员出示《北顿·客餐厅家具销售单（NO.0009339）》后提取货物四件及《北顿客厅家具销售单》，公证人员对现场环境进行拍照。随后公证人员随同张某将上述包裹带到佛山市顺德区标志有"沃匠家具"字样的建筑物内拆封，公证人员对该现场环境、产品实物及外包装等进行拍摄并予以封存。同年 4 月 15 日，该公证处就上述事实出具了（2019）粤佛岭南第 1811 号公证书。《北顿·客餐厅家具销售单（NO.0009339）》左上角印有"北顿·客餐厅家居"图文标识，订货日期为 2019 年 3 月 19 日，货物内容包括型号为 808 的茶几、电视

---

❶ 王迁. 知识产权法教程［M］. 6 版. 北京：中国人民大学出版社，2019：355.
❷ 广东省高级人民法院（2020）粤民终 100 号。

柜、餐台产品各一件，单价均为 980 元，订货总额 2940 元，预付定金 940 元。《北顿客厅家具销售单》开单日期为 2019 年 3 月 29 日，记载货物内容与上述《北顿·客餐厅家具销售单（NO.0009339）》一致。

黄某还提交了销售单、付款凭证、名片、北顿公司卖场及店铺图片，拟证明北顿公司在其店铺展示并实际销售了被诉侵权产品。上述销售单与（2019）粤佛岭南第 1811 号公证书相应内容一致，付款凭证显示收款方均为北顿公司，且金额与销售单对应，店铺现场图片显示摆放有家具产品。北顿公司对上述证据三性均予以认可，并确认其在店铺展示并销售了上述证据所涉产品。

当庭拆封公证封存实物，内有餐桌产品一件，产品实物及外包装均未显示制造者信息，外包装上标有产品型号"DT808"、名称"餐台"等信息。黄某指控上述餐桌产品为该案被诉侵权产品。经查，被诉侵权产品由桌面及四个桌脚组成，桌面呈圆角长方体设计，桌面前侧面、后侧面中部向内凹陷，桌面下部四角各设有长锥台型桌脚，桌脚自上向下逐渐收窄。将被诉侵权产品与黄某专利授权公告图片进行比对，黄某认为二者构成相同设计。北顿公司认可二者外观设计基本相同。

争议焦点

（1）被诉侵权设计是否落入涉案专利权保护范围？

（2）北顿公司是否实施了被诉侵权行为及其抗辩是否成立？

（3）该案侵权责任如何认定？

裁判结果和理由

法院判决：（1）北顿公司于判决发生法律效力之日起停止销售、许诺销售侵害名称为"餐桌（663#）"、专利号为 ZL20173065×××.8 的外观设计专利权的产品；（2）北顿公司于判决发生法律效力之日起 10 日内赔偿黄某含合理费用在内的经济损失 5 万元；（3）驳回黄某的其他诉讼请求。一审案件受理费 2300 元，由黄某负担 575 元，北顿公司负担 1725 元。

该案中，北顿公司一审当庭确认该被诉侵权产品由其销售，亦确认在展会展出了被诉侵权产品，根据《最高人民法院关于适用〈中华人民共和国民事诉讼法〉的解释》第 92 条第 1 款、第 2 款的规定："一方当事人在法庭审理中，或者在起诉状、答辩状、代理词等书面材料中，对于己不利的事实明确表示承认的，另一方当事人无需举证证明。对于涉及身份关系、国家利益、社会公共利益等应当由人民法院依职权调查的事实，不适用前款自认的规定。"因北顿公司确认被诉侵权产品由其销售、许诺销售，故黄某对上述事实无须进一步举证，据此可依法认定北顿公司实施了销售、许诺销售被诉侵权产品的行为。

北顿公司提出合法来源抗辩，主张被诉侵权产品是其从以黄某为法定代表人的匠沃公司采购的。黄某确认北顿公司曾于 2018 年 8 月、10 月、11 月向匠沃公司购买过其专利产品。综合该案证据来看，其一，即使北顿公司确向匠沃公司购买了专利产品，但北顿公司提交的与匠沃公司业务员陈某某的微信聊天记录中仅显示双方于 2018 年 11 月 15 日有关于"808 茶几"订购事宜的聊天内容，并未显示与该案被诉侵权产品相关的信息。其二，北顿公司主张 2018 年 8 月 9 日的销售单中所涉"T808 电视柜"即为该案被诉侵权产品，且该销售单合计金额与北顿公司当日的微信转账记录可以对应，但是上述销售单并未显示所涉产品的外观，销售单记载的型号"T808"、规格"200 * 40"与被诉侵权产品外包装记载的型号"DG808"、尺寸"L2000W420H418"亦不完全相同，在没有其他证据予以佐证的情况下，仅凭二者的型号相似不足以认为二者形成唯一的对应关系。综上，北顿公司提出的合法来源抗辩不成立。

关于制造行为，该案被诉侵权产品实物及外包装均未显示与北顿公司有关的信息，北顿公司亦未对外宣称其具备制造被诉侵权产品的能力，其经营范围亦不包括生产家具产品，故现有证据不足以证实北顿公司实施了制造被诉侵权产品的行为。

案件评析

黄某并未举证证明其因侵权行为导致的实际损失或北顿公司的侵权获利，无法据此确定该案赔偿数额，故由一审法院依法酌定。黄某提交了公证费发票拟证明其为包括该案在内的三案件支出的公证费用，该公证费发票真实，故对其在该案中主张的公证费用 963.6 元予以支持。一审法院在酌定该案赔偿数额时考虑以下因素：涉案专利为外观设计专利，被诉侵权产品为餐桌，涉案专利在实现被诉侵权产品的市场利润时具有较高的贡献度；被诉侵权产品售价较高；北顿公司实施了销售、许诺销售两项侵权行为；北顿公司通过实体店销售被诉侵权产品；北顿公司的经营规模；黄某为该案维权支出了公证费，且其确有委托律师出庭，必然产生一定的代理费用。据此综合考虑，一审法院酌情判定北顿公司赔偿黄某含合理费用在内的经济损失 5 万元。黄某所主张赔偿金额超出上述金额的部分，一审法院不予支持。

根据《专利法》第 75 条第 1 款的规定，专利产品或者依照专利方法直接获得的产品，由专利权人或者经其许可的单位、个人售出后，使用、许诺销售、销售、进口该产品的，不视为侵犯专利权。北顿公司主张被诉侵权产品来源于黄某所经营的公司，其被诉行为不构成侵权，为此提交了北顿公司法定代表人项某某与案外人匠沃公司业务员陈某的微信聊天记录，2018 年 8 月、10 月、11 月订单截图以及（2020）粤佛华南第 997 号、第 1011 号公证书等证据，并主张该案被诉侵权产品对应 2018 年 8 月 9 日订单中的 "C808 方餐台" 产品。法院经审查认为，前述微信聊天记录并无涉及采购被诉侵权餐桌的内容，北顿公司主张来源的订单中并未显示所涉产品的外观，记载的型号和规格与被诉侵权产品外包装所载信息不完全相同，所示采购单价为 1080 元，高于其销售单价 980 元。经营者高买低卖却未能举证说明缘由，而且无论是黄某在一审庭审时出示的专利产品，还是北顿公司二审诉讼过程中公证购买的专利产品，均与被诉侵权产品在方形铁片与桌腿的组合形状上具有显著区别。综上，在无其他证据佐证的情况下，现有证据不能相互印证并形成证据链，证明被诉侵权产品来源于黄某所经营的公司。故北顿公司的上诉请求不能成立。

在该案二审中，二审法院将案件争议焦点总结为被诉侵权人的不侵权抗辩是否成立。可见，被诉侵权人能否适用《专利法》第 75 条第 1 款所规定的权利用尽来进行抗辩是整个案件的核心。适用《专利法》第 75 条第 1 款所规定的专利权用尽抗辩有一个重要的前提，即被诉侵权人销售的产品和专利权人的产品必须是相同的，只有相同的专利产品才能说明专利权人所拥有的专利权用尽。而在该案中，由于种种证据证明被诉侵权专利产品与涉案专利产品存在诸多不同，被诉侵权产品并非源自专利权人的产品，因此被诉侵权人的权利用尽抗辩不成立。

五、先用权抗辩

先用权抗辩是指在先使用人在其原有范围内继续制造与专利产品相同的产品或者与专利技术相同的技术，不视为侵犯专利权。我国《专利法》将先用权规定于第 75 条第 2 项："有下列情形之一的，不视为侵犯专利权：……（二）在专利申请日前已经制造相同产品、使用相同方法或者已经作好制造、使用的必要准备，并且仅在原有范围内继续制造、使用的。"由于专利权赋予了专利权人排他性实施专利的权利，一定程度上属于"垄断权"，如果采用"除专利权人以外，任何人实施该专利就构成专利侵权"这种"一刀切"的方式，在一定程度上"剥夺"了在先使用人的权利。之所以规定先用权抗辩，是为了平衡"善意的在先使用人"与专利权人之间的利益。善意的在先使用人，是指在先使用的技术或设计是在先使用人独立研究完成或者以合法手段从专利权人或其他独立完成者处取得的，而不是通过"抄袭、窃取或其他不正当手段"获取的。

先用权抗辩的成立需要满足一定的条件：（1）在专利申请日以前，在先使用人已经完成了制造、使用或者已经做好了使用、制造的准备；（2）在原有的范围内继续使用、制造；（3）以正当的方式获得专利产品或者专利技术；（4）先用权技术不得单独转让，除非连同自己的企业一同转让。其中，"原有范围"是指在先使用人在申请日前已经达到的生产或销售规模、地域范围或者是利用已有的生产设备或根据已有生产准备可以达到的生产规模❶等。

此案❷涉及浏阳市瑞克特模具科技有限公司（以下简称"瑞克特公

---

❶ 曹阳. 专利实务指南与司法审查［M］. 北京：法律出版社，2019：573.
❷ 最高人民法院（2020）最高法知民终 1900 号。

司")所有的"一种开花造型生日音乐蜡烛的电子音乐播放装置"的专利（见图11－12）。瑞克特公司起诉请求：（1）判令平江县精微电子厂立即停止实施专利侵权行为；（2）判令平江县精微电子厂赔偿瑞克特公司经济损失，以及为调查、制止侵权行为所支出的合理费用，共计41万元人民币；（3）判令平江县精微电子厂销毁所有库存侵权产品以及专用模具；（4）该案全部诉讼费用由平江县精微电子厂承担。

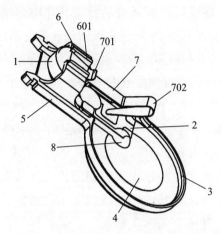

图11－12　一种开花造型生日音乐蜡烛的电子音乐播放装置

一审法院认定事实：（1）ZL201410262141.0号"一种开花造型生日音乐蜡烛的电子音乐播放装置"发明专利的发明人为罗某，专利权人为瑞克特公司，专利申请日为2014年6月13日，授权公告日为2016年7月13日。该专利年费缴纳正常。（2）阳某某于2012年6月12日登记经营平江县精微电子厂，类型为个体工商户，经营范围为电子产品加工、销售，经营地址在湖南省岳阳市平江县安定镇官塘西路。（3）2013年12月18日，赵某某、冯某某、阳某某、罗某签订合作协议（2014—2017年度），就客户分配、配件备货、接单发货、货款结算、违约处罚等进行了明确约定，协议有效期至2017年12月31日。其中，合同第3条第3款及第5条第7款均载明，协议涉及的产品为罗某的发明专利产品。2014年5月8日，赵某某以冯某某、阳某某、罗某为被告，在湖南省浏阳市人民法院提起诉讼，要求撤销上述关于"生产、销售生日蜡烛组合件的合作协议"，判令罗某支付其货款并退还保证金。2014年8月27日，湖南省浏阳市人民法院以（2014）浏民初字第1684号判决驳回赵某某撤销合作协议、要求罗某退还保证金的诉讼请求，支持其要求罗某支付货款的部分请求。2018 年 3 月 5 日，阳某某以罗某为被告在湖南省浏阳市人民法院提起诉讼，要求退还前述合作协议中约定的保证金，并支付相应利息。2018 年 6 月 11 日，湖南省浏阳市人民法院以（2018）湘0181 民初 1228 号判决，支持了阳某某的诉讼请求。罗某不服判决上诉至湖南省长沙市中级人民法院，案号为（2018）湘 01 民终 8396 号，目前已中止审理。

一审法院认为：瑞克特公司系专利号为 ZL201410262141.0 号、名称为"一种开花造型生日音乐蜡烛的电子音乐播放装置"发明专利的专利权人，有权提起本案诉讼。《专利法》（2008）第 59 条第 1 款规定，发明或者实用新型专利权的保护范围以其权利要求的内容为准，说明书及附图可以用于解释权利要求的内容。《最高人民法院关于审理侵犯专利权纠纷案件应用法律若干问题的解释》第 1 条规定："人民法院应当根据权利人主张的权利要求，依据专利法第五十九条第一款的规定确定专利权的保护范围。"权利人主张以从属权利要求确定专利权保护范围的，人民法院应当以该从属权利要求记载的附加技术特征及其引用的权利要求记载的技术特征，确定专利权的保护范围。该解释第 7 条第 2 款规定，被诉侵权技术方案包含与权利要求记载的全部技术特征相同或者等同的技术特征的，人民法院应当认定其落入专利权的保护范围；被诉侵权技术方案的技术特征与权利要求记载的全部技术特征相比，缺少权利要求记载的一个以上的技术特征，或者有一个以上技术特征不相同也不等同的，人民法院应当认定其没有落入专利权的保护范围。

该案中，被诉侵权产品为两种，被诉侵权产品 1 为灰色电子音乐播放装置，被诉侵权产品 2 为红色电子音乐播放装置。经审查比对，一审法院认为被诉侵权产品 1 的技术方案落入瑞克特公司专利权利要求 1、3 的保护范围；被诉侵权产品 2 的技术方案落入瑞克特公司专利权利要求 1 的保护范围。一审法院认为，将部件组装成专利产品的行为也是生产行为。在平江县精微电子厂没有提交反证的情况下，综合被诉侵权产品塑料外包装上标注的"湖南省青松电子有限公司"及其主营产品的信息，平江县精微电子厂当庭所作的"名义上有这个公司但没注册"的陈述，平江县精微电子厂工商登记的经营范围，平江县精微电子厂经营者阳月松与瑞克特公司专利发明人罗某此前的合作及纠纷情况，以及（2018）湘长浏证字第 800 号、第 802 号公证书记载的内容，一审法院认为被诉侵权产品由平江县精微电子厂组装生产后销售，具有高度可能性，应予确认。因此，瑞克特公司要求平江县精微电子厂停止生产、销售被诉侵权产品，于法有据。瑞克特公司要求平江县精微电子厂销毁库存侵权产品及专用模具，但未提供证据证明库存产品及专用模具的客观存在，不予支持。依照《专利法》（2008）第65条规定，该案不能通过在案证据确定原告的实际损失、被告侵权的获利及涉案专利许可使用费情况，将根据该案具体情况，综合考虑涉案专利的类型、被诉侵权产品本身的价值、平江县精微电子厂为个体工商户经营等因素，确定赔偿数额。

一审法院判决：（1）平江县精微电子厂（经营者阳某某）立即停止生产、销售侵害瑞克特公司发明专利权的产品；（2）平江县精微电子厂（经营者阳某某）赔偿瑞克特公司经济损失人民币3万元（已含合理维权开支）；（3）驳回瑞克特公司其他诉讼请求。

平江县精微电子厂不服一审判决，提起上诉。

平江县精微电子厂上诉请求：（1）请求判令撤销（2018）湘01民初2037号民事判决书并驳回瑞克特公司的全部诉讼请求；（2）瑞克特公司承担一审、二审的诉讼费用。

事实和理由：（1）一审法院认定部分事实错误。在该案中，阳某某与罗某等四人于2012年11月17日就合作生产销售电子音乐播放器，合作期满后，又于2013年12月18日签订了2014—2017年度的合作协议。当时罗某说他对电子音乐播放器的制造技术有专利权，并且阳某某等人还向罗某交付了所谓的专利合作保证金。后来发现实际上罗某只是涉案专利的发明人，且涉案专利的专利申请日为2014年6月13日。在专利申请日之前，阳某某与罗某等四人已经以相同的方法制造了相同的产品，并且平江县精微电子厂一直仅在原有范围内继续制造和使用，没有超出原有的范围，且瑞克特公司也没有提交证据证明平江县精微电子厂超出了原有的范围。一审法院对平江县精微电子厂涉案专利的先用权没有予以认定。（2）一审因认定部分事实错误，导致其适用法律错误。在平江县精微电子厂享有先用权人的实施权的情况下，其行为没有侵犯瑞克特公司的专利权。依据《专利法》（2008）第63条第1款第2项之规定，在专利申请日之前已经制造相同产品、使用相同方法或者已经做好制造、使用的必要准备，并且仅在原有范围内继续制造、使用的不视为侵犯专利权。

瑞克特公司辩称，一审判决认定事实清楚，适用法律正确，判决结果正确，请求维持原审判决。

二审中，当事人未提交新证据。

争议焦点

平江县精微电子厂主张的先用权抗辩是否成立？

裁判结果与理由

二审法院判决：平江县精微电子厂的上诉请求不能成立，应予驳回；一审判决认定事实清楚，适用法律正确，应予维持。依照《民事诉讼法》(2017) 第 170 条第 1 款第 1 项规定，判决如下：驳回上诉，维持原判。

若主张先用权抗辩成立，需要证明实施行为人在他人取得专利权的专利申请日以前已经制造相同产品、使用相同方法或者已经做好制造、使用的必要准备。例如，先用权人已经完成实施发明创造所必需的主要技术图纸或者工艺文件，或已经制造或者购买实施发明创造所必需的主要设备或者原材料。同时，实施行为人所实施的发明创造，或者是行为人自行研究开发或者设计出来的，或者是通过合法的受让方式取得的。以非法获得的技术或者设计不属于先用权保护的范围。并且在他人就相同的发明创造取得专利权之后，实施行为人只能在原有范围内制造或者使用。原有范围包括专利申请日前已有的生产规模以及利用已有的生产设备或者根据已有的生产准备可以达到的生产规模。平江县精微电子厂上诉称，在专利申请日之前，罗某等四人已经以相同的方法制造了相同的产品，并且平江县精微电子厂一直仅在原有范围内继续制造和使用，没有超出原有的范围，且也没有提交证据证明其超出了原有的范围。

经审查，法院认为，2013 年 12 月 18 日，赵某某、冯某某、阳某某、罗某签订合作协议，就客户分配、配件备货、接单发货、货款结算、违约处罚等进行了明确约定。平江县精微电子厂用该份合作协议证明其先用权抗辩。但该份合作协议至 2015 年 4 月因签约人争议已停止履行，且协议仅约定阳某某提供部分组件。故平江县精微电子厂所主张实施的涉案专利，不是其自行研究开发或者设计出来的，亦不是通过合法的受让方式取得的。因此，平江县精微电子厂所主张的先用权抗辩不能成立，法院不予支持。

该案中，一审法院将"平江县精微电子厂（被告）将部件组装成专利产品的行为"也解释为生产行为。由于被诉侵权产品塑料外包装上标注的"湖南省青松电子有限公司"及其主营产品的信息，综合平江县精微电子厂当庭所作的"名义上有这个公司但没注册"的陈述、工商登记的经营范围、经营者阳某某与专利发明人罗某此前的合作及纠纷情况，一审法院因此确认被诉侵权产品由平江县精微电子厂组装生产后销售具有高度可能性。

二审法院认为，平江县精微电子厂提起先用权抗辩的依据是之前与专利发明人签订的"合作协议"，但该协议经查明已经于2015年4月因签约人争议而停止履行，且协议仅约定阳某某（发明人）提供部分组件。平江县精微电子厂没有提供证据证明其所实施的涉案专利是自行研究开发或者设计或是通过合法的受让方式取得的。以非法获得的技术或者设计不属于先用权保护的范围，因此，平江县精微电子厂所主张的先用权抗辩不能成立。

需要注意的是，该案中享有专利权的是原告"瑞克特公司"，阳某某仅仅是发明人。

六、专为科学研究和实验而使用

案件评析

背景资料

鼓励人们进行科学探索和研究是保证人类文明活力的前提，世界上大多数国家的专利法都将非商业性的科学研究作为专利权保护的例外，之所以如此规定，是为了保证科研人员可自由使用有关的专利产品和方法，从而促进科学技术的进步、社会的发展，增进人类福祉。我国《专利法》同样规定："专为科学研究和实验而使用有关专利的"不视为对专利权的侵犯，使用者不用经过专利权人的许可，不用缴纳许可使用费。

科学研究和实验是指专门针对专利技术本身进行的科学研究和实验，而不是泛指一般的科学研究和实验。科学研究和实验的使用，是指以研究、验证、改进他人专利技术为目的，使用的结果是在已有专利技术的基础上产生新的技术成果。

使用有关专利，是指为了上述目的按照公布的专利文件，制造专利产品或使用专利方法，对专利技术进行分析、考察，而不是利用专利技术作为手段进行其他的科学研究和实验。因而，不是针对获得专利的技术本身，而是对实施该技术的商业前景进行研究实验的行为构成专利侵权。

使用有关专利的行为，包括研究实验者自行制造、使用、进口有关专利产品或使用专利方法的行为，也包括他人为研究实验者制造、进口有关专利产品的行为。❶

案情介绍

此案❷涉及陆某某所有的专利号为 ZL87207485.4 的专利，陆某某于 1989 年 3 月 28 日取得"熟化垃圾组织筛碎机"实用新型专利权（见图 11 - 13）。无锡市环境卫生工程实验厂（以下简称"无锡环卫厂"）承担了国家城乡建设环境保护部《一九八五年全国城乡建设科学技术发展计划》中有关"无锡市城市生活垃圾无害化处理技术的开发研究"的研究任务后，于 1989 年 4 月委托上海工程成套总公司（以下简称"上海成套公司"）对筛分破碎机进行研制。

一审法院委托上海市科技咨询服务中心，组织专家对上海成套公司研制的"筛分破碎机"进行技术鉴定，结论为该设备与陆某某的专利权利要求中请求保护的技术方案等同。

一审法院认为，无锡环卫厂为完成国家城乡建设环境保护部下达的科研项目，委托上海成套公司对筛分破碎机械进行研制，属于专为科学研究和实验而使用有关专利，不视为对陆某某专利权的侵害。

---

❶ 曹阳. 专利实务指南与司法审查［M］. 北京：法律出版社，2019：593.
❷ 陆某某诉上海工程成套总公司、无锡市环境卫生工程实验厂专利侵权上诉案，参见《最高人民法院公报》1993 年第 4 期（总第 36 期）。

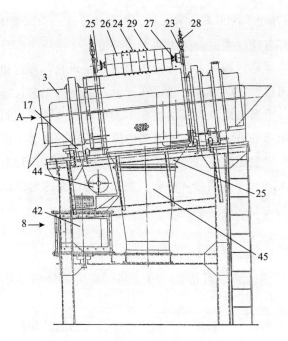

图 11 – 13　熟化垃圾组织筛碎机

　　陆某某不服一审判决，提起上诉：原判认定侵权事实后，适用法律错误，上海成套公司在陆某某取得专利权后制造筛分破碎机，未经专利权人许可，构成侵权；无锡环卫厂将筛分破碎机使用于垃圾处理的生产，亦构成侵权。故要求撤销原判决，判令上海成套公司、无锡环卫厂停止制造、使用、销售专利产品；上海成套公司赔偿上诉人经济损失 5 万元；上海成套公司、无锡环卫厂负担一审、二审诉讼费。

　　上海市高级人民法院经审理查明，无锡环卫厂承担了国家城乡建设环境保护部（以下简称"建设部"）《一九八五年全国城市建设科学技术发展计划》中"无锡市城市生活垃圾无害化处理技术的开发研究"项目后，于 1989 年 4 月 8 日与上海成套公司签订协议书，约定由上海成套公司对无锡环卫厂后处理车间关键设备——筛分破碎机进行设计、制造、安装、调试的成套技术服务，费用 13 万元。同日，上海成套公司又与东台市环境机械设备厂签订协议书，约定由东台市环境机械设备厂按照上海成套公司提供的设计图纸、要求，承担筛分破碎机的加工、制造、运输、现场安装、调试和售后服务，费用 107 800 元。

　　无锡环卫厂于 1989 年 8 月开始使用由上海成套公司提供的筛分破碎机，

已支付费用 11 万元。1990 年 6 月 6 日，国家建设部、全国爱国卫生运动委员会办公室、江苏省建设委员会组织对无锡环卫厂、同济大学环境工程系承担的"无锡市城市生活垃圾无害化处理技术的开发研究"项目进行鉴定，鉴定意见为研究成果符合课题要求，建议在计量、焚烧等工艺设施和设备方面进一步完善配套。上海市高级人民法院在审理中对筛分破碎机进行勘查，无锡环卫厂仍在使用筛分破碎机，但该设备中原有的粉碎装置、清孔装置在一审诉讼期间拆除。根据无锡环卫厂提供的统计材料，该厂 1992 年垃圾处理产量 7000 余吨，每吨垃圾平均售价 459 元，用于销售垃圾的运输费用 20 万余元。

争议焦点

（1）环卫厂的行为是否符合"专为科学研究和实验使用有关专利"的条件？

（2）环卫厂的行为是否属于"以生产经营为目的的使用"行为，是否应认定为侵权行为？

裁判结果与理由

上海市高级人民法院认为，一审法院认定上海成套公司研制的筛分破碎机与陆某某取得"熟化垃圾组合筛选机"实用新型专利保护的技术方案等同的事实清楚，适用法律错误，应予改判。由此给陆某某造成的经济损失，可按不低于专利许可使用费的合理数额计算损失赔偿额。根据《民事诉讼法》（2017）第 153 条第 1 款第 2 项、第 158 条、《专利法》（1984）第 11 条第 1 款的规定，判决如下：（1）撤销上海市中级人民法院（91）沪中经字第 8 号民事判决。（2）上海工程成套总公司赔偿陆某某经济损失 2 万元；（3）鉴定费 1000 元，由上海工程成套总公司负担 500 元，无锡市环境卫生工程实验厂负担 500 元。

案件评析

根据无锡环卫厂与上海成套公司签订的协议书约定，上海成套公司为完成无锡环卫厂后处理车间筛分破碎机的设计、制定、安装、调试任务，直接利用陆某某已取得专利权的专利技术设计制造机械设备，然后销售给无锡环卫厂使用的行为，不能视为专为科学研究和实验而使用专利的合法行为，构成对陆某某专利权的侵害，应承担民事责任。无锡环卫厂在科研项目通过鉴定后，已无垃圾筛分破碎机的科研任务，使用上海成套公司制造、销售的侵权产品处理垃圾，且又有一定销售的行为，属于以生产经营为目的的使用行为，亦不符合"专为科学研究和实验使用有关专利"的条件，应认定侵权。

我国《专利法》关于"专为科学研究和实验而使用有关专利"不视为侵犯专利权的规定，是指在实验室条件下，为了在已有专利技术的基础上探索研究新的发明创造，演示性地利用有关专利，或者考察验证有关专利的技术经济效果。而该案中无锡环卫厂在完成科研任务后仍继续使用，显然已经不属于"专为"科研，并具有一定的销售行为，具有一定的营利性目的，因而属于专利侵权行为。

七、Bolar 例外

背景资料

（一）Bolar 例外的起源

Bolar 例外源于美国联邦巡回上诉法院在 1984 年对罗氏公司诉宝莱公司案的判决。该案中，原告罗氏公司拥有一种安眠药的有效成分盐酸氟氨安定的专利，该专利有效期到 1984 年届满。被诉侵权人宝莱公司为了在该安眠药成分的专利到期时推出自己的仿制产品，便从国外进口了少量该安眠药品，为了使其仿制药品顺利通过审批，宝莱公司又通过对这些药品进行临床试验，获得审批所需要的数据。罗氏公司认为宝莱公司的行为侵犯了自己的专利权，向纽约联邦地区法院提起了专利侵权诉讼。一审法院认为，宝莱公司的行为是研究实验行为，且涉及的专利产品的数量很少，不构成对原告罗氏公司所拥有的药品专利的侵权。

罗氏公司不服一审判决，上诉至美国联邦巡回上诉法院。上诉法院经审查认为，宝莱公司的行为明显出于商业目的，而实验使用例外不应被扩大到具有商业目的的应用，因此不能适用实验使用例外原则，故二审判决其侵权。上诉法院对普通药品制造公司等待审批的过程实际延长了专利保护期这一问题予以承认，但指出该问题应当由国会立法来解决，法院不是辩论该问题的适当场所。该案的判决促使仿制药厂商们进行了一系列活动，推动美国国会采取行动，在 1984 年通过了《药品价格竞争和专利期恢复法案》。该法案解决了专利期限届满以后，仿制药在很长时间之内无法及时上市，以致非法延长专利期限的问题；同时对专利权人因 FDA 审批药品专利上市申请所耽误的专利期限进行补偿，这就是美国的 Bolar 例外条款。

（二）我国关于 Bolar 例外条款的应用

在 2000 年《专利法》修改前，第 63 条规定：专为科学研究和实验而使用有关专利的行为，不属于专利侵权。它着重强调专为科学研究和实验的目的。修改前的《专利法》关于专利侵权责任的豁免规定中，并不包含为提供行政审批所需的信息，以至于国内法院在遇到类似 Bolar 诉讼纠纷时，处于两难的境地。中国 Bolar 例外第一案"日本三共株式会社诉北京万生药业有限公司案"促进了我国《专利法》引入 Bolar 例外条款。在 2008 年我国《专利法》第三次修改中，增加了一款不视为侵犯专利权的情形，现行《专利法》第 75 条延续其规定：为提供行政审批所需要的信息，制造、使用、进口专利药品或者专利医疗器械的，以及专门为其制造、进口专利药品或者专利医疗器械的，不视为侵犯专利权。

案情介绍

此案❶中，石药集团恩必普药业有限公司认为丽珠集团利民制药厂侵害了自己的发明专利权，向人民法院提起诉讼。

涉案专利名称为"丁苯酚环糊精或环糊精衍生物包含物及其制备方法和用途"（以下简称"涉案专利"），申请日为 2002 年 6 月 17 日，优先权日为 2001 年 6 月 18 日，授权公告日为 2004 年 9 月 15 日。

---

❶ 北京知识产权法院（2017）京 73 民初 1584 号。

恩必普公司从药品评审中心网站上发现，药品评审中心受理了丽珠制药厂涉案仿制药的生产注册申请且正在审批，申请注册分类为化学药品4类，审评状态为"排队待审评"。原国家食品药品监督管理总局2016年第51号《总局关于发布化学药品注册分类改革工作方案的公告》中，对于化学药品注册分类有明确规定，化学药品4类必须为"境内申请人仿制已在境内上市原研药品的药品。该类药品应与原研药品的质量和疗效一致，包含具有与原研药品相同的活性成分、剂型、规格、适应征、给药途径和用法用量的原料药及其制剂"。据此规定，丽珠制药厂在药品评审中心注册申请生产的涉案仿制药的活性成分、剂型、规格、适应征、给药途径和用法用量，必然与恩必普公司的涉案专利完全相同。因此，丽珠制药厂以生产经营为目的，在药品审评中心申请注册涉案仿制药的行为，侵犯了恩必普公司的涉案专利，如不及时制止，将给恩必普公司带来无法挽回的损失。综上，丽珠制药厂未经许可实施了恩必普公司涉案专利的行为违反了《专利法》，构成专利侵权，恩必普公司请求法院支持其诉讼请求。

恩必普公司起诉请求：（1）判令丽珠制药厂立即撤回在原国家食品药品监督管理总局药品评审中心（以下简称"药品评审中心"）受理号为CYHS1600199的"丁苯酚氯化钠注射液"仿制药的生产注册申请，即立即停止侵犯恩必普公司专利号为ZL02123000.5号发明专利的行为；（2）判令丽珠制药厂在《中国医药报》刊登道歉声明；（3）判令丽珠制药厂赔偿恩必普公司代理费、取证费、公证费等诉讼合理开支共计100万元。

丽珠制药厂辩称：丽珠制药厂向官方申请注册涉案仿制药的行为不构成对恩必普公司专利权的侵犯。该注册行为属于行政管理调整和审查范围，对专利侵权的认定没有影响。根据《专利法》（2008）第69条第5项的规定，即使丽珠制药厂基于行政审批从事了该条规定的相关行为，也不视为专利侵权。对于尚未实际发生的行为，不能仅凭恩必普公司的主观臆测，就断定丽珠制药厂的申报行为属于"可能导致专利侵权的行为"，从而禁止丽珠制药厂的药品申报。综上，丽珠制药厂向官方申请注册涉案仿制药的行为不构成专利侵权，请求法院驳回原告恩必普公司的诉讼请求。

法院审理查明：涉案专利专利号为ZL02123000.5号、名称为"丁苯酚环糊精或环糊精衍生物包合物及其制备方法和用途"，申请日为2002年6月17日，授权日为2004年9月15日。专利权人为恩必普公司及中奇公司，该专利目前为有效状态。

2010 年 4 月 13 日，原食品药品监督管理总局向中奇公司及恩必普公司颁发了编号为国药证字 H20100013 的《新药证书》，证书上载明药品名称为丁苯酚氯化钠注射液，主要成分为丁苯酚。

2017 年 8 月 10 日，恩必普公司委托代理人李某某来到北京市海诚公证处，在其电脑上登录药品评审中心的官方网站，在信息公开—收审情况—新报任务公示一栏中，查询到受理号为 CYHS1600199 的"丁苯酚氯化钠注射液"于 2017 年 5 月 18 日进入该中心，企业名称为"丽珠集团利民制药厂"，申请类型为"仿制"，注册分类为"4"，当时正处于"排队待评审"状态。北京市海诚公证处对此次公证行为制作了（2017）京海诚内民证字第 12034 号公证书。

2017 年 11 月 23 日，法院从药品评审中心处调取了受理号为 CYHS1600199、申请单位为丽珠制药厂的"丁苯酚氯化钠注射液"申请注册资料信息。恩必普公司在诉讼中请求法院对涉案仿制药与涉案专利进行比对，以确定涉案仿制药是否侵犯了其对涉案专利享有的专利权。另查，涉案仿制药目前仍处于审批过程中。

争议焦点

丽珠制药厂在申报涉案仿制药过程中的制造行为是否构成侵权？

裁判结果与理由

判决结果：驳回原告石药集团恩必普药业有限公司的诉讼请求。

（1）关于丽珠制药厂是否构成侵权。

《专利法》第 11 条第 1 款规定，发明和实用新型专利权被授予后，除本法另有规定的以外，任何单位或者个人未经专利权人许可，都不得实施其专利，即不得为生产经营目的制造、使用、许诺销售、销售、进口其专利产品，或者使用其专利方法以及使用、许诺销售、销售、进口依照该专利方法直接获得的产品。因此，被控侵权人如果为生产经营目的实施了上述行为，则构成对专利权人享有的专利权的侵权；如未实施上述行为，则不构成侵犯专利权的行为。

该案中，恩必普公司主张丽珠制药厂向药品评审中心申报涉案仿制药的行为构成侵犯其专利权的行为，并请求法院判令丽珠制药厂撤回其申报申请。对此，法院认为，首先，该案中丽珠制药厂向药品评审中心申报涉案仿制药的行为系一种请求行政机关给予行政许可的行为，其直接目的并非为生产经营目的；其次，向国家药品行政管理机关申请药品行政审批的行为亦不是制造、使用、许诺销售、销售、进口中的任一行为。因此，丽珠制药厂向药品评审中心申报涉案仿制药的行为不构成专利侵权行为。

（2）关于丽珠制药厂在申报涉案仿制药过程中的制造行为是否构成侵权。

《专利法》第75条规定，为提供行政审批所需要的信息，制造、使用、进口专利药品或者专利医疗器械的，以及专门为其制造、进口专利药品或者专利医疗器械的，不视为侵犯专利权。因此，即便丽珠制药厂在申报涉案仿制药过程中制造、使用了涉案专利，其亦为提供行政审批所需要的信息而实施，依照专利法之规定，不构成侵犯专利权的行为。即使丽珠制药厂确实用涉案专利向药品评审中心提出药品申请并以申报涉案仿制药为目的，少量制造被控侵权的药品，鉴于法院已经认定上述两类行为不构成侵犯原告恩必普公司的专利权，故认为已无必要再审查涉案仿制药是否落入了涉案专利的保护范围。

> **案件评析**

该案中，丽珠制药厂确实用涉案专利向药品评审中心提出药品申请，并以申报涉案仿制药为目的少量制造被控侵权的药品，但是向药品评审中心申报涉案仿制药的行为不是制造、使用、许诺销售、销售、进口中的任一行为，其直接目的是顺利获得行政审批并非生产经营，符合我国《专利法》75条的规定，不构成侵权。

第十二章　专利侵权责任

第一节　民事责任

根据我国法律的规定，专利侵权行为人应当承担的法律责任包括民事责任、行政责任以及刑事责任。其中民事责任的承担是较为普遍和常见的，根据《专利法》的规定，构成专利侵权需要承担的民事责任主要为停止侵权、赔偿损失和消除影响三种。

所谓停止侵权，就是要求行为人停止侵权行为，如制造、使用、许诺销售等，这一民事责任主要针对侵权行为人的行为，旨在阻止其侵权行为，降低被侵权人的损失。赔偿损失是指由于侵权人的行为造成了专利权人的经济损失，侵权人依法应该进行赔偿，《专利法》第71条特别规定了赔偿损失的金额的计算方式。消除影响是指针对侵权行为人，要求其通过新闻媒体等途径发表声明承认其行为等。

专利侵权的民事责任在适用的过程中可以单独适用，也可以合并适用。

案情介绍

此案❶涉及原告南京光威能源科技有限公司（以下简称"光威公司"）于2014年3月12日从原专利权人赵某某处受让得到涉案专利，涉案专利的专利号为CN200810225726、名称为"一种板式太阳能集热器及集热系统以及加工工艺"，2014年3月12日，专利权人变更为光威公司和通能源科技（北京）有限公司，该专利至今维持有效。

原告光威公司于2017年5月18日向上海知识产权法院起诉被告浙江煜腾公司侵犯其上述的专利权，一审法院适用普通程序对该案进行了开庭审理，认为该案的争议焦点主要为：（1）被诉侵权产品是否落入了涉案专利的权利要求范围之内；（2）被告煜腾公司如果构成侵权，其赔偿责任如何确定。对于争议焦点（1），一审法院根据原告的诉求，将被诉侵权产品与案涉专利的权利要求1进行对比，最终认定被诉的侵权产品侵犯了原告的专利。针对争议焦点（2），一审法院认可原告的诉求，即要求被告赔偿经济损失50万元以及合理费用20万元。在该案中就有对专利侵权的民事责任的确定，其中主要是对民事责任中经济赔偿数额的认定，法院主要依据的是《专利法》（2008）第65条的规定。

该案一审判决宣告后，被告煜腾公司不服，并向上海市高级人民法院作出上诉，二审法院认为该案的主要争议焦点为：（1）被告煜腾公司是否构成侵犯专利权；（2）被告煜腾公司的侵权事实的认定；（3）被告煜腾公司侵权的责任承担问题。

针对争议焦点（1），二审法院在具体权利要求的对比上与一审法院的观点略有不同，但是最终还是认为被告煜腾公司侵犯了原告的专利权。针对争议焦点（2），二审法院认为被告的侵权行为不是制造，而是根据专利方法制造专利产品。针对争议焦点（3），二审法院维持了一审法院的判决。

---

❶ 上海知识产权法院（2017）沪73民初第312号，上海市高级人民法院（2018）沪民终第170号。

争议焦点

（1）被告行为是否构成专利侵权？

（2）损害赔偿的数额如何确定？

裁判结果与理由

一审判决如下：（1）被告浙江煜腾新能源股份有限公司在本判决生效之日起停止侵害原告南京光威能源科技有限公司享有独占实施许可的名称为"一种板式太阳能集热器及集热系统以及加工工艺"的发明专利权的行为。（2）被告浙江煜腾新能源股份有限公司在本判决生效之日起 10 日内赔偿原告南京光威能源科技有限公司经济损失人民币 50 万元。（3）被告浙江煜腾新能源股份有限公司在本判决生效之日起 10 日内赔偿原告南京光威能源科技有限公司为制止侵权行为所支付的合理开支人民币 20 万元。案件受理费 10 800 元，由被告浙江煜腾新能源股份有限公司负担。理由为经过审理，被诉的侵权产品的技术特征全部落入了案涉专利权的权利要求 1 的范围之中，被告煜腾公司实施了制造侵权产品的侵权行为。

二审维持原判，驳回起诉。

案件评析

该案涉及的是一个结构专利，判断的难点有两个。第一个难点是侵权的认定，主要在于技术特征的比对，该案中，将被诉侵权产品的技术特征与涉案专利的权利要求 1 进行对比可以得出结论，被诉侵权产品的确存在对涉案专利的侵权情况。第二个难点是在确定被告煜腾公司侵权行为以后，被告煜腾公司应该承担的民事责任的问题，尤其是煜腾公司赔偿数额的确定，该案中，由于煜腾公司拒不提交由自己掌握的公司账簿等资料，所以人民法院依法支持了原告合理的诉讼请求，这样的做法是符合《专利法》第 71 条所规定的确定方法的。

对于侵犯专利权的行为，其肯定是要承担侵权责任的，主要的责任承担方式为损害赔偿。对于损害赔偿的数额问题，主要参照的是《专利法》第71条的规定，该条对数额确认的依据作出了规定，并且采取层层递进的方式，如果上述方法确实无法确定损害赔偿的数额，《专利法》还规定了法定赔偿作为兜底的条款。《专利法》第71条第3款也对合理支出的费用包括在赔偿数额之中予以规定。

第二节 行政责任

背景资料

《专利法》中的"专利侵权"仅指直接侵权，即未经许可，也缺乏法定免责理由，而以生产经营目的实施受专有权利控制的行为，是狭义的专利侵权。而广义的专利侵权包含狭义的专利侵权和假冒专利。在狭义的专利侵权行政责任中，公权力出于维护社会公共利益和私权安定的需要，不便以执法权力强行介入专利权人与侵权人之间的私权纠纷之中，而是在专利权人或利害关系人请求管理专利工作的行政部门介入处理专利侵权纠纷时才会介入。而且在介入时也是以"准司法者"的形象出现，对侵权人的处理结果多为仅责令其立即停止侵权行为，而不会对侵权人施以行政处罚。因此，在狭义的"专利侵权"之中，侵权人承担的行政责任多局限在停止侵权行为。但是假冒专利的行政责任则相对而言要严重许多，规范假冒专利行政责任的法律法规条文相较于狭义的专利侵权中的相关条文也更多。因为假冒专利一方面侵害了专利权人的标注权，另一方面也侵害了国家的专利制度，此时行政部门单单以"准司法者"的形象出现已经不能满足维护专利管理秩序的公共利益的需要，而应运用执法权力保护国家的专利管理秩序不受侵害。假冒专利包括两种情形：第一种情形是未经许可使用他人具有效力的专利的专利号、证书或文件，使人误认为使用者是该专利的专利权人，其产品或方法是他人的专利产品或专利方法；第二种情形是将不存在或失去效力的专利对外宣称为自己的产品或方法的专利。二者的区别在于所假冒的专利是否真实有效。

案情介绍

此案❶涉及假冒医疗器械专利。2020 年 5 月，江苏省盐城市大丰区市场监督管理局对盐城市大丰人民医院和盐城市大丰区第二人民医院进行检查，发现建湖金茂医药有限公司（以下简称"建湖金茂公司"）销售至上述两家医疗机构的留置针产品涉嫌假冒专利。上述产品的生产单位为苏州林华医疗器械股份有限公司（以下简称"林华公司"），产品名称为"一次性使用静脉留置针"。建湖金茂公司为林华公司的销售商，建湖金茂公司销售至盐城市大丰人民医院的留置针型号为 ZFⅡ-B 型，包装上印有 ZL200620076287.7、ZL200720037665.5、ZL200720038724.0 等专利号；销售至盐城市大丰区第二人民医院的留置针产品型号为Ⅱ-A 型，包装上均印有 ZL200720038724.0 的专利号。上述产品的销售金额合计 21.736 万元。经大丰区市场监督管理局调查核实，林华公司确曾拥有上述 3 件专利权，由于专利权期限届满，该 3 件专利权在建湖金茂公司销售上述涉案产品时均已终止。林华公司在上述 3 件专利权终止后，继续将专利号印制在产品包装上销售给建湖金茂公司。

争议焦点

建湖金茂公司的行为是否属于假冒专利行为？

裁判结果与理由

在专利权终止后，继续销售在产品或者其包装上标注专利标识的产品构成假冒专利行为。林华公司虽然确曾拥有涉案 3 件专利的专利权，但由于专利权期限届满，该 3 件专利的专利权在建湖金茂公司销售该涉案产品时均已终止。因此建湖金茂医药有限公司的销售行为违反了《专利法实施细则》

---

❶ 国家知识产权局 . 2020 年度知识产权行政保护典型案例发布［EB/OL］.（2021－04－26）［2023－11－08］. https：//www. cnipa. gov. cn/art/2021/04/26/art_53_158880. html.

（2010）第 84 条第 1 款第 2 项的规定，属于假冒专利行为。江苏省盐城市大丰区市场监督管理局根据《专利法》（2008）第 63 条作出行政处罚决定，责令建湖金茂医药有限公司改正违法行为并予公告，没收违法所得 21.74 万元。同时将案件线索移交生产地处理。

> **案件评析**

该案是县级专利行政执法部门查处的假冒医疗器械专利案件。首先，执法主体适格。2018 年 11 月 26 日，中共中央办公厅、国务院办公厅印发《关于深化市场监管综合行政执法改革的指导意见》，其中明确查处假冒专利行为属于行政处罚。2021 年修正后的《行政处罚法》第 23 条以及修正前的第 20 条规定："行政处罚由县级以上地方人民政府具有行政处罚权的行政机关管辖。法律、行政法规另有规定的，从其规定。"因此，应由县级以上地方人民政府负责专利执法的部门承担辖区内的假冒专利案件查处工作。根据《江苏省专利促进条例》，江苏省盐城市大丰区市场监督管理局具有查处假冒专利行为的执法权。其次，执法行为恰当。假冒医疗器械专利，不仅涉及相关企业经济利益与市场竞争秩序，更关乎人民群众的生命健康。行政执法具有高效便捷的特点，能够迅速阻断假冒专利的医疗器械流入市场，特别是在当前更应强化对医疗器械的查处力度。最后，行政处罚合理。根据《专利法》第 68 条规定，行政部门不仅可以没收违法所得，还可以并处违法所得 5 倍以下的罚款。另外根据《专利法实施细则》第 101 条第 3 款规定，销售不知道是假冒专利的产品，并且能够证明该产品合法来源的，由县级以上负责专利执法的部门责令停止销售。该案中，大丰区市场监督管理局根据建湖金茂公司不知道其销售的是假冒专利的产品且能够证明该产品来源于林华公司的情形，仅作出没收违法所得的决定，而没有对建湖金茂公司处以罚款，彰显了专利行政执法的合理性和规范性。

第三节 刑事责任

　　《专利法》没有为狭义的专利侵权行为规定刑事责任，而仅规定假冒专利行为"构成犯罪的，依法追究刑事责任"，通过指示参照性法条将《专利法》与《刑法》相衔接，而《刑法》中的假冒专利罪也是关于专利的唯一罪名。关于假冒专利罪的评判标准，直到2001年修改后的《专利法实施细则》的颁行，假冒专利行为和专利侵权行为才得以明确区分，因此早期曾有法院将严重的专利侵权行为错误适用假冒专利罪。但是经过2000年和2008年修改《专利法》、2001年和2010年修改《专利法实施细则》，专利侵权行为和假冒专利行为已经被明确区分开，法院不会再以假冒专利罪对严重的专利侵权行为人科以刑事处罚。

　　关于我国现有的专利侵权刑事责任规定是否能够适应我国现实发展状况和对创新的需求，是否需要拓宽专利权的刑法保护的问题，至今仍处于激烈的讨论之中。支持拓宽的一方认为，任何国家和地区对知识产权制度的刑事保护并非一成不变的，而是随着刑事政策的调整不断变化，刑事政策调整又与国家（地区）专利权保护的需要和一国（地区）专利犯罪的形势需要相联系。专利犯罪的立法和司法打击强度应当随着刑事政策的变化而变化，适应不断变化的刑事政策实际，从而实现在不同时期对专利权和专利制度本身保护的合适程度。而我国专利环境当前有着扭转刑事立法保护不足的现实需要和解决刑事司法打击不力的必然要求，自然应拓宽专利权在刑事层面上的保护。但反对方则认为专利权作为私权不宜受到刑法的过多保护，进一步拓宽可能会有违刑法的谦抑性。专利由于具有较大的不确定性，如果由刑法加以保护，就需要充分考虑公平和保护人权。这就意味着在刑事案件的审理前，需要先通过漫长的专利有效性程序确定专利是有效的，而这将是对司法效率的沉重打击以及对司法资源的巨大浪费。此外，如果在此期间犯罪嫌疑人被羁押，而最终专利被认为是无效的，则犯罪嫌疑人的自由就可能受到不公正的限制，这不仅有害于人权的保障，也可能造成专利权人滥用刑事程序打击竞争对手。

[案情介绍]

此案❶涉及假冒专利。2007 年 11 月 27 日，江某向国家知识产权局申请了"可整体嵌入餐桌的火锅"实用新型专利，并于 2008 年 10 月 29 日通过，专利号为 ZL200720065259。在此期间，江某就该专利权于 2008 年 1 月 1 日与被告杜某某签订了一份《关于联合开发一种火锅炉的合同书》，合同书中规定江某就该专利技术、产品联合开发成功后，双方享有共同的使用权，合同权限从 2008 年 1 月至 2013 年 12 月止，共计 5 年。在合作期间，当事人江某在 2010 年 8 月 4 日对原产品进行了改进，又向国家知识产权局申请了另外一个专利，专利号为 ZL201020286261.1，该专利于 2011 年 1 月 26 日获得通过。上述合同期满后，江某没有再与被告人杜某某就上述专利签订合同，而后于 2014 年 3 月 13 日与杜某某签订了一份关于酒精炉具现金财务管理办法，该办法约定期限为 2014 年度。2015 年上半年双方因财务问题产生矛盾，没有达成协议。同年 5 月 19 日江某以律师函的方式向被告人杜某某邮寄了要求其停止侵权的律师函。但在 2015 年 5 月至 2016 年 1 月，杜某某在未经专利权人江某的许可情况下，仍然销售江某专利号为 ZL201020286261.1 的专利产品。经查证，从 2015 年 5 月至 2016 年 1 月，被告人杜某某向艾某、罗某、黄某、李某、袁疆音、文某、肖某、裴某、陈某、杨某 10 人共计销售假冒的专利产品经营额达到 285 172 元。

另，该案在一审审理过程中即 2016 年 12 月 1 日，被告人杜某某向国家知识产权局原专利复审委员会提交了宣告该实用新型专利无效的申请，2016 年 12 月 13 日，被告人杜某某以已经向国家知识产权局原专利复审委员会提交了宣告该专利无效的申请为由，向检察院提交延期审理申请书，该院没有采纳。

2017 年 8 月 1 日，原专利复审委员会作出第 5W111586 号审查决定书，

---

❶ 湖南省常德市中级人民法院（2020）湘 07 刑再 2 号。

宣告 ZL201020286261.1 号实用新型专利权全部无效。

争议焦点

涉案专利权无效的事实能否认定杜某某是无罪的？

裁判结果与理由

该案的二审法院仍然认为杜某某在原专利权保护期内主观上明知他人专利而予以假冒，客观上实施了假冒行为并牟取非法利益，后专利权宣布无效并不能当然否定其在客观上已经实施的犯罪行为，亦不能当然阻却其当时所实施行为的刑事可罚性。《专利法》第 47 条的规定"宣告无效的专利权视为自始即不存在"仅系民商事领域的纠纷处理规则，不能类推适用于刑事案件。一审事实认定清楚，适用法律正确，对上诉人杜某某的定罪准确，量刑亦无不当，审理程序合法。因此裁定驳回上诉，维持原刑事判决，认定杜某某的行为构成假冒专利罪。

案件评析

该案中被告人在未经专利权人许可的情况下，销售含有专利权人专利号的专利产品，主观上明知是他人专利而予以假冒，客观上实施了假冒行为并牟取非法利益，构成假冒专利罪。虽然专利权在之后被宣告无效，但这并不能当然否定其在客观上已经实施的犯罪行为，亦不能当然阻却其当时所实施行为的刑事可罚性。因为被告人在明知其生产、销售的系专利权人享有专利权的产品，在未经专利权人许可，且权利人已通过发律师函的方式明确要求其停止生产、销售的前提下，在原专利权保护期内，客观上实施了假冒行为并牟取非法利益，情节严重。虽该案所涉的专利权现在被宣告无效，但在该案所涉的专利权有效期内，被告人不能实施侵犯他人专利权的行为。被告人假冒他人专利的行为在其申请宣告专利无效之前已实施完毕，且在接到停止侵权的律师函后并未提出异议，也未在假冒他人专利的过程中向国家知识产权局原专利复审委员会提出撤销申请。所以，被告人的行为构成假冒专利罪。

参考文献

［1］罗东川. 中国专利案例精读［M］. 北京：商务印书馆，2013.

［2］张志成，张鹏. 中国专利行政案例精读［M］. 北京：商务印书馆，2017.

［3］崔国斌. 专利法：原理与案例［M］. 北京：北京大学出版社，2016.

［4］国家知识产权局专利复审委员会. 以案说法：专利复审、无效典型案例指引［M］. 北京：知识产权出版社，2018.

［5］国家知识产权局专利局审查业务管理部. 专利审查指导案例（第一辑）［M］. 北京：知识产权出版社，2024.

［6］来小鹏. 知识产权法学案例研究指导［M］. 北京：中国政法大学出版社，2019.

［7］郭禾. 知识产权法案例分析［M］. 北京：中国人民大学出版社，2006.

［8］最高人民法院民事审判第三庭. 最高人民法院知识产权审判案例指导（第15辑）［M］. 北京：中国法制出版社，2023.

［9］曹阳. 专利实务指南与司法审查［M］. 北京：法律出版社，2019.